JN439157

밀알 아카데미 **13**

이신건 교수의 조직신학 강의 3

교회에 대한 오해와 이해

이신건 지음

보라, 형제가 연합하여 동거함이 어찌 그리 선하고 아름다운고! (시편 133:1)

신앙과지성사

이 책의 제작을 위해
출판비를 지원해 주신 서울수정교회(신익수 목사)에
진심으로 감사드립니다.

책을 펴내는 말

한국 교회는 지금 위태로운 전환기에 처해 있다. 급속한 경제성장과 더불어, 그리고 이와 함께 눈부시게 성장해가는 대체 종교와 유흥산업 등으로 말미암아 교회는 양적으로 계속 감소하고 있다. 더욱이 교회에 대해 실망한 사람들은 가톨릭교회나 불교로 발길을 돌리고 있다. 설상가상(雪上加霜)으로 출생률의 저하와 더불어 그리스도인의 숫자도 급속도로 줄기 시작했고, 이것은 한국 교회의 미래를 매우 어둡게 하고 있다. 이런 위기 속에서 교회의 사회적 신뢰도마저 끝없이 추락하고 있는 형편이다.

온갖 비리를 저지르는 교회는 일부 대형 교회에 불과하고, 대부분의 교회는 아직도 건강하다고 과연 자신 있게 말할 수 있겠는가? 모든 교회가 대형 교회를 부러워하며 비리와 타락을 방조하거나, 때로는 공모하지 않았는가? 그럼에도 불구하고 어떤 사람들은 다음과 같이 대꾸할지도 모른다. 교회가 문제투성이가 아니었던 적이 있었는가? 교회는 항상 죄인의 교회가 아니었는가? 교회는 항상 하나님의 무한한 용서와 너그러운 자비 때문에 생존하고 성장해 오지 않았는가? 그래서 한국 교회가 잘났다고 우쭐대서도 안 되지만, 못났다고 실망할 것도 없다는 말인가? 하지만 모든 것을 겸손하게 하나님의 은혜 탓으로 돌리는 것은 교회에 주어진 하나님의 지엄한 명령과 인간의 분명한 책임을 회피하는 후안무치(厚顔無恥)한 행동일 것이다.

오늘날 교회가 존재할 가치와 이유는 과연 무엇인가? 그것은 날로 점점 더 붕괴해가는 공동체를 회복하고 갱신하라는 하나님의 거룩한 뜻을 실현하는 것이 아니겠는가? 오늘날 우리는 예전의 어느 시기에도 경험할 수 없었던 공동체의 심각한 붕괴를 경험하고 있다.[1] 오랫동안 한국의 자랑이었던 따뜻한 가정 공동체는 이미 오래전부터 붕괴하고 말았다. 사회 공동체도 천민자본주의 속의 무한 경쟁으로 말미암아 심각하게 해체되고 있다. 특히 날로 커져가는 빈부의 격차는 사회적 통합을 불가능하게 만들었고, 이것은 다시금 온갖 비리와 부패의 원인으로 작용하고 있다.

이제는 국가 또는 민족 공동체도 제대로 작동하지 못한다. 정치적 · 경제적 · 사회적 갈등 때문에 수많은 난민들과 이주민들이 지구 곳곳을 떠돌고 있으며, 전 지구적 차원으로 확장된 세계적 시장과 기업, 투기적 자본은 지구 공동체를 약육강식의 법칙이 지배하는 밀림 공동체로 만들고 있으며, 이처럼 살벌한 공동체에 길들여지지 못하는 자들은 비참하게 계속 추락하고 있다. 특히 세계 최고를 자랑하는(!?) 한국의 이혼율과 자살률은 바로 공동체의 심각한 붕괴를 여실히 입증한다.

이런 현상을 저지하는 최후의 보루의 하나가 되어야 할 학교도 이

---

1) 스나이더는 오늘날의 공동체 붕괴 현상을 기술사회의 진보와 연결하여 설명한다. 예컨대 텔레비전과 아파트("떼어놓다"는 동사에서 유래함), 자동차는 인간 상호간의 의사소통을 차단한다. 하워드 스나이더, 권영석 옮김, 『참으로 해방된 교회』(서울: Ivp, 2009), 157 이하.

미 오래전부터 붕괴하고 말았다. 인류의 공동선과 인간의 도리를 가르쳐야 할 학교마저도 이미 학교이기를 포기하고, 살벌한 입시 전쟁터로 바뀌었고, 인간의 숭고한 가치와 인류의 공동 이상을 선도해야 할 대학교도 어느 사이에 일종의 직업학교로 변질되고 말았다. 그렇다면 인류의 탄식과 신음 소리에 민감하게 귀를 기울일 자가 누구이며, 인류의 고통을 치유할 자가 누구인가? 그것은 바로 하나님이 부르시고 세우시는 거룩한 공동체인 교회가 아니겠는가?

하지만 유감스럽게도 교회도 결코 희망적이지 않다. 일부 대형 교회의 비리와 부패 가운데서도 중소교회는 과연 희망의 징조가 되고 있는가? 참으로 중소교회는 자본과 권력과 세파에 영합하지 않고, 하나님이 원하시는 아름다운 공동체를 실현하고 있는가?[2] 유감스럽게도 오늘날 그리스도인들에게 교회는 궁극적으로 헌신하고 충성해야 할 최고의 공동체가 아니다. 오늘날 대부분의 그리스도인들에게 가장 중요한 집단은 교회가 아니라, 직장이다. 왜냐하면 그리스도인들의 생존과 안전이 걸려 있는 곳은 교회가 아니라, 직장이기 때문이다. 많은 그리스도인들에게 교회는 개인의 발전이나 사회적인 영향력을 지니는 다른 조직이나 기관보다 덜 중요하다. 그러므로 그리스도인들의 가치관과 삶의 방식에 가장 결정적인 영향력을 행사하는 것은 교회가 아니라, 세상의 정사와 권세일 수밖에 없다.[3]

2) 스나이더의 진단에 따르면 서구교회도 공동체성의 위기를 맞고 있다. 기독교적 공감대가 사라졌고, 기독교적인 세계관과 가치 체계도 사라졌다. 같은 책, 161 이하.
3) 같은 책, 177 이하.

그 결과로 교회도 하나님의 거룩한 뜻에 따라서 운영되기보다는 세상적인 힘에 의해 크게 지배되고 있다. 교회의 중요한 일꾼을 뽑는 과정에서도 신앙이나 경륜보다는 재력과 사회적 영향력이 더 강한 힘을 발휘하며, 교회의 임원 선거도 이제는 돈의 액수와 조직력에 따라 좌우되고 있다. 교회 안팎에서 돈이 위세를 떨치다 보니, 가난하고 병약한 자들은 교회로부터 점점 더 밀려나고 있다. 그리고 교회를 떠난 자들은 이제 교회를 비난하고 파괴하는 일에 앞장을 서곤 한다.

하지만 교회에 대한 희망을 끝까지 포기하지 않는 사람들은 종종 대안 공동체를 만들기도 한다. 이런 공동체는 한편으로는 교회가 실현하지 못하는 공동체의 이상을 나름대로 실현하려고 노력함으로써 교회에 신선한 자극과 도전을 주지만, 다른 한편으로는 많은 사람들에게 대리적인 만족감을 줌으로써 기존 현실을 변화시키기보다는 도리어 고착시키는 결과를 빚기도 한다. 비록 이런 공동체에 속한 사람들은 따스함과 친밀함을 느끼고 만족감과 행복감을 맛볼 수 있겠지만, 사회의 공적인 활동을 근본적으로 동요시키거나 변화시키지는 못하며,[4] 그래서 기존 교회를 근본적으로 변화시키지 못한다.

그러므로 우리는 세상의 구석진 곳이나 광야가 아니라 세상 한복판에 참된 공동체를 세우려고 노력해야 한다. 우리는 하나님 나라의 공동체로서 대항문화[5] 공동체와 대조사회와 대척사회[6]를 세울 뿐만

4) 몰트만은 이를 "공동체 숭배로서의 종교"라고 일컫는다. 위르겐 몰트만, 이신건 옮김, 『희망의 신학』(서울: 대한기독교서회, 2002), 340 이하 참조.

5) 대항문화(Counterculture)라는 단어는 1960년대 히피문화, 반전 시위, 마약 중독, 예수 혁명의 유물이지만, 교회의 소명과 경험을 시험해 보는 유용한 개념으로 사용되기도 한

아니라, 진정한 대안(代案) 공동체를 세워야 한다. 비록 많은 사람들이 바알에게 무릎을 꿇듯이 현실에 적응하거나 현실과 타협할지라도, 비록 참된 공동체를 세우는 것이 불가능에 가까운 일처럼 여겨질지라도, 하나님의 백성은 이 땅에 진정한 하나님 나라의 공동체를 세우는 일을 결코 포기해서는 안 될 것이다.

진정한 하나님 나라의 공동체는 결코 인간의 허망한 꿈이 아니라, 예수 그리스도와 더불어 수많은 믿음의 사람들을 통해 실제로 실현되어 왔던 생생한 현실이다. 비록 인간은 스스로 하나님의 나라를 오게 하거나 실현할 수 없지만, 하나님은 성령의 능력을 통해 오늘도 자신의 나라를 세우고 계시며, 이를 위해 헌신할 자를 부르신다. 그러므로 모름지기 하나님의 자녀와 백성은 하나님 나라의 공동체를 세우기 위해 최선을 다해야 하지 않겠는가! 무너져가는 교회 공동체를 올바로 세움으로써 무너져가는 가정과 사회와 인류 공동체를 살리는 일에 기여해야 하지 않겠는가!

그러므로 궁극적으로 중요한 것은 가능성과 불가능성 사이에서, 희망과 절망 사이에서 오락가락하는 것이 아니라, 하나님 나라의 실현을 위해 진정으로 충성하고 헌신하는가에 달려 있다. 우리는 다음과 같은 질문에 분명하게 대답하고, 결단해야 한다. 우리는 근본적인

다. 예컨대 존 스토트(J. Stott)는 산상수훈을 그리스도인의 대항문화라는 관점에서 해석한다. 같은 책, 169 이하 참조.

6) 대조사회(Kontrastgesellschaft)와 대척사회(Gegengesellschaft)라는 단어는 로핑크가 성서의 하나님의 백성을 설명하기 위해 사용한 것이다. G. 로핑크, 정한교 옮김, 『예수는 어떤 공동체를 원했나?』(왜관: 분도출판사, 1985), 201 이하.

의미와 삶의 안전을 하나님 또는 하나님 나라의 공동체에서 찾는가, 아니면 물질적이고 경제적인 자원에서 찾는가?[7] 우리는 하나님 나라를 더 사랑하는가, 아니면 세상 나라를 더 사랑하는가? 우리는 맘몬을 더 사랑하는가, 아니면 하나님을 더 사랑하는가? 예수는 둘 중에서 오직 하나만을 사랑하고 나머지는 미워하기를 촉구했지만, 우리는 자주 이 둘을 동시에 사랑하거나 심지어는 맘몬을 위해 하나님을 이용해 오지 않았는가! 이로 말미암아 세상의 빛과 소금이 되어야 할 교회가 도리어 세상의 어둠과 아편이 되었고, 이제는 거꾸로 세상 사람으로부터 염려와 지탄의 소리를 듣게 되지 않았는가! 교회는 자신의 진정한 모습을 되찾아야 하고, 교회를 향한 하나님의 진정한 기대를 버리지 말아야 한다.

이 책은 한국 교회가 하나님의 기대에 부응하는 진정한 공동체로 거듭나기를 간절히 바라는 나의 소원을 담기 위해 집필되었다. 비록 이 책의 일차적인 목적은 신학생들에게 적절한 교과서를 제공하기 위한 것이지만, 진정한 교회 공동체를 세우기 위해 지금도 묵묵히 헌신하는 수많은 목회자들과 평신도들에게 새로운 용기를 줄 수 있기를 간절히 소원한다. 『인간의 본질과 운명』(2010년)과 『종말론의 역사와 주제』(2011년)를 출간한 나는 이제 "조직신학 강의" 시리즈의 세 번째 작품을 기쁘게 내어놓는다. 다음 작품은 "예수 그리스도"에 관한 것이 될 것이다.

7) 하워드 스나이더, 앞의 책, 178 참조.

조금 서둘러 책을 쓰다 보니, 애초의 기대만큼 좋은 책을 쓰지 못한 점이 매우 아쉽다. 독일 유학 시절에 어려운 형편 가운데서도 돈을 아껴가며 사놓았던 좋은 책들을 꼼꼼히 읽어보지 못한 아쉬움도 크다. 하지만 이번에는 단순히 학술적인 책을 쓴다는 생각보다는 한국 교회를 사랑하는 마음으로 간절히 기도하면서 이 책을 썼다. 여러모로 부족하고 자격이 없는 나를 여전히 귀하게 사용해 주시는 하나님의 크신 은혜에 먼저 감사하지 않을 수 없다. 이 책의 저술과 출판을 격려하기 위해 재정적으로 기꺼이 후원해 주시는 서울수정교회(신익수 목사)의 모든 교우들에게도 다시금 뜨거운 감사를 드린다. 부족한 점에 대해서는 독자들의 너그러운 이해와 도움을 기대한다. 마지막으로 출판을 위해 수고하신 분들에게도 진심으로 감사한다.

2012년 6월 30일

하나님 나라의 공동체를 꿈꾸며

이신건

차례

1. 나는 교회를 믿는다!

1. 나는 교회를 믿는다!

이 땅의 모든 그리스도인들은 예배를 드릴 때마다 사도신경에 따라 성부 하나님과 성자 예수에 대한 고백에 이어 "거룩한 공교회와 성도의 교제"를 고백한다. 하지만 여기서 우리는 자문하게 된다. 성부 하나님과 성자 예수와 나란히 교회가 어떻게 신앙고백의 대상이 될 수 있는가? 교회는 신앙의 대상이 아니라, 신앙의 주체가 아닌가? 신앙의 주체가 어떻게 자기 자신을 신앙의 대상으로 삼을 수 있는가? 다시 말하면, 교회가 어떻게 교회를 믿는다고 말할 수 있는가? "내가 나를 믿는다!"라고 말하듯이, "내가 교회를 믿는다!"는 고백은 자기 암시와 자기체면의 일종인가?

한스 큉(1928년 출생)

한스 큉에 따르면 우리는 교회를 믿을 필요가 없다. 왜냐하면 교회는 하나님이 아니며, 거룩한 존재가 아니기 때문이다. 교회는 어디까지나 피조물이다. 따라서 교회는 하나님처럼 전지하고 전능하지 않고, 자족적이고 자율적이지 않으며, 영원하고 무죄하지도 않다. 교회는 은총과 진리의 근원도 아니고, 주님도 아니며, 구세주도 아니다. 그러므로 교회를 우상화할 수 없다. 교회는 온전히 하나님을 신뢰하는 신앙과 순종의 공동체다. 우리가 교회를 믿을 필요가 없는 결정적인 이유는 우리가 바로 교회이기 때문이다. 교회는 구도자, 방랑자, 죄인과 순례자의 공동체다. 그러므로 교회를 이상화할 수 없다. 교회는 자기 자신을 믿는 공동체가 아니라, 하나님의 말씀을 듣고 믿는 인간의 공동체다.

그렇지만 한스 큉은 다음과 같은 의미에서 우리가 교회를 믿을 수도 있다고 말한다. 우리가 교회를 믿는다고 말하는 것은 하나님의 은총에서 유래한 교회가 신앙에 의해 이루어진다는 것을 뜻한다. 신앙이 없는 교회란 없다. 교회는 단순히 하나님의 뜻으로만 이루어지는 것이 아니라, 교회를 이루어야 할 인간에게 요구되는 결단에서 이루어진다. 그리고 우리가 교회를 믿는다고 말하는 것은 또한 하나님의 은총에서 유래한 신앙이 교회에 의하여 이루어진다는 것을 뜻한다. 하나님이 개인을 신앙으로 부르지만, 개인이 신앙 공동체 없이 신앙하는 것은 아니다. 교회는 신앙의 터전이요, 고향이다. 신앙과 교회는 서로 의존하여, 서로 도와서 열매를 맺는다.[1)]

신앙의 대상은 오직 하나님 한 분이라는 사실은 교회의 역사에서 언제나 목숨을 걸어야 했던 중요한 진리였다. 우리는 하나님 앞에서 하나님 외의 다른 대상을 신앙하거나 경배해서는 안 된다. 만약 우리가 하나님을 믿는 방식으로 교회를 믿는다고 말한다면, 교회는 바로 자기 자신을 우상으로 만들고, 자기 자신을 섬기는 꼴이 된다. 우리가 의지하고 신뢰할 유일한 대상, 사나 죽으나 예배해야 할 대상은

---

1) 한스 큉, 이홍근 역, 『교회란 무엇인가』(왜관: 분도출판사, 1978), 56 이하.

오직 하나님 한 분이다.

그렇다면 사도신경은 어떤 이유로, 그리고 어떤 의미에서 교회를 믿는다고 고백하는가? 교회에 대한 믿음은 분명히 하나님에 대한 믿음과 다르다. 곧 교회는 하나님처럼 인격적인 신뢰와 헌신의 대상이 될 수 없다. 우리는 교회를 믿는 것이 아니라, 하나님의 은총에 의해 이 땅에 교회가 존재한다는 사실을 믿는다. 다시 말하면, 교회는 하나님의 피조물임을 믿는다. 이런 의미에서 우리는 교회의 존재를 믿을 수 있다.

우리를 신앙으로 부르고 공동체로 결합한 하나님의 은총이 존재하는 한, 이 땅에 항상 교회가 존재해 왔고 또 앞으로도 존재할 것임을 우리는 믿을 수 있고, 또 믿어야 한다. 교회는 하나님의 피조물로서 일차적으로 신앙의 대상이 될 수는 없지만, 하나님의 은총을 믿는 믿음에 근거하여 이차적으로 교회를 믿어야 한다. 하나님이 언제나 교회를 세우시고 유지하시며 갱신하실 것이라는 믿음 아래서 우리는 교회를 세우고, 유지하고, 갱신해야 한다. 하나님을 믿는 믿음에 근거하여 우리는 교회를 믿어야 한다. 비록 우리가 하나님을 믿는 것처럼 교회를 믿는다고 말할 수는 없지만, 하나님의 활동을 인식하고 그것을 고백하는 믿음 안에서 거룩한 교회의 실존도 믿을 수 있다.[2)]

유감스럽게도 사도신경은 성부 하나님과 성자 예수와 달리 성령에 대해서는 매우 인색하게 고백하는 듯이 보인다. 사도신경은 예수

2) K. Barth, KD 4/1, 766 이하.

의 출생을 고백하는 맥락에서 성령의 활동, 곧 성령으로 인한 예수의 수태를 간단히 언급하며, 나중에 다시 한 번 성령에 대해 고백하는 자리에서도 성령의 인격과 활동에 대해서는 자세한 정보를 전혀 주지 않는다. 그러므로 사도신경은 성령에 대해 분명한 신앙고백을 하지 못했던 고대 그리스도인들의 어정쩡한 자세를 엿보게 한다.

하지만 다른 관점에서 생각해 본다면, 사도신경은 교회의 존재와 사죄와 몸의 부활과 영생의 사건은 바로 성령의 활동임을 강하게 고백하는 듯하다. 곧 사도신경은 성령이 교회를 세우고 갱신하는 힘이고, 죄를 용서하게 하는 힘이며, 몸을 다시 살리고 영원한 생명을 창조하는 힘이라는 사실을 말하고 있는 듯이 보인다. 그렇게 본다면, 교회를 믿는다는 것은 곧 교회 안에서, 그리고 교회를 통해 활동하는 성령을 믿는다는 것과 다름이 없다. 이런 관점에서 우리는 언제나 교회를 믿을 수 있고, 그래서 교회를 믿어야 한다. 성령의 활동 때문에 우리는 교회를 믿는다. 오소서, 성령이여! 우리를 늘 새롭게 하소서!

2. 교회에 대한 오해

1) 교회는 건물 또는 성전인가?

2) 교회는 제도 또는 조직인가?

3) 교회는 베드로 위에 세워졌는가?

4) 교회는 믿는 자들의 모임인가?

2. 교회에 대한 오해

1) 교회는 건물 또는 성전인가?

"교회"라는 단어를 듣거나 말할 때마다 우리에게 가장 먼저 떠오르는 생각은 무엇인가? 아니 "교회"를 생각할 때마다 우리가 즉각 연상하게 되는 것은 무엇인가? 아마도 교회 건물일 것이다. 유럽에서 교회 건물은 오랫동안 마을의 중심에 자리를 잡고 있었기 때문에 눈에 가장 먼저 띄는 건물 중의 하나였다. 곳곳마다 교회 건물은 지금도 독특한 건축 양식과 웅장한 위용과 오랜 역사를 자랑하고 있다. 유럽을 여행할 때마다 우리는 웅장하고 화려하고 고색창연(古色蒼然)한 성당(聖堂) 앞에서 놀라움을 금치 못하며, 깊은 감동에 빠지곤 한다.

한국에도 마을의 중심이나 높은 언덕에는 어김없이 교회 건물이 앉아 있다. 지금도 시골을 여행하다 보면, 가장 먼저 눈에 들어오는 독특하고 아름다운 건물 중의 하나는 교회 건물이다. 도시에서는 하늘을 찌를 듯이 높이 세워지는 빌딩 때문에 이제는 교회 건물이 상대적으로 작아 보이거나 가려지기도 하지만, 그래도 대형 교회 건물은 여전히 위용을 과시하기도 한다.

신약성서는 종종 교회를 건물에 비유한다. "내게 주신 하나님의 은혜를 따라 내가 지혜로운 건축자와 같이 터를 닦아 두매, 다른 이가 그 위에 세우나…."(고전 3:10) 바울은 교회의 출발과 성장 과정을 건물의 건축 과정에 빗대어 설명한다. "너희는 사도들과 선지자들의 터 위에 세우심을 입은 자라. 그리스도 예수께 친히 모퉁잇돌이 되셨느니라. 그의 안에서 건물마다 서로 연결하여 주 안에서 성전이 되어가고, 너희도 성령 안에서 하나님이 거하실 처소가 되기 위하여 그리스도 예수 안에서 함께 지어져 가느니라."(엡 2:20~21)

하지만 분명히 교회는 건물이 아니다. 비록 신약성서는 교회를 위해 "건물"이라는 비유를 사용하지만, "교회"와 "하나님의 집" 또는 "성전"을 건물이라고 부른 적이 없으며, 건물이나 이런 종류의 대상을 "교회"라고 부르지도 않았다. 비록 초기 그리스도인들은 유대교회당과 이교의 신전으로 둘러싸여 있었지만, 예배를 위해 신성한 건물을 세우지 않았다. 그러므로 기독교는 이 세상에서 신성한 건물 없이 태어난 유일한 종교였다.[1)]

물론 초기 그리스도인들도 "집"에 모였다. 고고학의 가장 위대한 발견 중의 하나로 여겨지는 것으로서 그리스도인들의 모임 장소로 확인할 수 있는 최초의 집은 지금의 시리아에 있는 듀라 유로포스(Dura-Europos)라는 집이다. 그렇지만 그것은 232년경에 그리스도인들의 모임 장소로 개조된, 단순한 개인의 집이었다. 그것은 70명 정도의 사람을 수용하기 위해 두 개의 침실 사이의 벽을 헐어 개조한

1) 프랭크 바이올라, 이영목 옮김, 『교회가 없다』(서울: 대장간, 2003), 99 이하.

집이었다. 3세기 그리스도인들은 개인의 집 외에도 종종 공동묘지에 모여 예배를 드렸다. 특히 그들은 순교자들을 기리고 그들과 함께 예배드리기 위해 그들의 묘지에 모여 예배하고, 공동으로 식사했다.2)

교회 건물을 최초로 지은 사람은 콘스탄티누스 황제(Constantinus)였다. 312년에 밀비아 다리에서 십자가의 형상을 보고 서방 황제 막센티우스(Maxentius, 278~312)를 물리친 그는 교회 건물을 건축하라고 명령하기 시작했고, 327년에 처음으로 교회 건물을 세우기 시작했다. 그가 최초로 교회 건물을 세운 곳은 거룩한 장소로 여겨진 순교사들의 묘지 위였다. 예컨대 그는 베드로의 무덤이라고 여겨진 곳에 성 베드로 성당을 세웠고, 바울의 무덤이라고 여겨진 곳에 성 바울 성당을 세웠으며, 그리스도의 무덤이라고 여겨진 곳에 성묘(省墓) 성당을 세웠다. 그밖에도 그는 예수가 출생했다고 여겨진 베들레헴에 성당을 세웠고, 로마에 9개의 성당을 세웠다. 기독교가 국가의 공인을 받아 재산을 점점 더 많이 소유하게 되자, 그리스도인들도 로마 제국의 곳곳마다 건물을 짓기 시작했다. 종교개혁자들은 수천 개의 중세기 성당을 물려받았다. 비록 그들은 신학과 목적에 따라 성당을 적절하게 개조했지만, 교회 건물을 없앨 수는 없었다.3)

콘스탄티누스 황제
(285~337)

오랫동안 교회 건물이 없어도, 그리고 온갖 박해에도 불구하고 왕

2) 같은 책, 103 이하.
3) 같은 책, 106 이하.

성하게 성장하던 교회가 건물을 가지게 되면서부터, 그리고 교회의 건물이 날로 화려하고 웅장해지면서부터 교회가 곧 건물이라는 공식(公式)이 그리스도인의 자의식 안으로 깊이 침투하기 시작했다. 그래서 우리는 오늘날 "건물이 없이는 교회도 없다."는 의식에 강하게 사로잡혀 있다. 지금은 그러하지 않지만, 얼마 전까지만 해도 우리는 가정 교회를 교회라고 부르기를 꺼려하고, 이를 "기도처" 또는 "가정 예배처"라고 부르곤 했다. 이것은 우리가 교회를 얼마나 건물과 동일하게 생각해 왔는지를 여실히 증명해 주는 작은 사례다. 이처럼 "교회"를 "건물"과 동일하게 여기는 태도는 어떤 장점과 단점이 있는가? 우선 **장점**을 생각해 보기로 하자.

클레멘트(150~215)

우리는 흔히 "교회"에 간다고 말한다. 엄밀히 말하면, 우리가 가는 곳은 "교회"가 아니라 특정한 "건물"이다. "교회에 간다."라는 표현을 최초로 사용한 사람은 알렉산드리아 출신 클레멘트(Clement)였다고 한다. 그가 이런 표현을 사용한 것은 특정한 건물을 지칭하기보다는 가정집을 지칭한 것이라고 여겨진다. 그럼에도 불구하고 이런 표현은 그 당시 성도들에게는 생소한 것이었다. 나는 "교회 건물"에는 갈 수 있지만, "교회"에는 갈 수 없다. 왜냐하면 나도 바로 교회의 일부이기 때문이고, 그래서 내가 나에게 갈 수는 없기 때문이다.[4] "우리가 서

4) 같은 책, 100.

로 모인다."라고 말할 수는 있지만, "내가 속한 모임에 내가 간다."고 말할 수는 없다. 그렇게 된다면, 나는 모임 밖의 사람이거나 외부인임을 인정하는 꼴이 된다.

물론 인간은 어느 곳이든 모일 수 있다. 예수도 들판에서, 강가에서, 회당 앞에서, 시장 골목에서, 광장에서 사람들을 불러 모았다. 그리스도인들도 가정집에서, 뜰에서, 길가에서, 묘지에서 모였다. 하지만 이런 곳은 매우 불편하고, 기후와 환경에 아주 취약하다. 더욱이 어린이, 노약자, 병자에게는 더욱 그러하다. 그러므로 지정된, 그리고 가급적 아늑한 공간에 정기적으로 모이는 것은 매우 편리하고, 효율적이다.

특별한 건물이 존재하고 특별한 시간에 그곳에 모이는 것은 매우 매력적이다. 특히 화려하고 웅장한 공간일수록 사람을 불러들이는 힘을 강하게 발휘한다. 다시 말하면, 공간은 흡인력과 응집력을 극대화한다. 따라서 교회를 건물과 동일하게 부르고 여기는 것은 "모이는 교회"의 성격을 강화한다. 오늘날에 교회 건물은 예배만이 아니라 다양한 기능을 위해 사용되기 때문에 건물의 장점은 날로 커져간다.

교회 건물은 인간적인 측면에서 유용하고 편리할 뿐만 아니라 종교적 · 사회적 측면에서도 매우 중요한 기능을 수행한다. 교회 건물은 교회가 세상 안에 존재하는 특별한 영역으로서 세상 안에서는 발견할 수 없는 의미를 추구하는 장소라는 확신을 준다. 교회 건물은 우리가 일상생활 속에서는 확신할 수 없는 구원의 임재를 보증하는

거룩한 장소라는 느낌을 준다.[5)]

비록 지나치게 크고 독특한 교회 건물은 세상과 구분되어 있다는 느낌을 주지만, 특히 다양한 현대적 건축 양식을 도입한 오늘날의 교회 건물은 예전보다 더 다양하고 풍부한 사회적 기능을 수행한다. 비록 많은 교회 건물의 문은 아직도 굳건히 닫혀 있고 종종 접근하기 어려운 장소로 변해가지만, 지금도 교회 건물은 세상에서 의지할 곳 없는 사람들이 찾아 쉴 수 있는 피난처 또는 안식처가 되고 있다. 세상에서 버림받은 외로운 사람들이 교회 건물 안에서 정신적 · 육체적 위로와 안식을 발견한다.

특히 오늘날에는 교회 건물이 매우 다양한 용도로 사용된다. 어린이와 노인, 나그네 등을 위한 교육과 복지 시설로 사용되기도 하고, 결혼과 장례와 운동과 친교와 공연을 위한 공간으로 사용되기도 하며, 심지어는 지역사회의 투표 장소로도 사용된다. 이로 말미암아 교회가 단지 그리스도인들만을 위한 폐쇄적이고 이기적인 공간이 아니라, 세상 사람들을 섬기는 이타적인 공간이라는 좋은 인상을 주고, 그래서 교회 이미지 개선과 선교 활동에 큰 도움을 준다.

하지만 "교회"를 "건물"과 동일하게 여기는 것은 장점과 함께 **단점**도 분명히 포함하고 있다. 먼저 주변의 건축물과 뚜렷이 구분되고 사회와 구분될 뿐만 아니라 격리되어 있다는 느낌을 주는 교회 건물은 종교적 영역과 세속적 영역을 분리하는 위험을 안고 있다. 예수는

5) 볼프강 후버, 이신건 옮김, 『교회』(서울: 한국신학연구소, 1990), 13.

거룩한 것과 속된 것의 대립을 철저히 문제시하고 이를 무너뜨렸지만, 교회의 역사는 교회가 한편으로는 세상을 구원하려는 선교적인 형태를 띠면서도, 다른 한편으로는 세상과 분리되고 격리되려는 유혹에 쉽게 넘어가곤 했다.[6)]

심각한 문제는 교회 건물이 화려해지고 웅장해질 때마다 예수의 일차적 관심의 대상이었던 가난한 자들, 연약한 자들이 도리어 점점 더 접근하기 어려워지게 된다는 사실이다. 가장 친근해야 할 교회 건물이 세상 사람들의 위화감과 거부감을 일으킨다는 것도 문제지만, 더 심각한 문제는 교회 건물이 엄청난 재정의 낭비를 가져온다는 사실이다. 가장 심각한 문제는 건축 과정에서 교회가 부패하고 타락하기 쉽다는 사실일 것이다. 재정적 비리와 낭비의 가능성도 늘 존재하겠지만, 성도들에게 헌금을 강요하고 과도한 재정적 부담을 줌으로써 헌금을 하기 어려운 사람들에게 교회로부터 이탈하고 싶은 심리를 주입할 수 있다. 그리고 헌금을 많이 거둬들이기 위해 복음을 왜곡할 위험에 빠지기 쉽고, 비성서적인 논리만이 아니라 심지어는 이교적이고 세속적인 논리까지 끌어댐으로써 교회의 본질을 심각하게 훼손하고 변질시킬 가능성도 항상 존재한다.

다른 한편으로는 "교회"를 "건물"과 동일하게 여기는 것이 "흩어지는 교회"의 성격을 약하게 만들 수 있다. 다시 말하면, 교회 건물을 떠나는 순간부터 그리스도인은 더는 교회의 지체가 아니라고 생각하

---

6) 같은 책, 12 이하.

기 쉽다. 교회는 분명히 "모이는 교회"다. 그러므로 교회는 모이기를 힘써야 한다. 하지만 교회 건물을 떠난다고 교회가 사라지는 것은 아니다. 비록 그리스도인들은 뿔뿔이 흩어지더라도, 그들은 여전히 교회의 지체들이다. 더욱이 그들은 자주 만나서 성도의 교제를 나눈다. 한두 사람이 만날 수 있고, 여러 명이 만날 수도 있다. 다양한 형태의 연합을 이룰 수 있다. 교회 건물 밖에서도 그들은 여전히 교회의 지체고, 하나의 교회다.

하지만 교회를 교회 건물과 너무 강하게 일치시키면, 그리스도인들의 본질과 기능이 세상 속에서는 상당히 약화될 수 있고, 심지어는 세상과 쉽사리 동화됨으로써 소금과 빛의 역할을 제대로 수행할 수 없게 된다. "교회 건물을 소유해야 할 타당한 이유가 없다. 교회 건물은 도움이 되는 것이 아니라 방해꾼이다. 그것은 가정집의 거실에서 태어난 그리스도인의 신앙의 심장부를 찢어버린다."는 바이올라(F. Viola)의 비판은 지나친 점이 있고, 그래서 비판적으로 점검해 보아야 한다. 하지만 그의 주장대로 우리는 교회 건물을 지음으로써 무엇을 잃어버리지 않았는지를 점검해 보아야 한다. 건물을 소유함으로써 우리는 콘스탄티누스의 자식들이 되지 않았는지, 그리고 이교도들의 다양한 건축 양식을 도입함으로써 우리가 그들에 의해 눈이 멀게 되고, 그들에 의해 사로잡히고, 그들에 의해 납치되고, 그들에 의해 사기를 당하지 않았는지를 깊이 반성해 볼 필요가 있다.[7]

---

7) F. Viola, 앞의 책, 132 이하.

교회는 분명히 건물은 아니지만, 건물이 필요하다. 비록 건물이 없어도 교회는 존재할 수 있지만, 교회가 건물을 굳이 부인하거나 애써 거부할 필요까지는 없다. 하지만 건물에 과도하게 집착하거나 건물을 지나치게 강조함으로써 교회의 본질과 기능이 약화되거나 변질되지 않았는지를 우리는 냉철하게 점검해 보아야 한다. 그리고 이제는 건물을 "교회"라고 부르는 관행은 사라져야 한다. 옛날에 우리는 교회 건물을 "예배당" 또는 "교회당"이라고 불렀으며, "교회"라고 부르지는 않았다. 어떤 이유로, 그리고 언제부터 두 단어의 동일화가 일어났는지를 검증하기는 어렵다. 그렇다고 이런 현상을 마냥 방치하는 것만이 능사는 아니다. 아니 우리는 이 두 단어를 엄격히 구분해야 한다. 실제로 가톨릭교인은 교회 건물을 "성당"이라고 부르고, 불교인도 사찰을 "불당"이라고 부른다. 그런데 유독 개신교인만은 대개 건물을 "교회"라고 부르고, 건물에 "○○○ 교회"라는 간판을 붙인다.

건물을 "교회"라고 부르는 것이 뭐 그리 큰 문제인가? 이렇게 반문하는 사람도 있을 것이다. 편리를 추구하는 세상에서, 그리고 관행의 위력을 쉽게 무시할 없다는 점에서 건물을 간단히 "교회"라고 부르는 것이 이상하지 않다고 생각하는 사람이 있을 것이다. 하지만 작은 오해가 점차 큰 갈등으로 발전하듯이, 그리고 작은 불씨가 큰 화재를 일으키듯이, 작은 실수가 돌이킬 수 없이 큰 불행을 가져올 수도 있다. 비록 앞에서 지적한 교회 건물의 단점들이 모두 이런 현상에서 생겨난 것은 아니겠지만, 작은 오해와 실수도 시급히 시정하는 것이 바람직하다. 교회 갱신이나 교회 개혁은 거창한 구호와 사업으로부터 시작할 것이 아니라, 이처럼 작지만 심각한 오해를 고쳐나가는 일부터 시작하는 것이 옳지 않겠는가?

어떤 사람들은 다음과 같이 반문할지도 모른다. "교회당"은 "성당"이나 "불당"과의 차별성을 전혀 드러내지 못하기 때문에 교회 건물을 차라리 "성전"이라고 부르는 것이 더 낫지 않는가? 그런데 기이한 현상은 오늘날 개신교인들이 평소에는 교회 건물을 "교회"라고 즐겨 부르지만, 특히 새로운 교회 건물을 지을 때에는 성전(聖殿)이라는 이름을 붙이기를 매우 좋아한다는 사실이다. 아마도 교회 건물을 "거룩한 공간"으로 신성하게 여김으로써 건물의 의미와 가치를 드높일 수 있고, 이로써 교인들의 헌신을 더 강력하게 끌어낼 수 있기 때문일 것이다. 교회 건축이 완공된 다음에도 건물 바깥에는 어김없이 "교회"라는 간판을 걸면서도, 건축 전에는 여전히 "성전"이라는 단어를 선호한다. 그 후에도 교인들은 종종 일정 기간 동안에는 "성전"이라는 단어를 애용한다. 하지만 세월이 어느 정도 지나게 되면, "성전"이라는 단어는 슬그머니 사라지기 시작하고, 교인들은 다시금 "교회"라는 단어를 선호하게 된다. 그렇다면 "교회 건물"을 "성전"이라고 부르는 것은 신학적으로 과연 정당한가?

성전은 성막(Tabernacle)의 발전 형태로서 하나님이 자신의 백성 안에 임재한다는 사실을 상징적으로 보여주는 장소였다. 이스라엘 백성이 광야에서 지낼 동안에는 실로에 처음으로 성막을 지었고(수 18:1), 나중에는 성막을 기브온으로 옮겼으며(대상 21:29), 그다음에는 다윗 성 안으로 옮겼다.(삼하 6:12) 비록 형태와 크기는 알려져 있지 않지만, 실로(삼상 1:9, 3:3)와 단(왕상 12:29)과 벧엘(왕상 12:29; 암 4:4, 5:5, 7:13)과 길갈(암 4:4, 5:5; 호 4:15, 9:15, 12:12)에도 성소가 있었다. 비록 분명히 언급되지는 않지만, 놉(삼상 21:2, 22:11)과 브엘세바(삼상 8:2; 암 5:5)에도 성소가 있었던 것으로 추측된다. 아마도 이보다 더 많은 성소들이 존재했을 것으로 여겨진다. 신명기 신학의 요구에 따라서 모든 제사가 예루살렘 성전에 집중된 후부터 다른 성소들은 단지 주변적으로만 언급되거나, 논쟁과 제의 비판 과정에서만 언급된다.

성막

이스라엘의 역사에서 성전은 세 차례 세워졌다. 최초의 성전은 주전 959년에 솔로몬에 의해 예루살렘 모리아 산 위에 세워졌다.(왕상 6:1~38) 솔로몬이 집권 4년부터 성전 건축을 시작하여, 12년째 되던 해(주전 1005년)에 성전을 완공했다. 이 성전 건립을 위해 3,300명의 감독자가 세워졌고 10만 명의 인부가 동원되었다. 크기는 성막의 두 배였다.(왕상 6~7장; 대하 3~4장) 예루살렘 성전은 솔로몬의 왕궁 안에 지어졌기 때문에 흔히 유다 왕국의 성전으로 불리었다. 여기서 솔로몬 왕은 대제사장의 역할을 수행했지만, 일상적인 제사는 제사장들에게 맡겼다. 다윗이 성전(제단)의 장소를 합법적으로 구입했다는 전승(삼하 24:21)은 성전이 왕의 소유였다는 사실을 강조한다. 여기서

왕은 왕조와 국가의 안녕을 위해 제사를 드렸다.[8)]

주전 34년, 곧 솔로몬의 사망 후 불과 5년째 되던 해부터 성전의 영광은 쇠퇴하기 시작했다. 이집트 왕 시삭이 이스라엘을 공격하여 성전의 보물을 무수히 몰수해 갔고(왕상 14:25~26), 다른 많은 사람들은 성전의 성물을 훔쳐가서 바알 신에게 바쳤다.(대하 24:7) 시삭 왕의 약탈 후에도 수세기 동안 신성모독 행위가 계속되다가, 주전 216년 후에 유다 왕 아하스가 성전의 남은 보화를 앗수르 왕에게 뇌물로 바쳤고(왕하 16:7~9, 17~18; 대하 28:24~25), 바벨론 왕 느브갓네살은 성전에 남아 있던 소수의 보물마저 모두 약탈하고 건물에 불을 질렀다.(대하 36:18~19; 왕하 24:13, 25:9) 그리하여 주전 600년까지는 이스라엘에 성전이 없었다.

두 번째 성전인 스룹바벨 성전은 주전 516년에 건축된 것으로서 옛 성전에 비해 매우 초라했고, 포로 귀환 이후에 페르시아 식민지 상태에서 건축되었기 때문에 우여곡절을 많이 겪었다. 스룹바벨 성전은 예수 탄생 때까지 5세기 동안 파괴되어 있었다.

세 번째 성전은 이두매(Idumea) 출신 이방인이었던 헤롯이 유대인들에 대한 유화 정책의 일환으로 건축한 헤롯 성전이다. 주전 20년에 옛 성전 터전 위에 세워진 헤롯 성전은 외형은 9년 만에 완성되었지만, 세부공사는 주후 63년경에야 비로소 완성되었다. 80년이 넘게 걸려 세워진 헤롯 성전은 주후 70년, 곧 완공된 지 불과 수년 후에 로마

8) Theologische Realenzyklopädie(다음부터는 TRE라고 표기함), Bd. 33(Berlin, New York: Walter de Gruyter, 2002), 48.

의 디도(Titus) 군에 의해 완전히 파괴되었지만, "통곡의 벽" 이라고 불리는 서쪽 외벽은 아직 남아 있다.

신약성서는 예수가 날마다(막 11:17 이하) 또는 낮에(눅 21:37 이하) 또는 항상(요 18:20) 성전에서 가르쳤다고 보도하지만, 예수가 성전에 대해 매우 부정적이었다는 사실도 알려준다. 예수는 예루살렘 성전이 "돌 하나도 돌 위에 남지 않고 다 무너질" 것을 예언했으며(막 13:2), "너희가 이 성전을 헐라, 내가 사흘 동안에 일으키리라" (요 2:19)고 선언했다. 예수는 예루살렘 성전을 허물고, 자신의 몸으로 새로운 성전을 일으켰다. 이로써 성전은 예수의 몸으로 대체되었다.[9] 그러므로 이 산이나 저 산에서, 그리고 예루살렘 성전에서도 하나님을 예배할 필요가 사라졌다. 그 어느 곳에서든, 하나님은 영과 진리로 예배를 드리는 자들을 찾으신다.(요 4:21 이하) 하나님은 손으로 지은 곳에 계시지 아니하신다. "하늘은 나의 보좌요, 땅은 나의 발등상이니, 너희가 나를 위해 무슨 집을 짓겠으며, 내가 안식하실 처소가 어디 있겠는가?" (행 7:48 이하)

요한이 환상을 통해 보았던 하늘의 예루살렘에도 성전은 존재하지 않는다. 이것은 성전 파괴에 관한 예수의 말씀과 일치한다. 하늘로부터 땅으로 내려오는 새로운 예루살렘에 성전이 없다는 것은 속됨과 거룩함의 분별과 구분이 철폐되었다는 사실을 의미한다. 새로

---

9) 바울은 윤리적인 의무를 부여하는 구원의 현재성을 강조하기 위해 그리스도인의 몸을 "성령이 계시는 성전" 이라고 부른다.(고전 3:16 이하, 6:19; 고후 6:16; 엡 2:18 이하) 같은 책, 62.

운 예루살렘은 낙원이요, 거룩한 도시이며, 그 자체로서 우주적 성전이다.[10)]

10) J. 몰트만, 김균진 역, 『오시는 하나님』(서울: 대한기독교서회, 1997), 525 이하.

2) 교회는 제도 또는 조직인가?

교회가 하나의 "건물"이라는 인상과 더불어 지금까지 우리의 의식을 강력하게 지배해 온 또 다른 인상은 교회가 하나의 굳건한 "제도"라는 사실이다. 교회는 거의 2천년 동안이나 지속되어온 가장 강력한 제도의 하나임을 부인할 사람은 거의 없을 것이다. 교회는 지금도 왕성하게 확장되고 번성해 나가는, 그리고 아마도 인류의 종말에 이르기까지 존재하게 될 인류의 가장 강력한 제도의 하나라고 말할 수 있을 것이다. 하지만 교회가 하나의 제도나 조직이라는 주장은 신학적으로는 결코 의심 없이 받아들여져 온 주장, 곧 자명하고 절대적인 주상이 아니었다. 이 문제는 오래전부터 지금까지 계속 제기되고 논쟁되었지만, 최근에 이르러 이 문제를 가장 예리하게 제기한 신학자는 바로 에밀 브루너(E. Brunner)라고 할 수 있다.

브루너(1889~1966)

브루너는 매우 논쟁적으로 저술된 자신의 저서 『교회에 대한 오해』[11]에서 신약성서의 교회가 하나의 제도(Institution)가 아니라 에클레시아(Ekklesia)로서 하나의 인격적인 교제임을 강력하게 주장한다. 그에 따르면 에클레시아는 "그리스도의 교제" 또는 "성령의 교제"다. 교제(Koinonia)란 함께 참여한다는 뜻이고, 함께 있다는 뜻이다. 믿는 자

11) E. Brunner, Das Mißverständnis der Kirche, 2. Aufl., Zürich: Zwingli Verlag, 1951.

들은 그리스도와 성령에 참여함으로써 서로 결합되었다. 그들이 공유하는 것은 그 어떤 것, 그 어떤 물건이 아니라 그리스도와 그의 성령이다. 에클레시아는 그리스도의 몸으로서 조직이 아니며, 그러므로 제도적인 특성을 전혀 갖지 않는다. 이것이야말로 놀랍고 일회적이며 독특한 에클레시아의 성격이다.

에클레시아 역사(歷史)의 시초에는 오순절 성령 강림의 기적이 존재한다. 에클레시아는 성령의 강림과 더불어 생겨났다. 성령이 존재하는 곳에 공동체(Gemeinde)도 존재한다. 왜냐하면 성령은 바로 공동체에게 주어진 영과 전혀 다르지 않기 때문이다. 그러므로 공동체는 말씀과 영의 담지자로서 개인의 신앙보다 앞선다. 다시 말하면, 우리는 먼저 믿는 자가 된 다음에 공동체 안으로 들어가는 것이 아니라, 공동체에게 주어진 것에 참여함으로써 비로소 믿는 자가 된다. 그러므로 예수의 공동체는 모든 믿는 자보다 앞선다. 바로 이 사실을 인식할 때, 비로소 우리는 개신교적 개인주의와 가톨릭적 집단주의를 극복할 수 있다. 왜냐하면 에클레시아는 선택된 자들의 무리(numerus electorum)도 아니며, 하나의 거룩한 제도도 아니기 때문이다. 에클레시아는 오직 인격으로만 구성되는 그리스도의 몸이다.

에클레시아는 자신 안에 현존하는 그리스도를 통해 존재하게 되었다. 그리스도는 자신의 말씀과 자신의 영을 통해 에클레시아 안에 현존한다. 성령은 우리를 진리로 인도하는 영(요 16:13)이다. 성령은 에클레시아의 생명이기 때문에 에클레시아는 거룩하다. 에클레시아는 거룩한 것과 기적적인 것의 특징, 곧 하나님의 현존에 참여하기 때문에 그 자체로서 기적이다. 그러므로 에클레시아는 "사회적으로 이해될 수 없는 것"이다. 에클레시아는 오직 자신 안에 현존하는, 그리고 자신을 형성하는 그리스도로부터만 이해될 수 있다. 에클레시아는 성령의 전(고전 3:16, 6:19)이기 때문에 그 자체로서 성전이며, 그래서 성전이 전혀 필요하지 않다. 에클레시아는 그리스도의 교제 또는 성령의 교제임과 동시에 서로 간의 교제다. 수직적인 것(하나님과의 결합)과 수평적인 것(인간들의 결합)의 이러한 결합은 에클레시아의 독특성으로서 유례(유비)가 없는 것이다.

그러므로 인간들의 결합(함께 있음)은 이차적인 것, 우연한 것이 아니다. 그것은 자신의 본질에 속해 있다. 하지만 이러한 결합은 그리스도와의 결합의 결과다. 따라서 에클레시아를 하나의 더 큰 목적을 위한 하나의 수단으로 인식하는 것은 불가능하다. 인간들의 결합은 그리스도와의 결합과 꼭 마찬가지로 그 자체로서 목적이다. 수직적인 것과 수평적인 것의 완전한 결합은 만물이 존재하기 전에 아버지가 아들과 함께 소유하고 있던 교제의 결과요, 그 모형이다. 공동체의 기적 안에서 삼위일체 하나님의 계시가 완성된다. 교회 절기에서 성령강림절 다음에 삼위일체 주일이 오게 된 것도 바로 이러한 이유 때문이다. 왜냐하면 하나님의 존재는 사랑(아가페)이기 때문이다. 바로 이 사랑은 에클레시아 안에 있는 사람들을 하나로 묶는다. 그러므로 사랑은 에클레시아를 온전하게 하는 끈이다.[12)]

12) 같은 책, 12 이하.

그렇다면 제도적인 형태를 띠고 있는 교회는 에클레시아와 무슨 관계를 갖고 있는가? 다른 말로 표현하면, 교회는 에클레시아의 진정한 발전과 계승인가, 아니면 잘못된 변질이나 변형인가? 브루너에 따르면 교회는 길고 복합적인 역사 속에서 발전과 동시에 변형의 과정을 통해 신약성서의 에클레시아로부터 형성된 것이다. 어떤 역사적 형태를 띠고 있든, 교회는 순수한 인격의 교제가 아니라, 본질적으로 하나의 제도다.

브루너에 따르면 신약성서의 에클레시아와 제도적 교회를 가장 분명하게 구분하고, 이 둘을 동일한 것으로 보는 견해에 가장 열렬하게 저항했던 사람은 마르틴 루터(M. Luther)였다. 그러므로 그는 교회(Kirche)라는 단어를 받아들이기를 거부했다. 이것은 "맹목적이고, 불명확한 단어"이기 때문에 그는 성서를 번역할 때 신약성서의 에클레시아를 "공동체"(Gemeinde)라고 옮겼다. 그는 신약성서의 에클레시아가 하나의 물체, 하나의 제도가 아니라 하나의 인격적 일치, 하나의 백성, 하나의 모임이라고 느꼈다. 하지만 역사는 루터보다 더 강했다. 종교개혁 시대와 그 이후의 어법도 매우 강력해진 교회 개념과 타협했고, 그래서 "맹목적이고, 불명확한 단어"에 붙어 있는 혼동이 종교개혁자들의 신학 안으로 침투하고 말았다.

교회 개념은 15세기 동안 인격적 교제인 에클레시아가 제도인 교회로 변형되어온 과정에서 형성된 것이다. 특히 가톨릭교회의 모든 역사는 마지막 과정까지 일어난 철저하고 완전한 교회의 제도화(制度化) 또는 - 더 정확히 말하면 - 법제화(法制化)의 역사다. 로마교회는 성례전적 교회법의 의미 안에서 자신을 이해한다. 바티칸 공의회 이래, 그리고 "교회법전"(Codex juris canonici, 1918) 이래 교회는 교회법에 종속되었으며, 교리의 제정도 교황의 사법권(potetas juridictionis)의 일부가 되었다. 가톨릭교회의 역사는 인격적 교제가 법적 제도로 대치되어간 역사다.[13)]

그렇다면 왜 인격적 공동체가 제도적인 교회로 발전되었는가? 직무와 계급을 강조하는 제도적인 교회가 승리할 수 있었던 이유는 무엇인가? 에클레시아적인 교회 개념이 다른 모든 경향성을 억압하고 제도적인 교회 개념으로 발전하게 된 중요한 원인으로서 브루너는 다음과 같은 세 가지 **요인**을 설명한다.

(1) 이단과의 투쟁: 개인주의적 · 신비주의적 색채를 강하게 띤 영지주의는 공동체를 분열시키고 마침내는 파멸시킬 정도로 위협적이었다. 공동체는 자신을 지키고 이런 흐름을 저지하기 위해 방어벽을 쌓아야 했다. 공동체는 반(半)영지주의자 마르시온(Marcion)에 맞서 사도들의 전승에 따라서 정경(Canon)을 확정했고, 모든 교사들을 위해 규범적인 척도가 될 확고한 신조와 교리를 만들었다. 이 두 가지 임무를 수행하기 위해 공동체는 본질적으로는 가장 중요하고 우선적인 방어벽, 곧 확고하고 권위적인 직무(사도적 · 사제적인 감독의 직무)를 만들었다. 하지만 세 번째 방어벽이 자신이 수행할 목적에 얼마나 부적합한 것이었는지는 역사가 증명한다. 전통과 적법성이 비극적으

13) 같은 책, 17 이하.

로 혼동되었고, 이로 말미암아 교리의 첫 번째 규범(성서를 통한 교리의 검증)은 마침내 효력을 잃어버리게 되었다. 다시 말하면, 잘못된 교리에 대항하기 위해 세워진 방어벽이 도리어 자신이 지켜야 할 것을 본질적으로 변형시켜 버리고 말았다.

(2) 상황의 변화: 영적이고 은사적인 초기의 질서는 오직 공동체가 작을 때에만 가능한 것이었다. 신자들의 증가와 공간적 확대, 그리고 이로 말미암아 야기된 다양한 상황 변화 때문에 순전히 영적인 질서는 불가능하게 되었다. 확고한 규정과 분명한 질서 관계를 확립해야 할 필요성 때문에 영적인 유기체는 교회법적인 조직으로 변화되었다.

(3) 종말론적 긴장의 감소: 파루시아(재림)의 지연과 더불어, 그리고 세계 질서의 지속과 더불어 공동체의 종말론적인 긴장도 역시 느슨해졌고, 그래서 공동체의 영적인 요소들도 줄어들었다. 이로 말미암아 영적인 공동체는 교회법적인 질서로 대체될 수밖에 없게 되었다.

하지만 브루너에 따르면 에클레시아가 교회로 변형된 가장 결정적인 원인은 앞에서 설명한 외적인 투쟁이나 수적인 증가라기보다는 오히려 완전히 내적이고 종교적 · 신학적인 것이다. 다시 말하면, 구원 이해가 바뀌었다. 공동체를 세우기 위한 공동체의 행위였던 성찬이 사제를 통해 공동체에게 분배되는 구원의 내용으로 바뀌었다. 이러한 구원 이해의 변화는 공동체의 구조를 바꾸어 놓았다. 이로 말미암아 성령은 교회법으로 대체되었다. 첫 사랑이 식듯이, 성령 안의 생활도 사라졌다. 공동체의 영적인 교제가 사라질수록 영적인 구조는 점점 더 조직적이고 법적인 구조로 바뀌어갔다. 이러한 발전과 변형의 결과로 결국 예수의 공동체는 조직과 제도, 거룩한 그 무엇과 동일시되었다. 이제 사람들은 이러한 조직과 제도를 생각하지 않고서는 교회를 말할 수 없게 되었다. 감독(주교)이 없는 교회는 생각할 수 없게 되었다.[14]

한편으로는 역사의 위대한 기적이었던 그리스도의 공동체 에클레시아가 이처럼 역사와 상황 속에서 제도적이고 계급적인 제도로 바뀌어간 것을 브루너는 안타깝게 여기지만, 다른 한편으로 그는 교회에 대해 무조건 부정적인 판단이나 심지어는 적대적인 태도를 보이는 것도 원하지 않는다. 왜냐하면 제도적인 껍데기 속에는 값비싼 알맹이가 여전히 보존되어 있기 때문이다. 그리고 공동체의 주님은 이러한 껍데기의 도움으로 진정한 교회를 보존해 왔을 뿐만 아니라, 항상 새롭게 교회를 형성해 왔기 때문이다. 비록 영지주의와 같은 이단과 열광주의와 싸우는 과정에서 군주적이고 법적인 제도가 만들어졌지만, 바람직하지 못한 이러한 발전에도 불구하고 제도적인 교회는 그리스도와의 교제가 가장 활발한 "외부 지원병"(externum subsidium)임을 입증해 왔다. 제도적인 교회는 영지주의와 같은 이단과 열광주의를 극복했고, 히틀러의 독재에 맞서 투쟁함으로써 진정한 교회를 보존할 수 있었다.

14) 같은 책, 99 이하.

그럼에도 불구하고 브루너는 성직주의적 · 계급적 교회를 여전히 그리스도의 복음과 그리스도 안에 세워진 형제애의 가장 큰 적으로 간주한다. 비록 교회가 에클레시아의 역사적 형태와 그릇으로서 중요한 기능을 수행해 왔지만, 브루너는 이러한 그릇이 하나님의 뜻에 따라 언젠가 부서지거나 최소한 다른 그릇으로 대체될 수 있다고 확신한다. 왜냐하면 우리는 진정한 교회를 원하는 하나님의 뜻에 저항할 수 없기 때문이다. 브루너에 따르면 공산주의가 생겨난 까닭도 교회가 그리스도인의 진정한 형제애를 세우기를 소홀히 여겼기 때문이다. 그러므로 하나님은 교회와 함께, 또는 교회가 없이도, 또는 교회에 맞서 진정한 공동체를 세울 수도 있다. 교회의 미래는 바로 이러한 깨달음에 열려 있는가의 여부에 달려 있다.[15)]

한스 큉의 말대로 다양한 교회 이해는 신약성서 이후가 아니라 신약성서 안에 이미 존재한다! 그 후에 나타나는 교회론의 강조점과 전망의 차이, 긴장과 대립은 신약성서 자체에 나타나는 상이한 강조점과 전망, 긴장과 대립을 다양하게 반성한 결과다. 신약성서 안에는 다양한 저자들과 그들의 전통이 갖고 있는 독특성뿐만 아니라 저자와 그들이 속해 있는 공동체의 신학적 자세와 상이한 선포 상황이 숨겨져 있다. 신약성서 안에는 다양한 증인과 독자, 다양한 증언이 존재한다.[16)] 하지만 에두아르트 슈바이처(E. Schweizer)에 따르면 신약성서의 직무 이해는 다양성과 상이성에도 불구하고 대체로 세 가지

---

15) 같은 책, 134 이하.
16) 한스 큉, 정지련 역, 『교회』(서울: 한들출판사, 2007), 205 이하.

모델로 요약될 수 있다고 본다.

(1) 팔레스타인 교회의 모델: 팔레스타인 교회는 아직도 유대교의 옛 형태와 조직 안에 강하게 머물러 있었다. 여기서는 베드로(기둥, 반석)와 야고보가 특별한 역할을 수행하였다. 팔레스타인 교회는 하나님의 나라가 아직 오지 않았으므로 율법과 조직이 교회의 존속과 생존을 위해 필요하다는 생각을 지니고 있었다. 그래서 직무 담당자는 특별한 역할을 담당하였다. 여러 은사들, 특히 병자 치유는 주로 그들에 의해 이루어졌고, 안수를 통해 성령을 받게 하는 일도 사도들에게만 허락되었다.(행 8장)

(2) 요한 교회의 모델: 요한이 이해하였던 교회는 팔레스타인 교회와 완전히 다르다. 요한에 따르면 교회는 성령을 소유하기 때문에 직무와 조직은 별로 중요하지 않다. 성령으로 다시 태어난 자는 율법이나 규칙에 종속될 필요가 없다. 왜냐하면 성령은 임의로 불기 때문이다.(요 3:8) 보혜사 성령은 예수가 떠난 동안 교회와 함께 하며, 예수를 대신해서 교회를 다스린다.(요 14:16~18) 교회는 완전히 자유로운 무리, 성령의 기름부음으로 말미암아 살아가는 무리이기 때문에 특별직무가 필요하지 않다. 교회는 성령의 기름부음을 받아서 모든 것을 알고 있다.(요일 2:20) 아마도 요한 교회는 교회를 지배하려는 감독(요삼 1:9)과 종종 투쟁하고 있는 것처럼 보인다.

(3) 바울 교회의 모델: 바울 교회는 중간적인 입장을 대변한다. 바울은 성직자와 평신도의 구별을 알지 못한다. 왜냐하면 모든 그리스도인들이 교회를 섬기도록 부름을 받았기 때문이다. 그리스도인들은

모두 성령을 소유하고 있다. 교회의 모든 지체들은 제각기 은사를 소유하고 있고, 자기의 은사를 통해 교회 안에서 나름대로 고유한 임무를 수행하고 있다. 그럼에도 불구하고 특별히 부름을 받은 직무가 존재할 수 있다.(고전 12:28) 바울 교회는 직무와 은사를 모두 인정하는 가운데 양자를 서로 조화시키려는 모습을 보여주고 있다. 여기서 공적인 직무와 영적인 은사는 서로 대립하지 않는다. 양자는 하나를 이루는 가운데서 서로 긴장 관계를 이룬다.[17)]

이처럼 서로 다른 형태의 교회는 신약성서에서 이미 나타나는 서로 다른 교회 이해와 직무 이해로부터 비롯하기 때문에 모든 교회가 신약성서의 지지를 받는다고 말할 수 있으며, 그렇기 때문에 그 어떤 특정한 교회도 다른 특정한 교회에 대해 배타적이고 절대적인 권리를 주장할 수 없다. 그럼에도 불구하고 교회의 다양성과 그 역사적 발전을 신학적으로 모두 정당하다고 말할 수는 없다. 모든 교회는 자신의 진정한 근원, 신약성서의 근원적 메시지로부터 조명되고 검증되어야 한다. 그렇다면 신약성서의 내적인 일치를 보장하는 신학적 근거는 무엇인가? 그것은 바로 "예수 그리스도 안에서 일어난 종말론적인 하나님의 지배(나라)의 도래"다. 오직 이를 통해서만 신약성서와 교회사의 모든 교회의 일치는 명백하게 보장될

---

17) E. Schweizer, Gemeinde und Gemeindeordnung im Neuen Testament(Zürich, 1959), 148~154. 에두아르트 슈바이처와 달리 한스 큉은 신약성서의 직무 이해를 두 가지 모델로 나눈다. "역사의 흐름 속에서 카리스마적으로 규정되었던 교회상이 바울에 의존해 있다면, 직무를 강조하는 교회 이해는 사도행전과 목회 서신에 의존하고 있다. 전자는 열광주의, 종교개혁, 가톨릭에서 선호했으며, 후자는 가톨릭, 그리스 정교회, 영국 성공회, 개신교에서 나름대로 발전되어 왔다." 한스 큉, 앞의 책, 22.

수 있다.[18]

예수의 사명은 온통 종말론적인 하나님 나라의 도래에 완전히 집중되어 있었다. 그러므로 예수는 처음부터 이스라엘 백성과 분리된 종교적 집단을 설립하지 않았으며, 더욱이 제도적인 교회를 설립하지도 않았다. 예수는 자신의 부재(不在) 후에 존재하게 될 교회의 모습을 미리 그리거나, 교회가 어떤 제도로 발전해야 할 것인가에 대한 이상적인 설계도를 제시하지도 않았다. 물론 예수는 도래하는 하나님의 나라를 맞이하고 증언할 무리를 소집하였다. 예컨대 예수는 열두 명을 불렀다. 하지만 예수가 구성한 열두 제자는 하나의 조직이라기보다는 이스라엘의 열두 지파를 상징하는 예언적 표징이었다. 열둘이라는 숫자는 예수가 이스라엘을 종말론적 구원 공동체로 깨우고 모으기 시작했다는 사실을 예증하는 표징이었다.[19]

하지만 하나님 나라의 궁극적인 실현 또는 예수의 다시 오심을 기다리던 교회는, 그리고 이 시기가 점점 더 길어지고 세상 속에서 오랫동안 존속해야 한다고 느낀 교회는 결국 일정한 조직과 직무를 받아들일 수밖에 없었다. 하지만 신약성서에서 초기 공동체가 최초로 도입한 직무인 "집사"라는 용어는 세상적인 용어, 곧 식탁에서 하인이 주인을 섬기는 행위를 의미하는 디아코니아(Diakonia)로부터 유래한다. 그러므로 초기 공동체의 직무는 그 어떠한 권한이나 특권, 계

18) 한스 큉은 하나님의 지배만이 아니라 바울의 "오직 은혜에 의해서만, 그리고 신앙을 통해서만 일어나는 죄인의 칭의(稱義)"도 교회의 내적인 일치의 근거로 본다. 같은 책, 24.
19) G. 로핑크, 정한교 옮김, 『예수는 어떤 공동체를 원했나』(왜관: 분도출판사, 1985), 25.

급의식과 명예를 갖지 않는 것이었다. 이처럼 초기 공동체의 최초의 직무도 예수의 교훈대로 남을 지배하기보다는 자신을 철저히 낮추는 섬김의 특징을 띠고 있었다.[20)]

한스 큉의 말대로 본질은 항상 형태 안에서 존재한다. 변하지 않는 것은 항상 변하는 것 속에서만 나타난다.[21)] 그러므로 역사 속에서 제도적인 성격을 띠지 않는 교회는 거의, 아니 전혀 존재하지 않을 것이다. 어느 정도의 제도화는 불가피하며, 때로는 바람직하기까지 하다. 모든 종교적 모임은 어느 정도 형식주의를 띠며, 또 제도화되어 있다.[22)]

하지만 교회는 본질적으로 제도와 조직이 아니다. 비록 교회가 불가피하게 제도적인 형식과 조직적인 성격을 띤다고 하더라도, 교회는 본질적으로 결코 제도나 조직이 될 수 없다. 그러므로 특정한 제도와 조직을 진정한 교회와 동일시해서는 안 되며, 더욱이 특정한 제도와 조직을 절대화해서도 안 된다. 특정한 역사적 상황 안에서 형성된 특정한 제도를 완강하게 고집하거나 경직된 제도를 계속 갱신하지 못하는 교회는 시대에 뒤떨어지는 낡은 교회가 될 뿐만 아니라, 점차로 복음의 생명력을 질식시키게 될 것이고, 결국 영적인 죽음을 초래할 것이다.[23)] 그러므로 교회의 모든 제도는 항상 복음의 핵심으

20) 그리스에서 직무를 뜻하는 단어들은 아르케(지도, 통치), 티메(고위직), 텔로스(직무의 완전한 권한), 레이투르기아(시민들의 봉사행위) 등이었다. 하지만 초기 공동체는 섬김의 의미를 표현하기 위해 '디아코니아'를 빌려왔다. E. Schweizer, 앞의 책, 154.

21) 한스 큉, 앞의 책, 5.

22) H. 스나이더, 김영국 역, 『그리스도의 공동체』(서울: 생명의말씀사, 1987), 79.

23) 같은 책, 81.

로부터 검증되고, 항상 개혁되어야 한다. "교회는 항상 개혁되어야 한다!"(Ecclesia semper reformanda)라는 종교개혁자들의 구호는 교회의 선포만이 아니라 교회의 제도와 조직에도 철저히 적용되어야 할 것이다. 다시 말하면, 교회는 제도적으로도 항상 개혁되어야 한다.

3) 교회는 베드로 위에 세워졌는가?

앞에서 우리는 브루너의 견해를 중심으로 그리스도의 공동체가 역사 속에서 점차로 성직주의적 · 계급적인 교회로 변화되어간 이유와 과정, 그리고 이에 대한 그의 자세한 비판을 살펴보았다. 그리고 교회가 어떤 형태와 조직을 띠고 있든, 교회의 직무는 본질적으로 섬김의 특징을 띠고 있다고 결론을 지었다. 하지만 교회사를 통해 성직주의적 · 계급적 교회 이해는 수많은 비판과 개혁의 대상이 되어 왔음에도 불구하고, 가톨릭교회는 이러한 교회 이해를 여전히 포기하지 않고 있을 뿐만 아니라, 세계에서 가장 큰 단일 조직으로서 지금도 다방면으로 강력한 영향력을 끼치고 있다. 그러므로 우리는 여기서 가톨릭교회의 자기 이해를 점검해 보지 않을 수 없다. 우리가 이렇게 하려는 목적은 단지 가톨릭교회를 비판하기 위함이 아니라, 진지한 논의를 통해 상호 이해와 교회 일치에 조금이라도 기여하기 위함이다.

교회의 수장(首長)인 교황(敎皇)을 중심으로 자신을 계급적인 제도로 이해하는 가톨릭의 교회 이해는 성서적 · 신학적으로 베드로 이해에 뿌리를 두고 있다. 가톨릭교회의 주장에 따르면 교회는 예수의 명령에 따라 베드로(게바=반석) 위에 세워졌고, 베드로는 제자들과 지역교회의 우두머리였을 뿐만 아니라 모든 교회의 우두머리였으며, 이러한 그의 수위권(首位權)은 자신의 교회를 통해 역사적 · 법적으로 완전하게 계승되어 왔다.[24] 그러므로 우리는 가톨릭교회의 자기 이해를 다음과 같은 **관점**에서 다루어야 한다. (1) 베드로는 제자들의 우두머리였는가? (2) 예수는 베드로 위에 교회를 세웠는가? (3) 베드로는 교회에 대해 법적인 전권을 행사했는가? (4) 베드로는 로마교회의 초대 감독으로서 모든 교회에 대해서도 수위권을 행사했는가? (5) 베드로의 수위권은 역사적으로 계승될 수 있는가?

(1) 베드로는 제자들의 우두머리였는가? 공관복음서에서 베드로는 여러 사건(야이로의 딸의 소생, 예수의 변모, 겟세마네 사건 등)을 가장 가까이 목격한 예수의 측근 증인이었다. 그리고 그는 분명히 제자 집단 안에서 특별한 위치를 차지했고, 자주 뛰어나고 중요한 역할을 했으며, 제자들의 대표로서 활동했다. 이런 이유 때문에 그의 이름은 열두 제자들의 이름 가운데 가장 먼저 나온다. 베드로는 부활한 예수를 제일 먼저 만났고, 예수의 승천 후에는 여러 사건(맛디아 선출, 첫 번째 설교, 최초의 개종자 취급, 산헤드린 출두, 예루살렘 공의회 등)에서 항상 주도권을 행사했다.[25)]

하지만 이와 동시에 우리는 베드로가 자주 실수와 잘못을 범했다는 사실도 기억해야 한다. 특히 예수의 수난의 길을 이해하지 못했을

24) 가톨릭교회는 이를 교계제도(敎階制度)라고 부른다. 이 용어는 '히어라키아'(Hierarchia)라는 명칭에서 유래한다. 이 명칭은 '히에로스'(거룩한)와 '아르케'(시초, 원리)의 합성어로서 위(僞)-디오이시우스(Pseudo-Dionysius)가 처음으로 사용했다. 트렌토 공의회(1545~1563)는 "가톨릭교회 안에 주교, 신부, 시종들로 구성된 신정(神定) 교계제도를 부인하는 자는 이단자이다."라고 선언했다. 정하권, 『교회론』 제2편(왜관: 분도출판사, 1981), 53 이하.

25) O. Cullmann, Petrus. Jünger - Apostel - Märtyrer(Zurich/Stuttgart: Zwingli Verlag, 1952), 25 이하; 한스 큉, 앞의 책, 653; 정하권, 앞의 책, 60 이하 참조.

때, 그는 예수로부터 "사탄아, 내 뒤로 물러가라. 너는 나를 넘어지게 하는 자로다. 네가 하나님의 일을 생각하지 아니하고 도리어 사람의 일을 생각한다."(마 16:23; 막 8:33)라고 심한 꾸중을 들었다는 사실을 간과해서는 안 된다. 베드로의 권위와 중요성을 신학적으로 매우 강조한 마태조차도 이런 기록을 남겼다는 사실은 그가 베드로를 매우 정직하고 냉정하게 바라보았다는 증거가 아닐 수 없다.

신약성서는 베드로가 자주 예수로부터 칭찬과 나란히 꾸중을 듣는다는 사실을 기록함으로써 그의 이중적인 성격을 숨김없이 드러낸다. 그는 부활 전이나 부활 후나 항상 상반된 성격의 소유자였다. 그리고 우리는 그에게서 나타나는 우유부단함과 냉정한 거절을 지나쳐서는 안 된다. 베드로의 인격 안에는 '바위'와 '걸림돌'이라는 상반된 성격이 공존하고 있었다. 베드로는 특별한 인간이 아니라 우리와 같은 인간이었다. 뜨거운 고백과 냉정한 배반 사이를 오가며 수없이 마음을 바꾸는 연약한 베드로는 바로 우리처럼 연약하고 이중적인 인간을 대변한다.[26] 이런 사실을 냉철하게 고려할 때, 베드로가 오류가 없는 교황의 이상적인 첫 번째 모델이라고 보기 매우 어렵다.

(2) 예수는 베드로 위에 교회를 세웠는가? 예수는 베드로의 신앙고백 후에 그(반석) 위에 교회를 세울 것이라고 말한다. "시몬 베드로가 대답하여 이르되, 주는 그리스도시요, 살아 계신 하나님의 아들이

26) 이제민, 『교회는 누구인가』(왜관: 분도출판사, 2001), 108 이하.

시니이다. 예수께서 대답하여 이르시되, 바요나 시몬아, 네가 복이 있도다. 이를 네게 알게 한 이는 혈육이 아니요, 하늘에 계신 내 아버지시니라. 또 내가 네게 이르노니 너는 베드로라. 내가 이 반석 위에 내 교회를 세우리니, 음부의 권세가 이기지 못하리라." (마 16:17~18) 이 구절은 오직 마태복음에만 나오며, 많은 주석가들은 오랫동안 이 본문의 역사성과 진정성을 의심해 왔다.[27)]

마태는 마가의 원자료를 대부분 정확하게 따르지만, 베드로의 중요성을 높이기 위해 철저한 변화와 삽입을 시도한다. 예컨대 오직 마태복음에서만 예수가 베드로의 이름을 특별히 거론하고 높이며(16:18), 베드로가 물(바다) 위를 건너려고 시도하며(14:28), 예수가 메시아임을 고백한 다음에 예수로부터 칭찬을 받고, 베드로 위에 교회를 세울 것임을 약속하고, 땅과 하늘에서 매고 푸는 권세를 그에게 부여한다.(16:17~19) 그밖에도 오직 마태복음에서만 베드로는 예수와 함께 세금에 관해 말한다.(17:24~26)[28)]

---

27) 한스 큉에 따르면 아람어의 언어적 특성을 살펴볼 때, 분명히 팔레스타인 지역에서 나온 이 본문이 예수의 말씀인지, 아니면 초대교회가 베드로의 권위를 강화하기 위해 창작한 말씀인지 분명하지 않다. 그리고 '반석' (게바)이라는 명칭도 예수가 직접 그에게 부여한 이름인지, 아니면 초대교회가 그에게 부여한 이름인지도 분명하지 않다. 한스 큉, 앞의 책, 654.
쿨만은 따로 떨어져 내려오던 이 전승을 마태가 원래의 맥락(수난 이야기)에서 떼어내어 다른 맥락 안으로 넣었다고 생각한다. O. Cullmann, 같은 책, 197, 243.
가톨릭신학자 이제민도 "마태가 교회를 역사적 관점에서보다는 신학적 관점에서 구상하였고, … 예수의 교회 설립에 관한 어록을 베드로의 메시아 고백의 맥락에 삽입했으며, … 베드로의 물음과 관련하여 공관복음에서 발견되는 수많은 특징들은 훗날 베드로의 지도자 역할을 반영하고 있는데, 이것은 베드로의 후기 역할이 미리 지상의 예수에 대한 복음서에 앞당겨 씌어졌다는 것을 암시한다."고 말한다. 이제민, 앞의 책, 103.
28) TRE Bd. 26, 265.

만약 우리가 이 본문의 진정성을 믿는다면, 여기서 교회가 무엇인지를 규명해야 한다. 쿨만은 교회를 뜻하는 "에클레시아"를 구약성서의 배경에서 이해해 보려고 노력한다. 이 단어는 대개 히브리어 "카할"(백성)의 번역으로 나오며, "하나님의"(소유격)라는 단어와 결합될 경우에는 구원사적인 의미에서 항상 이스라엘 백성을 나타낸다. 만약 예수가 베드로 위에 교회를 세울 것이라고 말했다면, 이것은 예수가 베드로의 선교와 지도를 통해 언젠가 하나님의 백성을 세우게 될 것임을 예언한 말이라고 볼 수 있다. 다시 말하면, 예수는 메시아로서 하나의 공동체를 확실히 염두에 두었다고 볼 수 있다. 예수가 죽기 전날 밤의 마지막 만찬에서 선포한 "새로운 계약"은 바로 하나님의 백성의 새로운 설립을 목표한 것이다.

쿨만(1902~1999)

그리고 쿨만에 따르면 "반석"이라는 상징은 유대교에서 공동체 사상과 결합되어 있다. 예컨대 다니엘서(2:34 이하, 44 이하)는 모든 제국들을 산산이 부서뜨릴 하나님의 왕국을 지시하는 하나의 돌에 관해 말한다. "건축자들이 버린 돌이 모퉁이의 머릿돌이 된다."는 구절(눅 20:17 이하)은 바로 다니엘서가 말하는 돌을 염두에 둔 것이다. 그리고 "건축한다"라는 표현도 유대교적 표상과 표현방식으로부터 이해될 수 있다. 구약성서는 이스라엘을 집(민 12:7; 룻 4:11; 암 9:11)이라고 부르고, 예수(마 10:6, 15, 24)도 이런 표현을 사용했으며, 신약성서의 다른 본문들(딤전 3:15; 엡 2:22; 히 3:2)도 교회를 하나님의 집이라고 부른다.[29] 부활 후에 예수가 베드로에게 준 분부(눅 22:31~32; 요 21:15~17)도 베드로가 장차 세워질 교회의 지도자가 될 것을 지시하며, 실제로 베드로는 그런 역할을 수행했다고 볼 수 있다.[30]

(3) 베드로는 교회에 대해 법적인 전권을 행사했는가? "반석"은 믿고 고백하는 자 또는 사도로서의 베드로를 의미할 수 있으며, "열쇠를 가진 자"라는 말도 교사와 감독 이상의 권위를 의미할 수 있다. 그리고 "매고 푼다"는 말도 징계권이나 파문권 또는 하나님 나라와 죄에 대한 전권이나 일반적인 사법적 전권을 의미할 수 있다.[31]

하지만 매고 푸는 권한은 오직 베드로에게만 주어진 것이 아니다. 베드로에게 매고 푸는 권한을 부여한 예수는 바로 이러한 권한을 모든 제자들에게도 똑같이 부여했다. "진실로 너희에게 이르노니, 무엇이든지 너희가 땅에서 매면 하늘에서도 매일 것이요, 무엇이든지 땅

---

29) O. Cullmann, 같은 책, 218 이하. 루터는 반석을 베드로가 아니라 예수 자신을 의미하는 것으로 보며, '반석 위에'라는 말도 베드로라는 인물에게 적용된 것이 아니라, 베드로의 신앙과 그 고백에 관련된 것이라고 본다. 이제민, 앞의 책, 107 참조.

30) 하지만 누가복음 22:31~32("시몬아, 시몬아, 보라, 사탄이 너희를 밀 까부르듯 하려고 요구하였으나, 하지만 내가 너를 위하여 네 믿음이 떨어지지 않기를 기도하였노니, 너는 돌이킨 후에 네 형제를 굳게 하라.")를 근거로 삼아, 베드로와 그 후계자의 수위권만이 아니라 그의 무류권(無謬權)까지 정당화하는 주장은 논리적 비약이다. 정하권, 앞의 책, 61.

31) '맨다', '푼다' 등의 말은 '금지한다', '허용된 것으로 인정한다' 등의 뜻을 가진 랍비적 표현이다. 이 말들은 때에 따라서는 '추방하다', '방면하다' 등의 의미로 사용될 수도 있다. 어떤 의미로 사용되든, 공동체가 이 말로 죄의 용서라는 현실을 지시하고 있다는 것은 분명하다. 성령과 영적인 전권을 지시하고 있는 요한복음 20장 22절 이하의 말씀은 이러한 사실을 뒷받침해주고 있다. "성령을 받으라. 너희가 뉘 죄든지 사하면 사하여질 것이요, 뉘 죄든지 그대로 두면 그대로 있으리라." 한스 큉, 앞의 책, 473, 654.

에서 풀면, 하늘에서도 풀리리라."(마 18:18) 베드로의 권한을 매우 강조한 마태가 바로 그의 권한을 모든 사람들에게도 동등하게 인정했다는 사실에 우리는 특히 주목해야 한다. 이 본문은 모든 공동체가 죄를 용서할 수 있다고 말한다. 그리고 여기서 "너희"라는 단어는 판결의 주체가 개인이 아니라 공동체임을 암시한다. 제자 전체에게 성령이 선사되었듯이, 세례와 성찬만이 아니라 죄를 용서하는 권한도 모든 제자들의 공동체에게 주어진 것이다. 바로 그들 안에 부활한 예수는 현존한다.(마 18:20)[32]

아우구스티누스
(354~430)

그래서 아우구스티누스(St. Augustinus)도 마태복음 16장 18절 이하를 다음과 같이 해석한다. "죄의 멍에를 짊어지고 가는 인간들에 대해 희망을 가지면서 이러한 권력을 행사하는 것은 교회다. 베드로는 단지 교회의 일반적인 대표자에 불과하다. 그리고 그가 대표자가 될 수 있었던 것은 그가 최초의 사도였기 때문이다. 그의 특성은 다음의 세 가지 사실로 규정될 수 있다. 그는 본성적으로는 인간이었으며, 은혜에 의해 기독교인이 되었고, 특별한 선택에 의해 최초의 사도가 되었다. 하지만 그에게 '내가 천국 열쇠를 네게 주리니'(마 16:19)라는 말씀이 주어졌을 때에도 그는 단지 보이는 전 교회의 모사(模寫)가 된 것에 불과했다."[33]

---

32) 같은 책, 474.
33) 아우구스티누스에 따르면 베드로는 교회가 그리스도로부터 자신의 것으로 소유하게

(4) 베드로는 로마교회의 초대 감독으로서 모든 교회에 대해서도 수위권을 행사했는가? 비록 베드로가 예루살렘 교회의 지도자가 된 다음에 사도적인 선교사로서 다른 여러 교회를 때때로 지도했다고 하더라도, 그는 단지 개별 교회의 지도자에 불과했으며, 결코 모든 교회의 지도자가 된 것은 아니었다. 그의 특별한 지위는 오직 예루살렘에서만 가능했다.

2세기 문헌에 비로소 베드로가 안디옥의 감독이었다는 전승이 처음으로 나온다. 그리고 베드로가 로마교회의 감독이었다는 주장은 훨씬 나중에 나온다. 2세기 후반에 베드로가 로마교회를 세웠다는 문헌이 나오지만, 이것은 역사적으로 입증되지 않는다. 더욱이 이 문헌은 베드로가 로마교회의 감독이었다는 말을 전혀 하지 않는다. 비록 베드로가 로마교회의 감독이었다고 해도, 그는 오직 로마 지역 교회의 감독에 불과했을 가능성이 매우 높다. 왜냐하면 그 당시에 로마는 전체 교회를 지도하는 역할을 전혀 하지 않았기 때문이다. 그리고 베드로는 로마에서 모든 교회를 다스리지도 않았다.[34] 베드로의 수위권은 3세기 중반에 이르러서야 스테파누스 1세에 의해 비로소 주장되었고, 이런 주장을 뒷받침하기 위해 4세기부터 마태복음 16장 18~19절이 사용되기 시작했다.[35]

여러 세기를 거치면서 점점 주도적인 이론이 된 로마교회의 수위

된 것을 상징적으로 묘사하고 있다. 반석은 그리스도에 대한 상징이고, 베드로는 교회에 대한 상징이다. 같은 책, 475.

34) O. Cullmann, 같은 책, 261 이하.

35) 한스 큉, 같은 책, 659.

권은 한편으로는 제국의 수도에 위치한 교회가 갖는 정치적 영향력과 제국의 몰락 이후에도 여전히 존재하는 로마의 매력(베드로와 바울의 순교지 등)에 의해 지지되었고, 다른 한편으로는 일반 주교들의 부분적인 사법권과 로마 주교의 전적인 사법권을 구분한 신학에 의해 촉진되었다. 서방교회에서 서서히 발전되어 왔고 레오 1세(Flavius Valerius Leo, 401~474)에 의해 정교하게 표현된 로마 교회의 수위권은 동방교회에 의해 전혀 이해되거나 받아들여지지 않았고, 서방교회와 동방교회가 함께 참여하는 공의회에서 유감스럽게도 한 번도 논의되거나 해명되지 않았다. 교회법, 정치, 신학의 도움을 받아 로마교회(교황)의 수위권과 중앙집권적 제도를 확립했던 서방교회는 개별 교회가 서로 동료적이고 연대적인 관계를 맺었던 동방교회와 결국 비극적으로 분열하고 말았다.[36)]

(5) 베드로의 수위권은 역사적으로 계승될 수 있는가? 제1차 바티칸 공의회는 다음과 같이 베드로의 수위권이 영구적으로 계속된다고 천명했다. "성 베드로가 전 교회에 대해 수위권을 가지는 그리스도의

36) 같은 책, 635 이하. 제2차 바티칸 공의회(1962~1965)도 종종 인용하듯이, 제1차 바티칸 공의회(1869~1870)는 로마 가톨릭교회의 수위권과 교황무오설 교리를 다음과 같이 천명했다. "로마의 주교는 단지 감독이나 관리의 직무만을 가질 뿐이고, 전체 교회에 대한 - 신앙과 도덕의 문제만이 아니라 온 세상에 확산되어 있는 교회의 질서와 행정 문제에서도 - 최고의 사법권을 갖지 않는다고 말하는 자, 또는 로마의 주교가 전적인 권력을 가진 것이 아니라 단지 상대적으로 더 큰 권력을 가졌을 뿐이라고 말하거나, 이러한 그의 - 전체 교회나 개 교회, 전체 목회자나 각 목회자, 전체 신자나 각 신자에 대한 - 권력은 정식적인 것이나 직접적인 것이 아니라고 말하는 자는 교회에서 제명된다." 같은 책, 640 이하.

후계자가 된 것은 우리의 주님이신 그리스도 자신, 곧 신적인 법에 의한 것이 아니라고 주장하는 자는 구원에서 제외될 것이다."[37] 정하권도 다음과 같이 말한다. "사도단의 후계자가 주교들인 것과 같은 이유로 베드로도 후계자를 가지고 있다. 예수께서 베드로에게 맡기신 최고 사목권은 자연인(自然人) 베드로가 죽은 후에도 교회 안에 영속될 성질의 것이기 때문이다. 사도 베드로는 로마에 와서 사목하다가 순교하였고, 그 후계자들이 뒤를 이어 로마 교회를 사목하였으므로 로마가 교황좌가 된 것이다."[38]

베드로가 네로 황제 시대에 로마에서 순교했다는 주장은 매우 개연성이 높다. 하지만 베드로의 순교가 로마 교회의 수위권을 입증하는 근거가 될 수는 없다. 더욱이 베드로가 로마에서 어떤 활동을 했는지 알 수 없으며, 그가 로마 교회를 실제로 인도했는지도 전혀 알 수 없다. 비록 베드로가 로마 교회의 감독이었다고 해도, 그를 군주적인 감독으로 보기는 어렵다. 그리고 베드로가 어떤 방식으로 군주적인 감독의 성격을 지닌 후계자를 세웠는지도 입증하기 어렵다.[39] 베드로가 한 도시의 감독이었다는 이유로 그의 후계자들도 전 교회의 감독이 될 수 있다는 근거는 성서에서 찾아볼 수 없을 뿐만 아니라, 원시 기독교의 역사에서도 찾아볼 수 없다. 베드로의 생애에서 그의 수위권이 그의 후계자들에게 계승되었다는 단서도 전혀 찾아볼

37) 같은 책, 654 이하.
38) 정하권, 앞의 책, 62.
39) 한스 큉, 같은 책, 656 이하.

수 없다.[40)]

만약 베드로가 반석이었다면, 이것은 그가 사도로서 단지 일시적으로 교회의 반석을 놓았다는 것을 의미한다. 그가 예루살렘 교회의 지도자였던 것은 우선적으로는 일시적인 의미를 갖는 것이었다. 모든 시대를 위한 그의 구원사적인 중요성은 그가 원시 교회의 지도력을 처음으로 가지게 되었다는 사실에 있다. 만약 예수 그리스도가 모퉁이의 돌로서 베드로라고 하는 반석 위에 모든 시대에 자신의 교회가 계속 세워지길 원했다면, 베드로는 분명히 그런 반석이었고, 그래서 그는 모든 사도들 가운데서 가장 중요한 사도였다고 볼 수 있다. 하지만 그의 수위권이 한 지역의 한 감독에게만 제한된다는 의미로 계속 이어진다는 것은 성서적 · 역사적으로 정당화될 수 없다.[41)]

중요한 것은 베드로의 사명의 역사적 계승이 아니라 영적 계승이다. 중요한 것은 권한이나 권리나 계승의 사슬 구조가 아니라 실제적인 봉사다. 비록 베드로의 수위권 계승이 역사적으로 입증된다고 하더라도, 만약 베드로의 사명을 전혀 따르지 않는다면, 만약 베드로의 증언과 봉사를 실천하지 않는다면, "사도적 계승"이라는 것이 도대체 무슨 소용이 있겠는가?[42)] 이런 의미에서 루터교회와 가톨릭교회가 함께 작성한 문서 "성도의 교제"(Communio Sanctorum, 2000)에서

---

40) O. Cullmann, 같은 책, 262.
41) 같은 책, 271.
42) 한스 큉, 같은 책, 661. 이제민도 "베드로의 봉사 기능은 일치, 단결, 생산, 협동을 지향하며, 지배보다는 신앙과 신앙인들의 공동체 및 신앙인들의 공동체에 대한 봉사에 근거한 지도 능력과 밀접히 관련되어 있다."고 말한다. 이제민, 앞의 책, 106 이하.

루터교회는 다음과 같이 말한다. "모든 교회의 '베드로 봉사' 를 교회의 폭넓은 교제를 위한 목회적인 봉사로 이해하는 것과 진리를 함께 증언하는 일에 대해서는 원칙적으로 반대할 이유가 없다. 하지만 이런 봉사는 동료적이고 공의회적인 전체 책임의 구조 안에서 반드시 연결되어야 하고, 지역교회의 독자성을 인정해야 할 것이다." [43]

한스 큉의 말대로 교회의 통일성을 보존하고 강화하는 반석과 목자의 기능을 갖고 있는 것으로 이해되는 베드로의 봉사가 교회들이 서로 이해하고 교통하는 데 방해가 되는 거대한 - 움직일 수도 없고, 넘어갈 수도 없고, 돌아갈 수도 없는 - 바위가 되어버렸다는 것은 너무나 부조리한 상황이다. 베드로의 봉사가 복음의 정신과 달리 지배로 변질된 것은 참으로 안타까운 일이다. 베드로의 봉사직이 교회와 교회의 통일, 교회의 협력을 위한 반석이 된다는 것은 좋은 일이다. 만약 그것이 배타적으로만 이해되지 않는다면, 그것이 다른 교회를 비판하기 위해 사용되지만 않는다면, 그것이 그리스도를 섬기는 데 사용된다면, 그것은 언제나 좋은 것이다. 하지만 그 어떤 교회도 자기 자신을 궁극적으로 판단할 수 없다. 모든 교회는 주님의 심판 아래 있다. 무엇이 중요하며 무엇이 중요하지 않은지는 최종적인 심판에서 분명히 드러날 것이다. [44]

---

43) H. G. 푈만 , 이신건 옮김, 『교의학』(서울: 신앙과지성사, 2012), 477.
44) 같은 책, 663 이하, 687.

4) 교회는 믿는 자들의 모임인가?

건물과 제도 다음으로 "교회"를 연상시키는 것은 "믿는 자들의 모임"이라고 할 수 있다. 그래서 사도신경도 "성도가 서로 교제하는 것"을 믿는다고 고백한다. 교회를 믿는 자들의 교제로 이해하는 것은 교회를 건물과 제도로 이해하는 것보다 훨씬 더 성서적이고, 훨씬 더 실제적이다. 건물이 있든 없든, 믿는 자들이 모인 곳에 교회가 존재한다. 어떤 제도와 조직의 형태를 띠든, 믿는 자들이 모이고 결합함으로써 교회는 존립한다. 다른 말로 표현하면, 만약 믿는 자들의 모임과 교제가 없다면, 교회도 존재할 수 없다. 가톨릭교회가 한편으로는 교회를 거룩한 제도로 이해하고, 다른 한편으로는 이를 드러내려고 매우 크고 화려한 건물도 많이 세워왔다면, 개신교회는 - 비록 개신교회 가운데서도 제도와 건물을 강조하는 흐름이 없지는 않지만, - 가톨릭교회와 달리, 그리고 상대적으로 훨씬 더 자주 믿는 자들의 교제를 강조해 왔다.

루터(1483~1546)

종교개혁자들의 교회 이해에 따르면 교회는 제도나 건물이 아니라 모든 믿는 자들의 모임이다. 루터는 교회를 다음과 같이 정의한다. "이 땅에서 그리스도를 믿는 모든 자들의 모임은 올바른 믿음과 올바른 소망과 올바른 사랑 안에서 살아가는 사람들을 포함한다. 이로부터 기독교의 본질과 삶과 본성은 육체적인 모임이 아니라 하나의 믿음 안의 마음의 모임이라는 결과가 나온다."[45] 루터가 활동 초기에 가톨릭교회(교황의 교회)를 비판할 때, 그가 가장 자주 지적한 점은 가톨릭교회가 하나님의 말씀을 읽지 않는다는 사실과 참된 교제(공동체)가 존재하지 않는다는 사실이었다. 그 당시에 교회는 성직자와 평신도 간의 계급적 구분으로 말미암아, 그리고 수도사들과 일반 그리스도인들 간의 도덕적 수준의 구별로 말미암아 제도적으로 깊이 분열되어 있었다. 루터는 수도원의 전통으로부터 "대화의 교환"(mutuum colloquium)과 "상호간의 형제적인 위로"(consolatio fratrum)를 받아들였다. 이러한 교환은 물질적 · 도덕적 또는 영적 측면을 가지고 있다. 모든 사람들은 다른 사람들을 위해 창조되었고, 태어났다.[46]

루터의 이러한 입장과 동일하게 아욱스부르크 고백신조(Confession Augustanna, 1530) 제7항은 교회를 다음과 같이 정의한다. "항상 하나의 거룩한 그리스도의 교회는 존속한다. 교회는 모든 믿는 사람들의 모임이며, 여기서 복음이 순수하게 선포되고 복음에 따라 거룩한 성례가 집행된다."[47] 교회는 "모든 거룩한 자들과 믿는 자들의 모임"(congregatio sanctorum et vere credentium)이다. 여기서 "거룩한 자들"은 일차적으로 완전한 자들이라는 뜻이 아니다. 그들은 이 땅을 떠난 하늘의 성자들이 아니라, 이 땅에서 살아가는 사람들이다.

45) WA 6, 292,38-294,3 in: Hans-Martin Barth, Die Theologie Martin Luthers(Gütersloh: Gütersloher Verlaghaus, 2009), 392.
46) 같은 책, 392 이하.
47) H. Steubing(Hg.), Bekenntnisse der Kirche(Wuppertal, 1985), 42.

이로써 성자 숭배의 자리에 일상적인 이웃 사랑이 등장하게 된다. 집을 잘 관리하고 예배를 위해 자녀를 교육하는 아버지와 어머니도 거룩한 자들이고, 거룩한 수도사들이다.[48)]

칼뱅(1509~1564)

"하나님이 아버지가 되는 사람에게는 교회가 어머니가 되어야 한다."[49)]고 말하는 칼뱅은 사도신경에 나오는 "교회"를 하나님의 선택을 받은 모든 사람들로 이해한다. 그리고 그는 "성도의 교제"를 다음과 같이 설명한다. "성도들은 하나님이 주시는 은혜는 무엇이든 서로 나눈다는 원칙 아래 그리스도의 공동체에 소집되었다. … 사도신경은 우리가 한마음과 한뜻이 된 공동체를 주장하였으며, 그것은 바울이 에베소 신자들을 향해서 '몸이 하나이요 성령이 하나이니, 이와 같이 너희가 부르심의 한 소망 안에서 부르심을 입었느니라.'(엡 4:4)고 했을 때 염두에 두었던 바로 그 공동체이다. 하나님이 모든 신자의 아버지시며 그리스도가 모든 신자의 머리시라는 것을 참으로 확신한다면, 그들은 형제애로 연합되지 않을 수 없고, 또 그들은 받은 은혜를 서로 나누지 않을 수 없다."[50)]

---

48) Hans-Martin Barth, 같은 책, 394.
49) 존 칼빈, 김종흡, 신복윤, 이종성, 한철하 공역, 『기독교강요 하』(서울: 생명의 말씀사, 1989), 8. 이 말은 키프리안(Cyprian)에게서 유래하는 말이고, 아우구스티누스에게서도 발견된다. 키프리안은 "만약 당신이 교회를 당신의 어머니로 가지지 않는다면, 당신은 하나님을 당신의 아버지로 가질 수 없다."고 말했다. Cyprian, "The Unity of the Catholic Chruch," The Library of Christian Classics V, 127~128.
50) 같은 책, 9 이하.

개신교회의 이러한 교회 이해는 로마 가톨릭교회 이해에 대한 불가피한 교정(矯正)이었다. 가톨릭교회는 종종 신앙보다는 제도를, 믿는 자들의 교제보다는 서임을 받은 자들의 지배를 더 강조해 왔다. 이에 맞서 개신교회는 대개 교회를 성도들의 교제(Communio Sanctorum)로 이해한다. 하지만 여기서도 우리는 위험을 경고해야 한다. 만약 믿는 자를 부르고 유지하는 하나님 아버지에 대한 명백한 고백이 희미해진다면, 만약 교회의 머리인 그리스도를 분명하게 고백하고 구체적으로 순종하는 삶을 살지 못한다면, 만약 교회를 세우고 갱신하는 성령의 활동을 전적으로 신뢰하지 않는다면, 믿는 자들의 모임인 교회는 하나의 인간적인 집단으로, 종교심이 강한 자들의 자발적인 집단으로 쉽사리 변질될 수 있다.

예컨대 슐라이어마허의 교회 이해는 이런 위험에서 완전히 자유롭지 못하다. 그에 따르면 "교회는 거듭난 개인들이 질서에 따라 서로 영향을 주고받고 함께 활동하기 위해 모임으로써 형성된다."[51] 개인의 종교의 자유를 박탈하고 국가와 교회에 대한 복종을 강요하는 국가교회의 체제를 거부한 슐라이어마허는 "더 나은 교회", 곧 개인들이 자율적인 종교적 이해를 가지고 모여 형성된 공동체를 추구했다. 이 공동체에 속한 사람들은 상호간에 평등한 관계 속

슐라이어마허
(1768~1834)

51) F. Schleiermacher, Der christliche Glaube, 1821, 6. Aufl., 1884, II, 227. (§ 115)

에서 자율적으로 교류한다.[52] 하지만 교회는 단지 자유로운 사람들의 자율적인 종교적 공동체가 아니다. 교회는 단지 특정한 인물이나 전통, 같은 종교 성향 때문에 결합된 사람들의 모임이 아니다. 교회는 "인간의 군집욕구로부터 생겨난 지평적인 실체, 같은 뜻을 가진 자들의 일종의 조합"[53]이 아니다. 교회는 자유로운 사람들의 자율적인 공동체가 아니라, 예수 그리스도를 주로 모시는 형제자매들의 공동체다.

이러한 정신은 예컨대 "바르멘 신학선언"(1934)에서 분명히 천명되었다. 바르멘 총회는 교회를 장악하려던 히틀러의 음모에 맞서 "예수 그리스도가 교회의 주님이다!"라고 고백하였고, 이를 통해 예수 그리스도가 교회의 주님임을 다시금 공개적으로 확인하였다. 이 총회는 누가 이 세상과 교회에서 통치하는지, 그리고 교회가 누구의 음성을 듣고 누구를 신뢰하며 누구에게 복종해야 하는지를 분명히 물었고, 예수 그리스도가 그 몸의 머리와 교회의 주님이라는 사실을 확고하게 밝혔다.[54] 예수 그리스도는 교회 안에서 주님으로서 현존하면서 행동하고, 이 행동을 통해 항상 새롭게 교회를 창조하고 보존한다. 이런 의미에서 예수 그리스도는 교회의 첫 번째 본질적인 주체이다.[55] 바르멘 신학선언은 "예수 그리스도가 말씀과 성례전 속에서

---

52) 김승철, "프리드리히 슐라이어마허의 교회론," 한국조직신학회 엮음, 『교회론』(서울: 대한기독교서회, 2009), 196.

53) W. Elert, Der christliche Glaube, 3. Aufl., 1556, 400.

54) E. Busch, Karl Barths Lebenslauf(München: Chr. Kaiser Verlag, 1978), 260.

55) R. Weth, Barmen als Herausforderung der Kirche, ThExh. Nr. 220(München, 1984), 98.

성령을 통하여 주님으로서 현존하시면서 행동하신다."는 점을 분명히 천명함으로써 개신교회가 종교개혁 이래 상실해온 것, 곧 복음적인 교회론을 회복하였다. 다시 말하면, "바르멘 신학선언"은 종교개혁 이래 처음으로 교회의 본질을 그리스도론적으로 정립할 수 있었다.[56)]

하지만 가톨릭교회는 교황의 수위권(首位權)을 통해 종종 그리스도의 지상적인 대리권을 주장하려는 유혹에 빠지곤 하였다. 예컨대 교황 피오(Pius) 12세가 발표한 제1차 바티칸 공의회 교회론 문서 "그리스도의 신비한 몸"(1943)은 다음과 같이 주장하였다. "예수 그리스도는 땅에서 자신을 대리하는 자를 통해 자신의 신비한 몸을 보이는 조직 형태로 나스린다. 곧 그리스도는 사도의 우두머리에게 보이는 통치권을 넘겨준다. 그리스도는 땅 위의 대리자 안에서 교회를 신비스럽게 다스리는 일을 멈추지 않는다."[57)]

여기서 특히 주목해야 할 점은 그리스도가 교회 안으로 침투할 뿐만 아니라 교회와 거의 동화(同化)되는 느낌을 주는 문장들이 발견된다는 사실이다. "교회는 그 자체로서 둘째 그리스도와 같이 존재한다."[58)] "여기 땅에서 그리스도는 둘째 그리스도처럼 그리스도의 신분을 대신한다."[59)] 여기서는 그리스도를 교회와 동일시하고, 예수의 역사적인 등장의 일회성을 파괴하며, 교회와 주님 사이의 분계선을

56) 이신건, 『칼 바르트의 교회론』(서울: 한들출판사, 2000), 153 이하.
57) Mystici Corporis Christ, Rundschreiben von Pius XII(Freiburg in Breisgau, 1947), 28 이하.
58) 같은 책, 57.
59) 같은 책, 80.

지워버릴 위험성이 존재한다.[60)]

몰트만(1926년 출생)

몰트만의 주장대로 교회를 "연장된 그리스도"(Christus Prolongatus)로 보는 이런 교회 이해는 교회를 성육신의 연속으로 이해한다. 그래서 로고스의 성육신과 성령을 통한 그리스도의 교회 안의 내주(內住) 간의 필수불가결한 구분을 찾아보기가 어렵게 된다. 그 결과로 교회에 대한 그리스도의 비판적 · 해방적인 관계가 몸에 대한 머리의 긍정적 · 연속적인, 또는 유기적인 관계로 변질된다. 그리하여 교회에 대한 그리스도의 자유가 희미해져 버리고 만다.[61)] 한스 큉의 주장대로 만약 교회를 "계속 살아 있는 그리스도" 또는 "지속적인 성육신"으로 이해한다면, 교회가 그리스도와 동일시되고, 머리와 주님인 그리스도는 퇴위하며, 그 자리에 교회가 들어선다. 교회는 자율적으로 그리스도의 대리자가 되며, 이로써 그리스도는 쓸모가 없게 된다.[62)]

하지만 그리스도를 대리하거나 무용하게 만들 수 있는 위험은 개신교회에서도 종종 발견될 수 있다. 개신교회는 그리스도를 다른 인물로 대체함으로써 종종 단순히 인간적이고 종교적인 집단으로 변질

60) H. Mühlen, Una Mystica Persona, Eine Person in vielen Personen(München, 1964), 176 이하.
61) J. 몰트만, 박봉랑 외 4인 옮김, 『성령의 능력 안에 있는 교회』(서울: 한국신학연구소, 1980), 87.
62) 한스 큉, 앞의 책, 339.

되는 위험에 빠졌다. 독일의 제3제국(나치 시대) 시대에 교회가 히틀러와 같은 특정한 시대적 인물을 새로운 메시아로 추앙하려는 유혹에 빠졌다면, 오늘날 개신교회는 은밀하거나 노골적인 방식으로 새로운 메시아를 만들어낸다. 예컨대 개신교회에서는 목회자의 권위가 그리스도의 권위를 얼마나 자주 압도하며, 설교자의 말이 그리스도의 말씀을 얼마나 쉽사리 압도하는가? 특히 한국 교회에는 얼마나 많은 자칭 하나님 또는 그리스도가 출현했는가? 그들의 탈선은 분명히 신학적 무지와 심리적 · 사회적 혼란, 그리고 불순한 인간적 야망으로부터 생겨난 것이지만, 일반 교회가 오랫동안 은밀하게 조장해 온 측면도 적지 않다.

그리고 교회의 운영과 관리도 그리스도의 말씀에 대한 모든 그리스도인들의 공동 청종과 겸손한 순종을 통해 민주적으로 진행되기보다는 권위적이고 독재적인 목회자를 통해, 그리고 그와 공모하는 불순한 세력을 통해 얼마나 자주 비민주적 · 비합법적으로 진행되었는가? 비록 가톨릭교회는 자신을 종종 그리스도의 대리자로 자처함으로써 신학적 · 정치적으로 많은 혼란을 야기하였고, 그 결과로 그리스도의 한 몸을 찢어버린 잘못을 행했지만, 두 번에 걸친 분열 다음에는 거의 분열되지 않은 채 매우 견고하고 통일된 모습을 보여주었고, 그래서 이 땅에서 하나의 교회로서 효과적으로 선교해 왔다. 하지만 가톨릭교회를 비판하고 갈라져 나온 개신교회는 성서의 우월과 신앙의 자유, 교회의 자율을 빙자하여 얼마나 많은 교파와 교회로, 그리고 얼마나 많은 신앙 형태로 갈가리 찢어지고 흩어졌는가! 비록 그리스도를 표방하고 거룩한 교회임을 자처하더라도, 그리스도의 통치가 배제된 "신자들의 모임"은 그리스도의 교회가 아니라, 순전히 인간적이고 종교적인 집단에 지나지 않는다. 개신교회의 추악한 분열은 교회가 저지른 최대의 범죄요, 교회가 자초한 최고의 스캔들(걸림돌)이 아닐 수 없다.

3. 성서적 교회 이해

1) 구약성서

2) 신약성서

3. 성서적 교회 이해

1) 구약성서

신약성서에서 교회를 지칭하는 일반적인 단어인 에클레시아(ecclesia)와 일치하는 구약성서의 단어는 **카할**(qahal)이다. 카할은 콜(소리)이라는 단어에서 유래한 것으로서 "모임을 위해 부른다"는 의미를 지닌다. 70명의 학자들이 히브리어 구약성서를 헬라어로 번역한 성서(70인역)는 구약성서의 카할을 약 100번 이상 "에클레시아"로 번역하였고, 35번은 "시나고그"(회당)로 번역하였다. 그러므로 구약성서의 카할이 헬라어 에클레시아와 동일한 의미를 갖는다고 할 수 있다.

구약성서에서 히브리어 "카할"은 123번 나온다. 그 가운데서 73번은 에클레시아로 번역되었고, 35번은 시나고그로 번역되었다. 구약성서 전반부에서 카할은 숫자와 목적과 관계 없이 그저 사람들의 모임을 의미하였지만(창 49:6; 민 22:4), 점차로 이스라엘의 모임을 의미하는 단어로 널리 사용되기에 이르렀다.(출 16:1; 민 10:3, 14:5, 16:2 등)

카할은 대개 야훼를 예배하기 위한 모임이었다.(미 16:1; 욜 2:16; 시 22:23, 35:18, 40:9~10, 89:5, 107:32, 149:1) 신명기에서 카할은 율법을 수여받기 위해 모인 이스라엘(신 5:22, 9:10, 10:4, 18:16)과 예배하는 모임

(신23:3~4, 9)을 지칭한다.[1] 그밖에도 카할은 전쟁을 준비하는 모임을 지칭하였으며, 율법과 풍습의 공동체를 의미하기도 하였다.[2]

"카할" 외에 하나님의 계약의 백성으로 지속하는 공동체인 이스라엘을 지칭하는 구약성서의 단어는 **에다**(edah)이다. 에다는 "지정하다", "모이다", "만나다"라는 뜻을 지니는 "야드"(jaad)에서 유래한다. 이 단어는 사제(P) 문서에 가장 빈번하게 나오는 편이며, 다른 곳에서는 매우 드물게 나온다.(시편 10회; 렘 6:18; 호 7:12) 에다는 예배와 율법 공동체만이 아니라, 민족 공동체를 뜻하기도 한다.[3]

어떤 학자들은 에다가 카할의 동의어로서 계약 공동체인 이스라엘을 가리킨다고 주장한다. 종종 카할과 에다는 같은 의미를 지니는 단어로 나타나며, 종종 카할이 에다를 대체하고 있음을 볼 수 있다. 하지만 카할의 의미가 점차 변화의 과정을 거치면서 후기에, 특히 신명기와 역대기에서는 에다와 비슷한 의미를 가지게 된 것 같다. 쿰란 문헌 속에서도 카할과 에다가 모두 발견되는데, 에다가 좀 더 보편적으로 사용되고 있다.[4]

---

1) 케빈 길레스, 홍성희 역, 『신약성경의 교회론』(서울: 기독교문서선교회, 1999), 34, 46 이하.
2) N. A. Dahl, Das Volk Gottes(Darmstadt: Wissenschaftliche Buchgesellschaft, 1963), 6 이하.
3) Theologische Begriffslexikon zum NT, B2., L. Coenen hg.(Wuppertal: R. Brockhaus, 1983), 786.
4) 케빈 길레스, 앞의 책, 46 이하, 341 이하.

2) 신약성서

주후 70년(예루살렘 멸망) 후에 기록된 **마태복음**의 저자는 아마도 시리아 주변, 유대교의 영향을 많이 받고 있는 디아스포라 지역에서 살았을 것으로 추정되며, 마태 공동체는 좀 더 큰 유대인의 그룹에서 떨어져 나온 보수적 성향의 유대인 그리스도인의 공동체로 추정된다. 마태복음은 종종 "교회론적 복음"이라고 불린다. 왜냐하면 오직 마태복음만이 "에클레시아"라는 단어를 사용하고 있기 때문이다. 마태 공동체는 자신을 율법 준수나 민족적 기원 위에 세워진 것으로 이해하지 않고, 베드로처럼 - 베드로의 지도를 받아 - 예수를 그리스도라고 고백하는 신앙 위에 세워진 것으로 이해한다.

마태복음이 예수를 따르는 자들을 부르는 칭호로서는 양떼(10:6, 16, 15:24, 25:31, 26:31), 선택된 자(24:22, 24, 31), 하나님의 자녀(3:9, 15:26, 23:37), 형제(5:22~24, 47, 7:3~5, 18:15, 21) 등이 있지만, 가장 자주(73회) 나오는 칭호는 "제자"다. 마태 공동체는 자신을 무엇보다도 예수의 제자로 이해한다. 제자의 요건은 무엇인가? 제자에게 요구되는 것은 예수 그리스도에 의해 새롭게 해석된 율법에 대한 순종(율법의 요약으로서의 사랑)이다. 하나님의 나라의 조건은 물론 믿음이다. 하지만 믿음은 순종으로 나타난다.(21:32) 순종은 믿음의 시금석이고, 심판의 표준이다.(25:31~46) 높이 들린 그리스도의 임재는 "그가 분부한 모든 것을 가르쳐 지키게 하는"(28:20) 제자들에게 약속된다. 예수 그리스도의 제자는 바리새인의 의보다 더 나은 의를 실천해야 한

다.(5:2) 그들은 하늘에 계신 아버지처럼 온전해야 한다.(5:48)[5]

마가복음의 공동체는 묵시적 종파로서 자신을 하나님의 가족, 참 이스라엘로 생각하고, 가까운 미래에 종말을 기대하는 가운데서 복음 전도에 전념한 공동체다. 마가가 사용하는 이미지는 공동체적이다. 예수는 개개인을 불렀지만, 그의 추종자가 된 사람들은 공동체가 된다. 그들은 종말론적인 가족의 구성원(3:20, 31~35, 10:28~31), 하나님의 양떼(6:34, 14:27), 새 포도원의 농부(21:1~11), 새 계약의 공동체(14:24)가 된다. 마가 공동체의 정체성은 자신을 "하나님의 백성"이라고 이해한다는 점에 있다. 이 공동체는 예수를 그리스도로 고백하며(1:1, 8:31), 예수의 재림의 때를 모르지만(13:32) 인자로서 재림할 그를 기다린다.(13:28~30, 35~37)

마가복음에서도 "제자도"는 그리스도론과 관련하여 중요한 역할을 한다. 여기서 제자는 열두 제자를 말한다. 열두 제자들은 예수에 대해 적대적인 유대인과 구분되며, 종종 그들(특히 유대인 지도자들)과 적대적인 관계를 이루는 공동체다. 제자들의 임무는 "사람을 낚는 어부가 되는 것"(1:17)이며, 그들은 예수에 의해 파송된다.(6:12~13) 하지만 제자들은 갈등, 실패, 오해, 두려움, 물질과 권세에 대한 욕망, 미래에 대한 염려에 빠지는 연약한 피조물이다. 이처럼 마가는 제자들의 연약함을 일관되게 강조함으로써 그 시대의 교회를 향하여 뭔가를 말하려고 한다. 곧 마가는 예수의 제자들조차 실패할 수 있는

5) 같은 책, 89 이하; E. Schweizer, Gemeinde und Gemeindeordnung im NT(Zürich: Zwingli Verlag, 1959), 44 이하.

자들이었다는 점을 말해 주면서, 자기 자신을 죽기까지 낮추었던 예수를 모델로 제시한다.(10:43~45)[6)]

누가는 교회를 무엇보다도 "구속사적인 실체"로 이해하고 있다. 누가는 교회가 구약의 이스라엘의 연속이라는 전제를 받아들일 뿐만 아니라, 이스라엘의 완고함 때문에 하나님의 역사가 달라졌음을 강조한다. 부활 후에도 아직 결단의 가능성이 열려 있었지만, 스데반이 순교한 후부터 이러한 가능성은 끝났다. 그리하여 하나님의 역사는 이방인으로 넘어감으로써 근본적으로 새로운 시대가 시작되었다. 곧 유대인과 이방인 사이의 옛 구분은 사라지고, 새로운 주님의 교회가 생겨났다. 누가에게서 교회는 새로운 존재요, 아브라함의 참 후손으로서 하나님의 뜻과 율법을 실제로 성취한다. 누가는 이러한 새로운 실체를 이스라엘이라고 부르기를 매우 꺼려하는 대신에 새로운 이름인 제자, 형제, 신자, 주의 이름을 부르는 자, 그리스도인을 사용한다. 그리고 누가는 예수의 삶과 죽음의 증인으로서 제자들의 본질을 강조한다. 그들은 예수를 구주로 고백하고 그와 함께 고난을 받도록 부름을 받은 구별된 공동체다. 그들은 날마다 자신의 십자가를 지고 주님의 뒤를 따르도록 부름을 받았다.(9:23)[7)]

요한복음에 공동체적 사상이 존재하는가?라는 질문이 자주 제기된다. 이 질문이 나오게 된 것은 요한복음에 에클레시아라는 단어가 한 번도 사용되지 않았을 뿐만 아니라, 하나님의 나라 또는 새 이스

---

6) 케빈 길레스, 앞의 책, 80 이하.
7) 같은 책, 85 이하; E. Schweizer, 앞의 책, 54 이하.

라엘과 같은 초대교회의 전통적인 교회론적 용어도 나타나지 않기 때문이다. 요한은 자기 나름대로 독특한 용어와 사상을 통해 자신의 교회론을 전개한다. 요한은 구약성서에서 하나님의 백성을 상징하는 "목자와 양"(10:1~18), "포도나무와 가지"(15:1~17) 등의 이미지를 교회의 표상으로 그리고 있으며, 제자들의 공동체(8:31, 13:35, 14:12, 15:5, 20:19~23), 제자들의 일치(17:20~23), 하나님의 자녀들의 모임(1:12, 11:52), 성령 공동체의 모임(14:6~7, 25~26, 15:26~27, 16:7~11, 12~15) 등을 통해 교회를 표현한다. 또한 신부(3:29), 교회의 씨(12:14) 등과 같은 동시대의 전통적인 교회 용어도 요한에게 전혀 낯설지 않다.

요한복음의 교회론의 가장 중요한 특징은 교회론이 철저하고 예외 없이 그리스도 중심적이라는 사실에 있다. 모든 교회론적 이미지가 일관성 있고 철저하게 그리스도 중심적이다. "목자와 양"과 "포도나무와 가지"의 이미지는 구약성서에서 이스라엘을 상징하던 것이었지만, 요한복음에서는 그리스도를 지칭한다. 이런 의미에서 예수가 곧 교회라고 할 수 있다. 다시 말하면, 교회를 형성하는 구성원은 신자가 아니라 그리스도이고, 신자는 포도나무의 가지와 목자의 양으로서 교회의 일부가 된다.

이와 관련하여 요한복음의 교회론의 또 다른 특징은 그리스도와 신자의 개인적인 관계를 교회 형성의 또 하나의 축으로 중시한다는 점에 있다. 요한복음은 "목자와 양"의 이미지를 그리스도와 신자의 밀접한 관계를 서로 알아보는 관계로, 목소리를 인식하는 관계로 묘사한다. 요한복음도 "열두 제자"를 언급하지만(6:67, 70, 71, 20:24), 그들을 지칭할 때는 "제자"라는 단어를 선호한다. 요한복음은 모든 그리스도인을 동등하게 제자로 묘사한다. 사마리아 여인(4:7~42), 막달라 마리아(19:25, 20:1~2, 11~18), 마르다(11:1~44), 베다니의 마리아(12:1~8), 예수의 어머니(2:1~11, 19:25~27) 등의 여인들은 남자들과 대등한 신앙 고백을 하고 선교활동을 한다.

요한의 교회론은 교회 갱신의 신학이다. 요한 공동체는 요한 복음서를 통해서 사도적 공동체에게 갱신의 목소리를 내려고 한 것 같다. 요한 공동체는 교회가 예수 그리스도를 따르는 자의 무리라는 개념에서 멀어지고, 그와의 개인적인 친교에서 멀어지는 것을 경고하는 듯이 보인다. 요한 공동체는 예수와의 진밀한 관계와 그의 뜻을 깨닫는 것을 가장 중요하게 생각한다. 이를 통해 요한 공동체는 그리스도와의 개인적 교제를 통해 교회의 생명을 회복하려고 했다.[8)]

바울에게서 교회는 이스라엘, 곧 하나님에 의해 선택된 아브라함의 후손이다. 이스라엘에 속할 수 있는 자격은 공로나 혈통이 아니라 하나님의 은혜의 선물로서 주어진 것이다. 교회야말로 비로소 참된 의미에서 이스라엘이다. 교회는 구원사의 후기 단계에 출현한 실체가 아니라, 아브라함의 모습 속에서 이미 주어졌다. 하지만 참 교회의 표지는 역사적 위치나 역사적 발전이 아니라 신앙이다. 교회가 이스라엘과 연결되어 있는 것은 그 역사적 연관성 때문이 아니라 하나

8) 김동수, 『요한복음의 교회론』(서울: 대한기독교서회, 2005) 참조.

님의 은혜와 신실 때문이다. 교회가 이스라엘이라고 불린다면, 그것은 곧 교회가 오직 하나님의 은혜(선택)로부터만 존재할 수 있음을 말하는 것이다.(롬 9~11장)

바울에게서 가장 두드러지는 교회 개념은 "그리스도의 몸"이다. 바울은 그리스도의 몸 개념을 통해 교회가 지금 살아 계신 주님과 결합되어 있음을 강조한다. 교회가 아브라함의 후손인 것도 역사적 발전 때문이 아니라 교회가 "그리스도 안에" 있기 때문이다. 엄격한 의미에서 그리스도 자신만이 아브라함의 후손으로서 모든 역사의 성취와 목표다. 교회는 오직 그리스도 안에 있음으로써만 아브라함에게 속하게 된다. 그리고 교회는 종말론적 실체로서 세상을 믿음으로 불러 모아야 한다. 그리스도의 몸이 된 모든 사람은 구원을 받게 될 것이다.[9)]

골로새서는 하늘의 성좌들이 지상의 운명을 결정한다고 믿던 그 당시의 천사 숭배에 맞서 높이 들린 그리스도를 모든 권세와 정사의 머리로 선포한다. 교회의 주님이신 그리스도는 천사들보다 우월할 뿐만 아니라, 그의 통치는 온 우주까지 미친다. 곧 그리스도의 화해는 우주적인 범위를 갖는다. 교회는 주님의 통치 아래서 벌써 아들의 나라로 옮겨졌다. 교회는 그리스도와 함께 이미 부활했다.

에베소서에서도 교회는 그리스도가 모든 권세와 정사의 주님으로서 하나님의 우편에 앉아 있음을 알고 있다. 하지만 이런 생각은 골

9) E. Schweizer, 앞의 책, 80 이하.

로새서처럼 중심에 놓여 있지 않고, 교회 자체가 신앙의 중요한 대상이 되고 있다. 교회는 그리스도와 함께 부활하여 하늘 세계로 옮겨졌다. 이로써 교회와 그리스도의 친밀한 일치가 강조되고, 교회와 세상은 강하게 구별되었다. 세상은 불순종의 아들로서 빛의 아들과 대적하고 있다. 그리고 그리스도의 몸인 교회는 이 세상 안에서 성장하고 있다. 성장의 원천과 목표는 그리스도다.(4:12~16)

베드로전서에서는 "신령한 집" 개념이 바울의 그리스도의 몸 개념과 나란히 존재하고 있다. 교회는 이스라엘(이스라엘의 진정한 발전)로서 하나님의 은혜의 선택과 성령의 활동 속에서 성장한다. 교회는 이방인 가운데 통과하면서 하늘의 영원한 기업을 향하여 순례하는 백성이다.

히브리서는 교회가 순례하는 하나님의 백성임을 강조하고 있다. 히브리서는 그리스도의 낮추심과 높이 들리심의 구조 속에서 사고한다. 교회는 그리스도의 십자가와 들리심으로부터 출발하여 재림을 향해 나아가는 순례하는 하나님의 백성이다.

요한서신에서도 요한의 교회론의 특징이 잘 드러난다. 여기서도 예수를 참 하나님으로 인식하는 자는 모든 것을 가진 자로 설명되고 있다. 이들의 파송은 하나님의 사랑의 계시이다. 교회는 그리스도의 성육신과 재림 사이에 있다. 하지만 교회 안에 거짓 교사가 출현하기 때문에 요한서신은 요한복음보다 더 강하게 세상과의 엄격한 분리를 강조한다.

요한계시록에서 교회는 시련 속에서 방황하는 하나님의 백성으로 분명하게 그려진다. 교회는 "이스라엘"로서 종말론적인 실체다. 교회의 희망은 열두 지파의 이름이 새겨진 하늘의 예루살렘에 있다. 여기서 교회는 이스라엘의 열두 지파와 동일시된다.(7:11 이하) 교회는 하나님의 예정으로 선택된 무리, 시련을 극복하고 승리한 무리다.[10)]

10) 같은 책, 94 이하.

4. 교회란 무엇인가?

1) 하나님의 백성

2) 그리스도의 몸

3) 성령의 피조물

4. 교회란 무엇인가?

앞에서 살펴보았듯이, 성서에서 교회는 매우 다양한 개념과 명칭 또는 상징을 통해 매우 다채롭게, 매우 풍성하게 표현되었다. 이것은 믿음의 사람들이 시대의 변화에 따라 자신의 정체성을 신학적으로 새롭게 표현하려고 항상 노력했다는 사실을 의미한다. 그들은 교회를 하나의 경직된 개념과 이미지에 한정함으로써 시대와 분리되는 모습을 보이지 않았을 뿐만 아니라, 시대가 던지는 질문과 시대마다 야기되는 위기에 유연하고 슬기롭게 대처해 왔다. 그러므로 오늘날에도 우리는 교회를 특정한 이미지와 개념으로 한정하기보다는 변하는 시대에 따라 적절한 이미지와 개념을 늘 새롭게 발견하거나 창조함으로써 항상 살아 있는 희망의 표징임을 보여주어야 한다. 이것은 교회가 항상 시대의 요구에 부응하거나 적응해야 한다는 뜻이 아니다. 교회는 시대의 변화에 질질 끌려가기보다는 시대의 변화를 적극적으로 선도해야 한다. 왜냐하면 교회는 세상이 줄 수 없는 위대한 하나님 나라의 희망을 앞당겨 보여주고 실천해야 하기 때문이다.

그럼에도 불구하고 우리는 시대의 변화와 위기 가운데서도 교회의 본질을 지속적으로 표현해 온 중요한 개념들을 가볍게 여기거나 쉽게 포기해서는 안 될 것이다. 성서적 · 신학적으로 교회를 정의해 온 가장 중요한 개념은 바로 "하나님의 백성"과 "그리스도의 몸"과

"성령의 피조물" 이다. "하나님의 백성" 은 개신교회가 선호해온 교회 개념이고, "그리스도의 몸" 은 가톨릭교회가 선호해 온 교회 개념이며, "성령의 피조물" 은 개신교회 가운데서 특히 오순절 계통의 교회가 선호해 온 개념이라고 할 수 있을 것이다. 그럼에도 불구하고 이 세 가지 교회 개념은 각기 다른 교회가 독점할 수 있는 고유한 전유물이 될 수 없다. 왜냐하면 이 세 가지 개념은 우연하게도, 아니 필연적으로 삼위일체 하나님의 활동을 제각기 다른 관점에서 설명하고 있기 때문이다. 우리도 여기서 이런 전통에 따라서 이 세 가지 개념을 통해 교회의 본질을 설명해 보기로 하자.

1) 하나님의 백성

하나님의 백성은 일차적으로 "신학적" 실체라고 할 수 있다. 하나님의 백성은 하나님의 부름을 통해 형성된 거룩한 백성을 의미한다.(신 7:6, 14:2, 21, 26:19, 28:9) 교회는 하나님의 자유로운 선택과 부름을 전제한다. 하나님의 부름은 개인의 모든 행위에 선행하여 온 백성을 상대로 한 것이다. 그렇기 때문에 근본적으로 중요한 것은 개인으로 구성된 백성의 공동체 전체라고 할 수 있다.[1)]

구약성서에서 이스라엘 백성의 자의식은 자신이 하나님에게 속해 있다는 확신에 근거해 있다. 이스라엘 백성은 야훼의 소유다.(출 19:5; 민 11:29, 17:6; 신 9:26, 27:9) 야훼와 이스라엘의 관계는 다양한 비유(야훼의 아들과 딸, 혼인관계, 포도나무, 포도원, 주의 무리)를 통해 가시화되었고, 다양한 용어(이스라엘의 하나님, 우리 하나님, 너희 하나님, 아브라함과 이삭과 야곱의 하나님, 조상의 하나님, 이스라엘의 거룩한 자, 이스라엘의 주, 아버지, 심판자, 왕, 창조자, 돕는 자, 구원자, 방패와 보호, 산성과 바위 등)를 통해 표현되었다.

하나님과 백성은 서로 속해 있다. 백성의 일은 곧 하나님의 일이고, 하나님의 일은 곧 백성의 일이다. 이스라엘의 승리, 행운은 야훼의 이름과 명예를 드높인다.(삼하 7:26; 시 106:8; 렘 33:9 등). 이스라엘이 정복당하면, 야훼의 이름도 다른 백성의 조롱거리가 된다.(수

1) 한스 큉, 이홍근 역, 『교회란 무엇인가』(왜관: 분도출판사, 1978), 117 이하.

7:7~9; 신 32:27; 시 79:9) 야훼는 그의 위대한 백성 때문에 칭송을 받고, 이스라엘은 그의 위대한 하나님 때문에 칭송을 받는다.(시 33:12, 144:15; 신 4:7, 32:43, 33:4)

하나님과 이스라엘 사이의 교제를 나타내는, 전형적으로 히브리적인 표현은 "계약"이다. 이스라엘 백성의 모든 생활은 하나님이 자신의 백성과 계약을 체결했다는 사실을 통해 결정된다. 계약은 하나님과 그의 백성 간의 친밀한 교제를 결정하고, 백성의 삶 전체를 결정한다. 계약은 야훼의 공동체 창조 의지에 근거해 있기 때문에 계약 안에서 사는 자야말로 바로 의로운 자, 선택된 자, 거룩한 자, 경건한 자라고 할 수 있다.[2] 계약은 이스라엘 종교의 공통분모다.[3] 하나님의 모든 의지는 바로 계약의지라고 할 수 있다. 그러므로 바르트는 창조를 하나님의 영원한 계약의 표명, 계시와 실행으로 이해한다. 그에 따르면 창조는 계약의 외적 근거이고, 계약은 창조의 내적 근거다.[4]

하나님의 공동체는 예배와 전쟁과 율법과 풍습의 공동체였다. 예배는 이스라엘 백성의 삶에 결정적인 의미를 주었다. 예배는 이스라엘 백성의 삶의 중심이었다. 그리고 성소는 전쟁의 중심기지가 되기도 하였다. 제의와 마찬가지로 전쟁에서도 야훼의 현존은 백성의 영적인 능력을 모으고, 새롭게 만들었다. "카할"은 율법 공동체를 의미

2) N. A. Dahl, 앞의 책, 6 이하.
3) K. Barth, KD IV/1, 22.
4) K. Barth, KD III/1, 38, 106 이하, 258.

하기도 한다. 백성의 일치는 동일한 율법과 풍습에 기초한 것이었다. 율법은 이스라엘 전체를 보존하기 위한 것이었고, 야훼는 율법의 보호자였다. 하나님의 뜻에 따른 생활은 계약 관계에서 비롯한 것이다.[5)]

그렇지만 하나님의 백성은 폐쇄적이고 그 자체 안에서 완결된 실체가 아니라, 종말론적인 특징을 지니고 있다. 하나님의 백성의 선택은 미래를 지향하는 하나님의 행동의 종말론적인 개방성을 포함한다. 그러므로 하나님의 백성의 선택은 하나님의 포괄적인 세계 구원의 행동의 틀 속에서 이해되어야 한다. 이스라엘과 맺어진 하나님의 계약은 그 자체에 목적이 있는 것이 아니라, 이스라엘의 종말적인 선교를 지시한다. 이스라엘의 소명은 온 인류를 향한 하나님의 구원 의지의 선포에 있다. 새로운 출애굽, 새 계약, 새 백성의 소집, 메시아 기대, 새 성전 등에 관한 예언적인 발언은 바로 이를 가리킨다.[6)]

이처럼 하나님의 선택과 계약, 종말론적 · 세계적 선교의 성격을 갖는 하나님의 백성 개념은 궁극적으로 하나님의 통치 개념으로 집약될 수 있다. 하나님의 백성이 된다는 것은 계약(토라) 순종을 통해 오직 하나님의 뜻, 하나님의 주권에 복종한다는 것을 말한다. 그러므로 신학적 실체인 하나님의 백성 개념은 신학적 개념일 뿐만 아니라, 정치적 개념이기도 하다. 구약성서의 관점에서 볼 때, 하나님의 통치

5) N. A. Dahl, 앞의 책, 6 이하.
6) 같은 책, 38 이하; M. Keller, Volk Gottes als Kirchenbegriff(Zürich: Einsiedeln, Köln, 1970), 252 이하.

형태는 왕정 이전의 카리스마적인 지도자의 통치, 왕정의 통치, 왕정 몰락과 포로기 이후 사제의 통치를 거치는 동안에 여러 차례 변형되었지만, 그 바탕에 면면히 깔려 있는 근본 신앙은 "오직 야훼 사상", 곧 오직 하나님만이 통치한다는 신앙(야훼 왕권 신앙)이다.[7]

야훼 왕권 신앙의 발생과 배경에 관해서는 지금까지도 서로 엇갈리는 견해들이 주장되어 왔지만, 이스라엘이 가나안에 들어간 다음에 가나안 전통, 특히 우가리트 전통으로부터 수용했다는 견해가 대체로 설득력을 얻고 있다. 여하튼 구약성서 시대를 통하여 면면히 전개되어온 야훼 왕권 신앙은 반(反)왕권주의, 창조신앙(창조와 창조질서의 보존)으로부터 삶의 온 영역을 포괄하는 보편적이고 우주적인 완성에 대한 기대로 점차로 확장되었다. 특히 예언자들과 묵시(문학)가들을 통해 이러한 신앙은 종말론적인 의미를 크게 지니게 되었다.[8]

신약성서에도 하나님의 백성 개념은 구약성서에서와 마찬가지로 하나님의 선택과 은혜, 인간의 윤리적 실천과 선교를 위한 위임을 포함하는 것이었다. 하지만 그것은 예수 그리스도의 하나님의 나라 신앙 안에서 크게 변형되거나, 매우 깊은 의미를 얻게 되었다. 예수를 따른다는 것은 바로 그의 인격과 활동 안에서 가까이 온 하나님의 나라로 전향(회개)하고, 삶의 모든 영역을 이에 맞춰 변혁하고 갱신한다는 것을 의미한다. 다른 관점에서 말하자면, 예수를 따른다는 것은

---

7) 김이곤, "교회와 하나님의 백성", 「신학사상」, 110호 2000년 가을, 34 이하.
8) 조지 픽슬레이, 정호진 역, 『하느님 나라』(서울: 한국신학연구소, 1986) 참조.

예수가 소집한 새로운 하나님의 백성이 된다는 뜻이기도 하다. "이름을 거룩하게 하소서!"라는 예수의 기도는 "포로가 되고 상처를 입은 하나님의 백성으로 말미암아 하나님의 이름이 이방인으로부터 조롱을 받는 현실로부터 벗어나서, 갱신되고 치유된 하나님의 백성이 다시 이루어지게 하소서!"라는 기도와 다르지 않다. "하나님의 나라가 임하게 하소서!"라는 예수의 기도는 "우리로 하여금 그리스도 안에서 다가와서 이미 실현되기 시작한 하나님 나라에 속하는 백성이 되게 하소서!"라는 기도와 다르지 않다.[9)]

그렇다면 예수 그리스도 안에서 가까이 온 하나님 나라의 빛 아래서 교회는 어떻게 이해되어야 하는가? 교회는 하나님의 나라가 아니라, 하나님의 나라의 복사(輻射), 반영(反影)이다.[10)] 교회는 하나님 나라의 전조(前兆)와 여명(黎明)이다.[11)] 교회는 하나님 나라의 표징(表徵)과 선취(先取)다. 하나님의 나라가 오고 있기 때문에 그 전조로서 교회가 온 것이지, 교회가 왔기 때문에 그 결과로서 하나님의 나라가 오고 있다고 말할 수 없다.

하지만 성령의 권능 안에 있는 교회는 비록 완성된 하나님의 나라는 아니지만, 성령의 활동 안에서 하나님의 나라를 선취하는 새로운 인류의 전위대(前衛隊)라고 할 수 있다. 교회의 메시아적 잠정성(暫定性), 곧 역사적인 삶의 형태는 사회적 · 역사적인 한계를 초월하도록

---

9) G. 로핑크, 정한교 역, 『예수는 어떤 공동체를 원했나?』(왜관: 분도출판사, 1985), 8 이하.
10) K. Barth, KD IV 3/2, 908 이하.
11) 한스 큉, 앞의 책, 96 이하.

만든다. 그렇지만 하나님의 나라 궁극성(窮極性), 곧 종말론적인 하나님의 나라는 교회로 하여금 어떠한 불확실한 역사 속에서도 확신과 기쁨을 갖도록 만든다. 잠정적이지만 궁극적인 확신 속에서, 그리고 궁극적인 것을 지향하는 잠정적인 불안 속에서 교회는 하나님의 나라를 지시하고, 반사하고, 투영하고, 선취한다. 이러한 의미에서 교회는 장차 올 하나님 나라의 현재적인 표징을 수립하는 메시아적 공동체, 하나님 나라의 백성이라고 정의할 수 있을 것이다.[12)]

12) J. 몰트만, 박봉랑 외 4인 옮김, 『성령의 능력 안에 있는 교회』(서울: 한국신학연구소, 1980), 217.

2) 그리스도의 몸

호머(Homer)는 오직 시체만을 소마(몸)라고 부른다. 그는 오직 남의 몸(시체)을 볼 때에만 몸을 보았으며, 살아 있는 인간을 전체로서 이해하는 단어를 알지 못하였다. 그에게서 몸은 외계의 사물이었다. 플라톤(Platon)은 몸을 부정적으로 평가하였다. 몸은 하늘의 영혼을 끌어내리는 것이고, 인간을 속박하는 악한 것이다. 죽음을 통해 영혼은 해방될 수 있다. 아리스토텔레스(Aristoteles)에 따르면 몸은 형상과 질료로 구성되어 있다. 영혼은 몸의 목적으로서 몸과 분리될 수 없다. 오직 몸 안에서만 영혼은 형상의 원리로 살아 있다. 스토아(Stoa) 사상에서는 혼을 육적인 것으로 보는 발전된 견해가 나타난다. 여기서 인간은 몸 안에서 있는 일체의 존재로 간주되고 있다. 죽음은 모든 것을 완성하는 행위, 가장 높은 가능성에 도달하는 행위로 영웅화되었다.

하지만 구약성서에서 인간은 영혼과 육체로서 전체적인 존재로 간주된다. 구약성서에는 육 또는 몸에 해당하는 히브리어가 없다. 왜냐하면 히브리인들은 몸과 영혼을 분리하지 않았고, 형상과 질료를 구분하지 않았으며, 대우주와 소우주의 구별도 하지 않았기 때문이다. 그러므로 죽음 후에 영혼이 계속 살아 있다는 플라톤의 생각은 없다. 왜냐하면 죽음은 몸과 영혼의 죽음이기 때문이다.

신약성서의 인간 이해에 큰 기여를 한 자는 바울이다. 그는 몸에 관해 자주, 그리고 아주 독특하게 말하였기 때문에 신약학자들은 이 개념의 해명을 위해 많은 노력을 기울였다.[13] 불트만에 따르면 몸은 인간의 죽음 이전이나 이후에도 동일한 것을 표현하는 개념, 곧 인간 존재의 본질을 지시하는 개념이다. 몸은 신체의 형태나 신체만을 설명하는 것이 아니라 전인(全人)을 의미한다. 바울에게서 몸은 외부로부터 본래적인 나에게 주어지는 것이 아니라, 나 자신을 구성하는 본질이다. 그러므로 인간은 몸을 가진 것이 아니라, 인간이 바로 몸이다. 인간이 몸이라고 불리는 까닭은 바로 인간이 자신을 자기의 행동의 객체로 만들거나 어떤 사건(체험)의 주체로 만들 수 있기 때문이다. 인간이 몸이라고 불리는 까닭은 그가 자기 자신과 관계를 맺을 수 있고 또 자기 자신과 거리를 둘 수 있기 때문이다. 그리고 몸은 인간 존재의 역사성을 의미한다. 몸은 시간성 · 역사성 속에 있는 인간을 가리킨다.[14]

몸은 하나님으로부터 일관된 행동을 하도록 요구받는 인간을 표현하며, 인간 행동의 결단적 특성을 지시한다. 인간은 그리스도를 위하여 일관된 행동의 결단을 하도록 부름을 받고 있다. 만약 이 결단이 이루어지지 않는다면, 인간은 하나님이 자신에게 부여한 피조적 본성을 그르치고 만다. 몸은 자기 자신과 관계를 맺는 인간을 말하는 것이 아니라, 그리스도와 이 세상과 관계를 맺는 인간의 존재를 말한다.[15] 바

---

13) Theologisches Begriffslexikon zum NT Bd. 2(Wuppertal: Theologischer Verlag R. Brockhaus, 1983), 869 이하.

14) R. Bultmann, Theologie des Neuen Testamentes(Tübingen: J. C. B. Mohr, 1984), 193 이하.

15) E. Fuchs, Christus und Geist bei Paulus. Eine biblisch-theologische Untersuchung, UNT H. 23(Leibzig, 1932) 참조.

울의 몸 개념은 인간의 외형적인 출현 방식을 의미한다. 몸은 창조자와 관계를 맺는 온 인간, 피조적 본성 안에 있는 인간, 하나님 앞에서 책임을 지는 인간을 말한다. 몸은 인간의 구성 요소가 아니라, 다양한 가능성과 방향 속에 있는 전체적인 인간을 말한다. 몸은 의사소통의 능력, 세상에 속해 있는 현실을 지시한다.

바울이 인간의 몸을 강조하는 가장 중요한 동기는 세 가지다. 첫째, 하나님은 우리의 내면성에만 만족하지 않고, 우리가 몸으로 새로운 창조 안으로 들어가고 형제들을 위하여 봉사할 것을 원한다. 둘째, 하나님은 몸을 억압하는 것을 요구하지 않고, 몸 안에서 이웃과 만나기를 요구한다. 셋째, 하나님은 그의 자녀들이 세상의 일상적 생활 속에서 몸으로 순종할 것을 요구하며, 바로 이러한 몸의 순종을 통해 세상을 통치한다.[16)]

바울은 몸을 경멸하는 열광주의자들에 맞서 하나님과 이웃에 대한 개방성과 상호 교류를 가능케 하는 몸을 강조하였다. 몸은 자기 안에서 폐쇄되어 있지 않고 하나님과 교회와의 대화와 사귐을 위해 열려 있는 인간의 존재를 표현한다. 그래서 바울은 부활의 삶을 표현할 때에도 몸의 이미지를 사용하였다.[17)] 그렇다면 교회를 "그리스도의 몸"이라고 부르는 것은 어떤 의미를 갖는가? 그것은 신학적 · 윤리적 · 정치적 의미를 갖는다.

---

16) E. Käsemann, Leib und Leib Christi. Eine Untersuchung zur paulinischen Begrifflichkeit, BHTh 9(Tübingen, 1933) 참조.

17) E. Schweizer, Die Leiblichkeit des Menschen : Leben-Tod-Auferstehung, EvTh. 29. 1969 참조.

첫째, 그리스도의 몸은 **신학적 의미**를 갖는다. 예수는 하나님 나라의 희망(종말적 잔치)을 선포하는 사도직(마 28:18 이하), 이를 대망하며 거행하는 성만찬(고전 11:23 이하), 그리고 형제적 사귐(마 18:20) 속에 함께할 것을 약속하였다. 더욱이 예수는 세상 안에서 고통당하는 자들과의 연대하는 가운데서 숨어 있는 방식으로 현존한다고 말했다.(마 25:31~46)

바울은 그리스도인이 살아 있는 예수 그리스도와 결합되어 있고 이러한 결합에 근거하여 그리스도인들 상호 간에도 서로 일치되어 있다는 사실을 표현하기 위해 종종 "그리스도 안"이라는 표현을 사용한다. 그러므로 이 표현은 그리스도의 통치 또는 그리스도 안에서 이루어지는 하나님의 통치를 표현하는 바울의 어법이면서도, 또한 바울의 교회론의 출발점이기도 하다. 그렇지만 그리스도와의 일치와 그리스도인들 상호 간의 일치를 표현하기 위해 바울은 몸의 개념(비유)을 훨씬 더 자주 사용한다.

바울에게서 특히 세례와 성찬은 그리스도의 몸의 지체가 되는 기본적인 토대와 출발점이 된다. 세례는 그리스도의 몸과 하나가 되는 사건이고(롬 6장), 성찬은 그 몸에 속해 있음을 축하하는 사건이다. 그렇기 때문에 바울은 이 예식이 친교와 일치해서 진행되어야 한다는 것을 특별히 강조한다. 교회는 본질적으로 교제, 일치, 교통이다. 그렇기 때문에 성찬이 진정한 일치로 나타나지 않는다면, 다시 말하면, 함께 나누어 먹지 않고 독점하거나 분열이 일어난다면, 진정한 식사의 친교도 없고, 진정한 성만찬도 있을 수 없다.(고전 11:17 이하)

골로새서와 에베소서의 저자에게서 바울의 "그리스도의 몸" 개념은 더욱 발전된 모습으로 나타난다. 여기서 예수 그리스도의 임재는 바울에게서보다 훨씬 더 포괄적인 것으로 설명된다. 곧 여기서 그리스도는 보이는 교회보다 더 큰 존재로 나타난다. 그리스도의 몸은 우주적인 범위와 형태를 띠고 있으며, 온 피조물을 포괄한다. 단지 인간만이 아니라 자연도 그리스도에 의한 만물의 갱신에 참여하고 있다. 만물은 그리스도를 통해 화해되었다.(골 1:15 이하) 그러므로 그리스도의 몸인 교회는 새로운 창조의 공동체로서 만물 갱신과 화해(그리스도의 충만)를 대변하며, 자신을 넘어서 하늘과 땅을 충만하게 할 하나님의 영광을 가리키고 있다. 그러므로 여기서 교회는 자연과의 조화로운 사귐을 형성해야 할 임무도 부여받게 된다.

둘째로, 그리스도의 몸은 **윤리적 의미**를 갖고 있다. 교회가 그리스도의 몸이 되는 사건은 오직 세례와 성찬을 통해서만 일어나는 것은 아니다. 그리스도와 한 몸이 되는 것은 신앙 가운데서 주어지는 하나님의 선물(Gabe)이지만, 그것은 매일의 윤리적 삶 속에서 구현되어야 할 임무(Aufgabe)로도 주어진다.(롬 12:1~2) 바울에게서 그리스도의 몸 표상은 무엇보다도 교회를 향한 윤리적 교훈 속에 자리를 잡고 있다.

바울은 고린도 교회의 열광주의자들과 싸워야 했다. 그들은 이미 지금 여기에서 구원을 받았고 신령한 사람이 되었기 때문에 장차 없어질 무가치한 몸으로 무엇을 해도 상관이 없다는 생각 속에서 음란, 우상 숭배, 간음, 남창, 동성연애에 몰두하였다. 이들에 대해 바울은 그들이 하나님의 나라를 절대로 상속받지 못할 것이라고 경고하였다.(6:10 이하) 몸은 개인의 것이기 때문에 몸을 자기 마음대로 사용할 자유가 있다고 생각한 열광주의자들에 맞서 바울은 하나님이 값을 치르고 그들을 사셨기 때문에 몸의 주인은 그들이 아니라고 단호히 선언하였다. 그리스도인의 몸은 소유하고 임의로 처분할 수 있는 것이 아니라 그리스도의 지체요, 성령의 전이다.

셋째로 그리스도의 몸은 **정치적 의미**를 갖고 있다. 몸은 그리스와 로마 사회에서 종종 사회와 국가, 우주의 일치를 강조하기에 유용한 비유로 사용되었다. 하지만 몸의 비유는 종종 평민의 불만을 무마하려던 귀족들의 지배 이데올로기로서 사용되었다. 곧 그것은 전체 속에서 개인의 일탈을 막고 현상을 유지하려는 목적을 위해 사용되었다.

그와 달리 바울은 개별 지체의 소중함을 강조하고 약한 지체들을 차별하고 무시하는 강한 지체들에게 회개를 촉구하기 위해 몸의 비유를 사용하였다.(고전 12:14~26 참조) 고린도 교회 안에서 일어난 차별과 분열을 극복하기 위해 바울은 지체들 간의 일치(동고동락)를 강조하였을 뿐만 아니라, 약한 지체들을 존중하고 그들을 강한 지체들보다 더 귀하게 여길 - 요긴하게 여기고 귀한 것으로 입히고 아름답게 꾸며줄 - 것을 강조하였다. 이처럼 바울은 지배 이데올로기를 정당화하기 위해 악용되던 몸의 비유를 새로운 대안 공동체의 이념으로 역전시켰다.[18]

---

18) 김재성, "제국적 지배 이데올로기와 바울의 '그리스도의 몸'으로서 공동체 해석", 「신학사상」, 2000/봄, 103 이하 참조.

3) 성령의 피조물

교회는 하나님의 백성과 그리스도의 몸일 뿐만 아니라 "성령의 피조물"이기도 하다. 왜냐하면 교회는 성령의 충만한 임재를 통해 생겨났을 뿐만 아니라, 성령이 자신의 무한한 능력 가운데서 자신을 드러내는 장소이기도 하기 때문이다. 요엘(2:28 이하)은 메시아 때에 성령이 하나님의 모든 백성 위에, 모든 육신 위에 충만하게 부어질 것이라고 예언했다. 요엘의 약속은 오순절 사건에서 성취되었다.(행 2:14 이하) 이것은 하나님의 나라의 영원한 삶을 위한 만물의 새로운 창조와 하나님의 영광을 의미한다. 그러므로 초대교회는 자신을 "성령의 피소물"이라고 이해했고, 그래서 만눌의 새로운 장조와 하나님의 영광의 최초의 성취로 이해했다. 성령은 하나님의 백성에게 생명을 주고, 선교의 전권을 맡기고, 활력을 주고, 적절한 임무를 맡기며, 하나님의 백성을 통일시키고, 보존한다.[19]

성령은 우리로 하여금 일차적으로 하나님을 향해 마음을 열게 하고, 그리함으로써 하나님과 교제를 나누게 한다. 성령은 하나님을 지향하는 삶, 생명과 봉사, 기쁨과 책임을 선사하는 하나님에 대한 신뢰를 뜻한다. 그런 의미에서 성령은 육, 곧 인간의 갈망과 자기 신뢰와 투쟁하는 영이다.[20] 성령은 우리로 하여금 하나님을 "아버지"라고 부르며(롬 8:14 이하; 갈 4:6~7), 특히 기도를 통해 하나님 아버지와

---

19) J. 몰트만, 앞의 책, 317.
20) H. J. Kraus, Heiliger Geist(München: Kösel, 1986), 106 이하.

교제를 나누도록 활동한다. 우리는 성령 안에서 우리의 삶 한가운데서 살기를 원하고 우리를 사랑하는 하나님을 만나게 된다.[21)]

성령은 또한 이웃을 향해서도 마음을 열게 하고, 그리함으로써 이웃과 교제를 나누게 한다. 성령은 교제의 영으로서 모든 인간 사이에 가로놓여 있는 모든 장애물과 장벽을 제거하고, 형제애와 자매애가 넘치는 사랑의 교제를 나누게 한다. 사도행전은 성령이 충만히 임함으로써 하나님과 이웃과 풍성한 교제를 나누게 된 기적적인 사건을 생생히 보도한다. "무리가 다 성령이 충만하여 담대히 하나님의 말씀을 전하니라. 믿는 무리가 한마음과 한뜻이 되어 모든 물건을 서로 통용하고, 제 재물을 조금이라도 제 것이라 하는 이가 하나도 없더라. 사도들이 큰 권능으로 주 예수의 부활을 증거하니, 무리가 큰 은혜를 얻어 그중에 핍절한 사람이 없으니, 이는 밭과 집 있는 자는 팔아 그 판 것의 값을 가져다가 사도들의 발 앞에 두매, 저희가 각 사람의 필요를 따라 나눠줌이러라."(행 4:31~35)

몰트만에 따르면 이것은 공동체적인 영에 대한 체험이다. 공동체적인 영은 우리 가운데 있는 하나님이다. 이 하나님 안에서 사람들 간의 분열이 극복되었다. 인간에 의한 인간 억압이 사라졌다. 인간에 의한 인간 비하가 끝났다. 인간에 의한 인간 소외도 제거되었다. 주인과 종

몰트만(1926년 출생)

21) E. 슈바이처, 김균진 역, 『성령』(서울: 대한기독교서회, 1982), 145.

이 형제가 되었다. 남자와 여자의 구분이 없이 모두 친구가 되었다. 인간 사회로부터 특권과 차별이 사라졌다. 모두가 한마음 한뜻이 되었다. 우리 가운데서 하나님이 자신의 공동체적인 영을 통해 우리로 하여금 한마음 한뜻이 되도록 초대한 것이다. 하나님이 성령 안에서 우리 가운데 임재하게 되면, 형언할 수 없는 생명의 기쁨이 솟아나고, 평안을 누리고, 친밀감을 느끼게 된다.[22)]

이런 점에서 성령은 공동체를 창조하는 영이라고 일컬어진다. 영광을 받은 주님에 의해 전달된 하나님의 영은 교회의 존립 기초요, 생명 원리요, 활동 능력이다. 교회의 모든 원천, 존재, 존속은 영의 덕택이다.[23)] 교회는 성령의 각성케 하는 활동 속에서 소집되고, 성령의 생농케 하는 활농 속에서 성장하고 보존되고 갱신되며, 성령의 조명하는 활동 속에서 세상으로 파송된다.[24)] 성령은 공동체의 원리로서 교회로 하여금 하나가 되게 한다. 성령은 성화의 원리로서 교회를 거룩하게 한다. 성령은 보편성의 원리로서 모든 시대를 관통하면서 교회로 하여금 전진하도록 한다. 성령은 교회를 사도의 가르침 안에서 보존한다.[25)]

성령은 교회에 속한 사람들에게 다양한 은사를 선사한다. 그러므로 성령의 은사는 매우 다양하다.(롬 12:6 이하; 고전 12:28 이하; 엡 4:11 이하) 하지만 바울에 따르면 은사는 다음과 같이 세 가지로 구분될 수

22) J. 몰트만, 이신건 역, 『생명의 샘』(서울: 대한기독교서회, 2000), 137 이하.
23) 한스 큉, 『교회란 무엇인가?』, 128 이하.
24) K. Barth, KD IV/1, 718 이하; IV/2, 695 이하; IV/3, 780 이하.
25) Y. Congar, Der Heiliger Geist(Freiburg im Breisgau: Verlag Herder, 1982), 167 이하.

있다. (1) 선포의 은사: 사도, 예언자, 교사, 전도자, 권면자(조언자) 등이 이에 속한다. 영감과 몰아(沒我)도 이에 속한다. (2) 봉사의 은사: 집사, 구호자, 간호자, 공동체를 섬기는 과부가 이에 속한다. 기적을 통한 치유와 악마 추방도 이에 속한다. (3) 지도력의 은사: 관리자, 장로, 감독, 목자 등이 이에 속한다. 비록 은사라는 말을 직접적으로 사용하지는 않지만, 바울은 고난도 은사로 간주한다.(골 1:24)

하지만 몰트만이 정당하게 주장하듯이, 은사는 함께 모인 교회의 특별한 임무에서만 찾으려고 해서는 안 된다. 단지 교회가 장엄하게 모일 때만이 아니라 평일에 이 세상 안에서 흩어지고 고립되었을 때도 모든 사람들은 카리스마적 존재다. 그래서 바울은 인간이 소명을 받은 역사적 장소와 그의 가능성과 능력을 은사라고 말한다.(고전 7:17) 성령의 선물은 모든 것을 은사로 만든다. 성령은 인간의 모든 삶을 은사를 통해 활기 있게 만든다. 그래서 바울은 "오직 주께서 각 사람에게 나눠 주신 대로, 하나님이 각 사람을 부르신 그대로 행하라."(고전 7:17, 20, 24)고 말한다. 만약 모든 인간의 능력과 가능성이 오직 그리스도 안에서만 사용된다면, 그것은 소명을 통해 은사가 될 수 있다.[26)]

이처럼 다양하고 풍성한 은사는 어떻게 통일성을 가질 수 있는가? 다시 말하면, 성령의 자유 속에서 교회의 질서는 어떻게 유지될 수 있는가? 한스 큉에 따르면 은사의 질서는 다음과 같이 세 가지 방식

26) 한스 큉, 『교회』, 258; J. 몰트만, 앞의 책, 319 참조.

으로 보존된다. (1) 각자가 자기의 은사를 가지는 것이야말로 일치와 질서에 기여한다. 누구도 자기를 남보다 높이고 모든 것을 장악하여 자기에게 종속시키려고 해서는 안 된다. 각자에게 자기의 것을 허용하지 않고 그것을 빼앗는 자는 무질서를 조성하는 자다. (2) 모든 은사는 남을 위한 것이다. "성령의 열매"가 개인의 성화와 결부되어 있다면, "성령의 은사"는 교회의 건덕(고전 14:12)을 위한 것이다. 그러므로 신자는 자기의 은사를 교회 안에서 지위와 권력을 얻기 위한 수단으로 사용해서는 안 되며, 남과 전체를 위해 봉사하기 위한 은혜로 삼아야 한다. 은사는 십자가와 봉사와 사랑의 길을 호소한다. (3) 각자는 주님에게 순종해야 한다. 모든 은사를 부여하는 근원은 동일하다. 곧 하나님 자신이 그리스도를 통해 성령 안에서 모든 은사를 부여한다. 그러므로 모든 신자는 교회 안에서 질서를 지켜야 한다. 각자가 한 영 안에서 각자의 은사를 가지고 한 주님에게 순종하면서, 서로 사랑의 봉사를 해야 한다. 모든 은사는 "사랑의 법" 아래 있다.[27)]

한스 큉(1928년 출생)

성령의 은사가 주어지는 목적은 모든 사람의 유익과 교회의 건덕(고전 12:7), 곧 교제에 있다. 그러므로 만약 성령이 사귐으로 인도하지 않고 공동체를 형성하지 않는다면, 하나님의 영이 존재한다고 말할 수 없다. 성령을 소유하고 있다고 말하면서 은사를 가진 자기 자

27) 한스 큉, 『교회』, 265 이하; 『교회란 무엇인가?』, 140 이하.

신을 과시하며, 교회의 질서를 따르지 않고 자기의 영역을 만드는 자는 성령을 받은 자가 아니라 육의 사람(고전 3:1 이하)이라고 할 수 있다.[28)]

여기서 우리는 종종 교회를 혼란과 분열에 빠뜨렸던 열광주의의 위험에 주목하게 된다. 은사를 통해 규정되는 교회의 질서는 획일성으로 얼어붙는 율법주의가 아니듯이, 혼란과 무질서로 흐르는 열광주의도 아니다. 그러므로 바울도 한편으로는 율법주의와 싸워야 했지만, 다른 한편으로는 열광주의와 싸워야 했다. 그는 특히 고린도교회에서 성령을 소유했다고 주장하는 영지주의적인 광신자들과 힘든 싸움을 싸워야 했다.[29)] 십자가에 못 박힌 그리스도의 영인 성령에 대한 확신은 피안적인 꿈의 나라로 인도하는 것이 아니라, 그리스도의 고난과 그를 따르는 제자의 길로 인도한다. 요한은 "영을 다 믿지 말고, 오직 영들이 하나님께 속하였는지를 시험하라!"(요일 4:1)고 말한다. 그렇다면 성령과 성령의 은사의 진정성을 판단하는 척도는 무엇인가? 그것은 바로 십자가에 못 박힌 그리스도다. 다시 말하면, 오직 그리스도를 신실하게 따르는 자만이 그의 영을 받았다고 할 수 있다. 십자가에 못 박힌 자는 무한한 은사들의 척도다.[30)]

---

28) E. 슈바이처, 앞의 책, 152 이하.
29) 교회사에 나타났던 다양한 열광주의에 관해서는 한스 큉, 『교회』, 271 이하 참조.
30) J. 몰트만, 앞의 책, 322. 여기서 몰트만은 "열광주의"만이 아니라 "영의 질식"도 우려한다. 교권적인 지도자들과 귀족적인 목회자들로 말미암아 성령이 어둡게 되거나 질식될 수도 있다. 그러므로 이런 상태를 극복하고 자유롭고 풍성한 성령의 은사들을 발견해야 한다. 왜냐하면 메시아 시대가 시작된 이래 성령이 활동하지 않았던 때는 없기 때문이다. 성령의 활동이 사도시대에만 절정에 달하고 역사적 과정 속에서는 점점 약해져 왔다고 믿는 것은 믿음이 적다는 증거다.

5. 나는 “성도의 교제”를 믿는다!

1) 기원과 의미

2) 루터의 견해

3) 본회퍼의 견해

4) 로핑크의 견해

5. 나는 "성도의 교제"를 믿는다!

1) 기원과 의미

지금까지 우리는 교회의 진정한 본질과는 거리가 멀거나 전혀 무관함에도 불구하고 오랫동안 마치 교회처럼 연상되거나 교회의 본질인 것처럼 잘못 알고 있는 교회 이해, 곧 교회에 대한 오해를 살펴보았고, 그런 다음에 진정한 교회가 무엇인지를 살펴보았다. 이를 위해 우리는 먼저 성서가 교회를 어떻게 이해하는지를 간단히 살펴보았고, 지금까지 가장 선호되어 왔고 신학적으로 가장 중요하게 여겨져 왔던 세 가지 교회 개념을 고찰해 보았다.

그런데 주목할 만하고 흥미로운 점은 사도신경[1)]이 "거룩하고 보편적인 교회"와 더불어 "성도의 교제"(Communio Sanctorum)를 고백해 왔다는 분명한 사실이다. 이 용어의 원래적 의미에 관해서는 지금까지도 여전히 논쟁이 되고 있다. "Sanctorum"(복수 소유격)은 중성적

1) 사도신경의 '삶의 자리'는 초대교회의 세례예식이다. 하지만 사도신경은 세례를 받는 자가 고백한 것이 아니라, 세례를 베푸는 자의 질문에 대한 고백적인 대답이라고 할 수 있다. 여기서 우리는 고대 교회에서 고백과 신앙과 세례가 매우 밀접하게 얽혀 있었다는 사실을 알게 된다. 사도신경의 원형으로 가장 중요시되는 것은 4세기 말 루피누스(Lufinus)가 작성한 라틴어 본문이다. 그 동안 교회들은 서로 다른 형태의 고백을 해 왔지만, 390년경에 루피누스가 작성한 로마교회의 신앙고백은 가장 큰 영향력을 끼치게 되었다. 오늘날 우리가 사용하고 있는 사도신경의 최종 본문은 750년에 형성된 것으로 생각된다.

으로, 곧 거룩한 것(성례전)에 대한 참여로 이해되었는가, 아니면 남성적으로, 곧 성도들과의 교제로 이해되었는가? 후자의 경우에도 이것은 다시금 교제(참여)를 의미할 수도 있고, 교회(공동체)를 의미할 수도 있다. 다시 말하면, "Communio Sanctorum"은 성도들과의 교제나 성도들 상호간의 교제를 의미할 수도 있고, 성도들로 구성된 공동체를 의미할 수도 있다. 그리고 "성도들"(Sancti)은 구원을 받은 하늘의 성도들을 의미할 수도 있고, 신약성서의 용법처럼 이 땅에 있는 신자들을 의미할 수도 있다. 하지만 두 가지 해석, 곧 성례전적 해석과 인격적 해석은 상호간에 배타적인 것이 아니라 보완적인 관계를 이룬다.[2)]

하지만 고대 그리스 교회는 이 용어를 주로 성례전적 의미로 해석했고, 고대 서방 교회는 이 용어를 주로 인격적인 의미로 해석했다. 400년경에 니케타스(Niketa von Remesiana)는 다음과 같이 말한다. "세계의 태초부터 족장들과 예언자들과 순교자들과 그리고 지금까지 살았거나 지금도 살아 있고 미래에도 살아 있게 될 의인들이 교회를 이룬다." 물론 그들은 천사들과도 결합되어 있다. 여기서 니케타스는 이 땅에 있는 성도들이 완전한 구원을 얻은 자들과 교제를 나누게 된다는 사실을 강조했다. 하지만 450년경에 파우스투스(Faustus von Reiz)는 완전한 구원을 얻은 성도들을 숭배한다는 의미로 이 개념을 해석했다. 성례전적 해석은 중세기 서방에서 비로소 등장한다. 여

2) P. Althaus, Communio Sanctorum(München: Chr. Kaiser Verlag, 1929), 8 이하.

기서 이 용어는 인격적인 의미와 결부되었다. 여기서 "성도"라는 개념은 성자들과 그들의 유골을 숭배한다는 의미로 사용되었다. 종교개혁자들은 성자 숭배에 반대하여 다시금 이 용어를 일차적으로는 이 땅에 있는 교회의 지체들과 연결했다.[3)]

여기서 우리는 다음과 같이 질문하게 된다. 신학적으로 매우 중요하다고 간주되었던 다른 교회 개념들, 예컨대 "하나님의 백성"이나 "그리스도의 몸" 등은 왜 오랫동안 침묵하고, 유독 "성도의 교제"만은 신앙고백의 중요한 항목의 하나로 수용되어 내려왔고, 지금까지도 이 땅의 모든 교회가 한목소리로 "성도의 교제"를 고백하고 있는가? "성도의 교제"(Communio Sanctorum)라는 용어는 아마도 4세기 중반에 안디옥 지역에서 세례문답에 추가되어 사용되었던 것으로 보인다. 4세기 말엽에 이 용어는 갈리아[4)] 지역으로 전파되어 "거룩하고 보편적인 교회"에 대한 신앙고백에 추가되었고, 그 후에 로마교회의 신앙고백 안으로 수용됨으로써 "사도신경"의 최종적인 형태 안으로 들어갔던 것으로 보인다.[5)]

물론 "성도의 교제" 때문에 다른 교회 개념이 오랫동안 억압되거나 배제되었다는 증거는 찾아보기 어렵다. 본질적으로 가장 중요한 점은 교회가 이 개념을 통해 다른 모든 개념들을 포괄하려고 했을 뿐

---

3) E. Schlink, Ökumenische Dogmatik(Göttingen: Vandenhoeck und Ruprecht, 1985), 589.

4) 갈리아(Gallia)란 로마 제국의 멸망 이전까지 현재의 프랑스, 벨기에, 스위스 서부와 라인 강 서쪽의 독일을 포함하는 지방을 가리키는 말이다. 갈리아의 원주민은 켈트족이다. 갈리아라는 이름은 켈타이(Celtae)를 라틴어로 옮긴 것이다.

5) P. Althaus, 앞의 책, 8; E. Schlink, 앞의 책, 689.

만 아니라, 이 개념을 통해 자신의 정체성을 가장 분명하게 드러내기를 원했고, 실제로 역사적으로 그렇게 해 오고 있는 사실이다. 그러므로 교회가 자신을 무엇이라고 정의해 왔든, 그리고 다른 사람들이 교회를 향해 무슨 명칭을 부여해 왔든, 교회는 의식적 · 공식적으로 자신을 "성도의 교제"라고 공언해 왔고, 그렇기 때문에 교회의 자의식은 바로 이러한 개념 속에 깊은 뿌리를 내리고 있었다는 사실에 우리는 특별히 주목해야 한다. 그러므로 "성도의 교제"가 일어나지 않는 교회는 진정한 교회일 수 없다. 교회가 그 어떤 거룩한 목적을 추구하든, 교회가 그 어떤 눈부신 위업을 성취하든, 교회가 다른 사람들로부터 그 어떤 명예로운 칭찬을 받든, 교회가 세상 안에서 그 어떤 형태로 존재하든, "성도의 교제"를 진지하게 추구하고 실천하지 않는 교회를 우리는 진정한 교회라고 말할 수 없다.

"성도의 교제"의 가장 근원적이고 원형적인 근거를 우리는 삼위일체 하나님의 세 위격의 신비한 연합과 일치에서 발견할 수 있다. 삼위일체의 각 위격은 서로를 향해 침투하고 순환하며, 서로 안에서 완전히 내재한다. 그러므로 세 위격 사이에는 선후와 우열이 없으며, 완전한 순환과 동등성을 이룬다. 세 위격은 각기의 고유한 영역을 제외하고는 모든 것을 공유하고 소통한다. 다시 말하면, 아버지는 아들과 성령 안에 완전히 존재하고, 아들은 아버지와 성령 안에 완전히 존재하며, 성령은 아버지와 아들 안에 완전히 존재한다. 삼위일체의 각 위격들은 서로 상대방 안에 존재할 뿐만 아니라, 신적인 영광 가운데서 서로 자신을 표현하며, 영광을 통해 서로를, 그리고 서로와

함께 자신을 빛나게 한다. 세 위격은 서로를 통해 완전히 빛남으로써 서로를 완전히 아름답게 만든다.[6)]

"성도의 교제"의 중요한 근거를 우리는 "하나님의 형상"에 따라 창조된 인간의 모습에서도 발견하게 된다. "하나님의 형상"에 따라 창조된 인간은 모름지기 삼위일체 하나님처럼 완전한 교제와 연합을 이루도록 결정되었다. 인간이 지니는 하나님의 형상적 특징은 무엇보다도 다른 존재와 관계를 맺을 수 있는 능력, 곧 인간의 개방성, 사회성, 자기 초월성 안에서 가장 분명하게 드러난다. 왜냐하면 인간은 오직 다른 존재와 부단히 관계를 맺음으로써만 비로소 자신을 형성할 수 있는 피조물이기 때문이다. 곧 인간은 하나님과 이웃과 자연과의 열린 관계 안에서 비로소 창조주 하나님의 창조 목적에 합치되는 삶을 영위할 수 있다.[7)]

신약성서는 "하나님의 형상"을 그리스도 중심적으로 설명한다. 인간은 그리스도의 형상을 본받기 위해 창조되었다.(롬 8:29) 그리스도는 보이지 않는 하나님의 형상(고후 4:4; 골 1:15)이요, 하나님의 영광의 광채요, 하나님의 본체의 형상(히 1:3)이다. 그리스도는 하나님의 진정한 형상을 중재하기 때문에 인간은 그리스도를 닮아야 한다. 그리스도는 하나님과 인간과 자연과 완전한 관계를 맺는 자로서 참

---

6) J. 몰트만, 김균진 역, 『삼위일체와 하나님의 나라』(서울: 대한기독교출판사, 1982), 212; J. 몰트만, 이신건 옮김, 『삼위일체와 하나님의 역사』(서울: 대한기독교서회, 1998), 128 이하; 레오나르도 보프, 이세형 옮김, 『삼위일체와 사회』(서울: 대한기독교서회, 2011), 142 참조.
7) 이신건, 『인간의 본질과 운명』(서울: 신앙과지성사, 2010), 137 이하 참조.

으로 하나님의 형상을 완전히 계시하고 실현하였다. 곧 그리스도는 "하나님을 위한 존재"요, "인간을 위한 존재"요, "만물을 위한 존재"였다. 다른 말로 표현하면, 그리스도는 하나님과 인간과 만물 사이에 존재하는 중재자 또는 중보자라고 할 수 있다.[8)]

그래서 성서는 그리스도와 그리스도인의 관계를 매우 다양한 비유와 상징을 통해 설명한다. 요한에 따르면 그리스도와 그를 믿는 자는 "목자와 양"(10:1~18)과 "포도나무와 가지"(15:1~7)처럼 친밀하고 인격적인 생명의 관계를 형성한다. 그러므로 그리스도인들은 그리스도 안에서, 그리고 그리스도를 통해 서로 사랑하고 일치해야 한다.[9)] 바울에 따르면 교회의 본질은 궁극적으로는 그리스도와 교제를 나누기 위함이다. 하나님이 그리스도인을 부른 목적은 그의 아들 예수 그리스도와 교제를 나누기 위함이다.(고전 1:9) 그리스도는 성찬을 통해 그리스도의 피와 몸에 참여한다.(고전 10:16~21) 그리스도인은 그리스도와 함께 고난을 받고 십자가에 못 박히며, 그리스도와 함께 살고 죽으며, 그리스도와 함께 영광을 받게 될 것이다.(롬 6:8, 8:17) 그리스도인은 성령과의 교제도 경험하며(고후 13:13; 빌 2:1), 그리스도인들 상호 간에도 풍성한 교제를 나눈다.[10)]

그러므로 우리는 "성도의 교제"를 단지 교회의 활동이나 형태를 지시하는 용어에 불과하다고 주장하는 방식으로 그 의미를 깎아내리

8) 같은 책, 176 이하 참조.
9) 김동수, 『요한복음의 교회론』(서울: 대한기독교서회, 2011), 60 이하 참조.
10) 바울의 "코이노니아" 신학에 관해서는 Josef Hainz, KOINONIA(Regensburg: Verlag Friedrich Pustet, 1982) 참조.

려고 해서는 안 된다. 더욱이 우리는 "성도의 교제"를 단순히 교회의 궁극적 목표, 예컨대 하나님의 나라나 구원에 이르기 위한 하나의 필수적인 과정이나 전단계로 보거나 교회의 중요한 사명, 예컨대 선교나 봉사를 실현하기 위한 효과적인 수단이나 방편으로 보아서도 안 된다. 물론 진정하고 활기찬 "성도의 교제"는 교회의 목표와 사명을 달성하는 가장 효과적인 수단과 조건이 될 수 있다는 사실은 의심하거나 부인할 수 없다.

하지만 "성도의 교제"는 그 자체로서 교회의 궁극적인 목적이기도 하며, 그러므로 교회의 진정한 사명이기도 하다. 그 어떤 다른 목표와 사명도, 그 어떤 놀라운 수단과 조건도 궁극적으로는 "성도의 교제"를 대신하거나 압도할 수 없다. 왜냐하면 하나님이 우리를 창조한 궁극적인 목적은 바로 우리와 참되고 풍성한 교제를 나누기 위함이고, 그래서 우리로 하여금 자신의 온전한 교제에 참여하도록 인도하기 위함이기 때문이다. 그러므로 여기서 "성도의 교제"를 가장 분명히, 그리고 가장 열렬하게 대변한 신학자들의 견해를 살펴보기로 하자.

2) 루터의 견해

루터(1483~1546)

"성도의 교제"에 대한 루터의 관심은 먼저 가톨릭교회의 입장에 대한 비판으로부터 시작되었다. 비록 가톨릭교회도 "성도의 교제"를 강조했지만, 결정적으로 중요하게 생각했던 것은 성자 숭배를 통해, 그리고 공로의 활용을 통해 이 땅의 성도들이 하늘의 성도들과 연옥의 성도들과 교제를 나누는 것이었다. 그러므로 가톨릭교회는 이 땅의 교회 안에서 이루어지는 교제를 철저히 무시했다. 그래서 성도들과의 교제는 공로주의, 곧 도덕주의로 말미암아 물체처럼 변질되었고, 이기적으로 변형되었다.[11)]

하지만 루터에 따르면 우리의 구원은 오직 하나님의 값없는 자비에 달려 있기 때문에 인간의 공로는 전가될 수 없다. 아무도 남을 위해 믿을 수 없고, 남을 위해 죽을 수 없다. 대리적인 중보 기도도 남을 위해 하나님에게 그 어떤 영향을 줄 수도 없다. 하나님이 성도들의 중보기도를 듣는지 여부는 하나님의 자유에 달려 있다. 인간은 오직 하나님의 은혜로만 살아간다.[12)]

칼 홀의 주장대로 루터는 "성도의 교제"를 "하늘로부터 땅으로

---

11) P. Althaus, 앞의 책, 27. 여기서 필자는 알트하우스의 해설을 전적으로 참조한다.
12) 같은 책, 31 이하.

끌어내렸다."[13] 루터는 신약성서에서, 특히 바울에게서 "성도"란 교회 안에 특별한 무리가 아니라 교회의 모든 지체들, 모든 믿는 자들을 의미한다는 사실을 새롭게 발견했다. 성서가 "거룩한"이라는 말을 사용할 때, 그것은 교회의 지배적인 용법처럼 구원을 받은 자들, 완전한 자들을 말하는 것이 아니라, 바로 살아 있는 자를 말한다. 다시 말하면, 성도들은 하늘에 비로소 존재하는 것이 아니라, 우리 곁에, 이 땅에, 교회 안에 어디든지 존재한다. 따라서 거룩한 그리스도인과 일반적인 그리스도인의 구분은 더는 존재할 수 없고, 단지 죽은 그리스도인과 살아 있는 그리스도의 구분만이 존재한다. 우리가 섬겨야 할 대상은 죽은 그리스도인이 아니라 살아 있는 그리스도인이다. 죽은 자의 생명은 우리에게 감춰져 있다. 그러므로 우리는 여기 이 땅에서, 살아 있는 자들 가운데서 교제를 실천해야 한다.[14]

루터에 따르면 교회는 "하나님의 형제단, 하늘의 형제단, 가장 고상한 형제단, 모든 성도의 교제다. 여기서 우리는 모두 형제와 자매로서 너무나 가깝기 때문에 이것보다 더 가까운 것은 전혀 생각될 수 없다. 왜냐하면 교회에는 하나의 세례, 하나의 그리스도, 하나의 성례전, 하나의 음식, 하나의 복음, 하나의 믿음, 하나의 영, 하나의 영적인 몸이 존재하고, 모든 사람은 다른 사람의 지체이기 때문이다. 그 어떤 형제관계도 이렇게 깊고 가깝지 않다."[15] 그래서 루터는 다

13) K. Holl, Luther als Erneuerer des christlichen Gemeinschaftsgedankens(Deutsch-Evangelisch, 1917), 244, in: P. Althaus, 앞의 책, 27.
14) P. Althaus, 같은 책, 27 이하.
15) W. A. 2, 756, 19 이하, in: P. Althaus, 같은 책, 54.

음과 같이 고백한다. "나는 이 땅에는 오직 하나의 거룩하고 보편적인 그리스도의 교회만이 존재한다고 믿는다. 교회는 이 땅에 존재하는 거룩한 자들, 경건한 자들, 믿는 자들의 공동체 또는 모임이다. 그들은 동일한 영을 통해 소집되고, 유지되고, 통치된다. … 나는 이 공동체 안에서 모든 것이 공동의 것이고, 각자의 재물이 다른 사람의 재물이며, 그 누구도 자신의 재물을 소유하지 않는다고 믿는다. 그러므로 나와 모든 신자들에게 공동체의 모든 기도와 선한 행위는 도움을 주고, 힘을 준다."[16)]

교제는 신자들이 그리스도의 몸의 희생을 통해 그리스도와 한 몸이 되었고, 이를 통해 서로와도 한 몸이 되었다는 사실에 근거한다. 말씀을 믿는 자는 성령을 통해 그리스도의 몸과 하나가 되었다. 이기적인 삶은 중지되었다. 이것은 신자들이 신비적 상태로 용해된다는 뜻이 아니라, 사랑을 통해 삶의 완전한 공동체를 이룬다는 뜻이다.[17)] 능력이든지 무력이든지, 의로움이든지 죄악이든지, 평화이든지 고난이든지, 모든 사람을 위해 존재하지 않는 특별한 소유물은 없다.[18)] 그리스도와 인간 사이의 "즐거운 교환"(admirabile commercium),[19)] "재물의 교제"[20)]는 동시에 인간 상호간의 부단한 교환, 무조건적인 삶의 교제이기도 하다.[21)]

---

16) W. A. 2, 219, 1, 11 이하, in: P. Althaus, 같은 책, 55.
17) W. A. 6, 131, 4, in: P. Althaus, 같은 책, 56.
18) W. A. 30 I, 190, 8 이하, in: P. Althaus, 같은 책, 56.
19) W. A. 1, 593, 30, in: P. Althaus, 같은 책, 56.
20) W. A. 12, 486, 8 이하, in: P. Althaus, 같은 책, 56.
21) W. A. 2, 749, 32, in: P. Althaus, 같은 책, 56.

그리스도가 제자들의 발을 씻기기 위해 옷을 벗었듯이, 제자들을 만날 때에 자신의 탁월함과 거룩함을 자랑하지 않았듯이, 우리도 그렇게 해야 한다.[22] 교회의 지체들은 봉사하는 종의 희생적인 모습으로, 모든 고난과 수치와 죄책과 하나가 되는 모습으로 살아야 한다. "우리가 가진 모든 것은 봉사를 위해 존재해야 한다. 만약 우리의 소유가 봉사를 위해 존재하지 않는다면, 그것은 도둑질이다."[23] 모든 은사, 모든 능력, 건강, 평화, 순결은 사랑을 위한 것이고, 형제들을 위한 것이다.[24] "너는 네 십자가를 져야 한다. 하지만 이것은 네가 복을 받기 위해서가 아니라 네 이웃을 유익하게 하기 위함이고, 그가 네 십자가를 보고 자신의 십자가를 질 수 있도록 격려하기 위함이다."[25]

인간은 모든 것을 하나님으로부터 기대하고 자기 자신으로부터는 아무것도 기대하지 않기 때문에 그의 모든 소유와 행위와 고난은 오직 봉사를 위해 열려 있다. 그는 자기 자신을 위해 살지 않고, 전적으로 성도의 교제를 위해 산다. "모든 사람은 다른 사람을 위해 창조되고 태어났다."[26] 이처럼 루터는 삶의 외형적인 재물에 관해서 사랑의 "공산주의"를 거듭 강조했다.[27]

하지만 형제의 약함과 죄를 감당하는 것에 비하면, 사랑의 행위는

22) W. A. 2, 748, 14 이하, in: P. Althaus, 같은 책, 60.
23) W. A. 12, 470, 40 이하, in: P. Althaus, 같은 책, 60.
24) W. A. 2, 606, 1 이하, in: P. Althaus, 같은 책, 60.
25) W. A. 10, III, 119, 9, in: P. Althaus, 같은 책, 60.
26) W. A. 21, 346, 21, in: P. Althaus, 같은 책, 60.
27) W. A. 24, 409, 23 이하, in: P. Althaus, 같은 책, 61.

아주 작은 행위에 지나지 않는다.[28] 루터에 따르면 성도의 교제는 세 가지 단계로 구성된다. 먼저 이웃을 위해 시간과 몸으로 봉사하는 것이고, 그다음은 교훈과 권면과 중보기도로 봉사하는 것이며, 마지막은 가장 고귀한 교제로서 형제의 약함을 지는 것, 곧 은총을 입은 자들이 죄인들과 교제하는 것이고, 건강한 자들이 병자들과 교제하는 것이다.[29] 이런 관점에서 루터는 이기적인 그리스도인을 강하게 비판했다. 그들은 종이 되어야 하고 그들의 경건은 다른 사람을 섬겨야 한다는 사실을 알지 못한다. 바리새인은 단지 하나님에게만 죄를 짓는 것이 아니라, 형제들에게도 죄를 짓는다.[30]

그렇다면 죄인과 그의 죄를 받아들이고 그와 교제한다는 것은 무엇을 의미하는가? "나는 내 이웃을 위해 나의 믿음과 의로움도 하나님 앞에 내려놓아야 하고, 그리스도가 우리 모두를 위해 행한 바로 그대로 마치 이웃의 죄가 자신의 죄인인 것처럼 그의 죄를 덮어주어야 하고, 그의 죄를 감당해야 한다."[31] 하나님의 자녀들은 형제의 편에 설 뿐만 아니라, 형제의 자리에 서야 한다. 진정하고 대리적인 사랑은 심지어 형제를 위해 하나님이 선사하신 구원마저도 포기할 수 있고, 모세와 바울처럼 형제가 구원을 얻기 위해 자신에게는 저주가 내리기를 기도할 수 있다.[32]

---

28) W. A. 10, III, 97, 21; 217, 13 이하, in: P. Althaus, 같은 책, 61.
29) W. A. 15, 499, 13 이하, in: P. Althaus, 같은 책, 61.
30) W. A. 15, 673, 9, in: P. Althaus, 같은 책, 62.
31) W. A. 7, 37 이하, in: P. Althaus, 같은 책, 63
32) W. A. 10, III, 219, 6 이하, in: P. Althaus, 같은 책, 64.

죄인들과의 교제의 규칙은 단지 개인과의 관계를 위해서만 타당한 것이 아니라, 교회에 대한 태도를 위해서도 타당하다. 왜냐하면 교회도 죄를 지을 수 있기 때문이다. 여기서도 한 사람은 다른 사람의 짐을 짐으로써 그리스도의 법을 성취해야 한다. 교회가 타락하고 교황과 사제가 잘못을 범할 때도 사랑의 교제를 중지해서는 안 된다. 분리하고 당파를 형성하는 것은 사랑의 길이 아니다. 교회로부터 도피해서는 안 되며, 교회 안에서 갱신을 위해 일해야 한다.[33)]

루터에 따르면 "성도의 교제"는 성찬 속에서 표현되고, 보증된다.[34)] 루터는 토마스(Thomas von Aquinas)와 같이 성찬을 "사랑의 성례전"[35)]이라고 보았다. 성찬의 의미는 "모든 성도의 교제"[36)]다. 여기서 루터는 아우구스티누스(St. Augustinus)와 토마스처럼 고린도전서 10장 16~17절에 호소한다. "우리가 축복하는 축복의 잔은 그리스도의 피에 참여함이 아니며, 우리가 떼는 떡은 그리스도의 몸에 참여함이 아니냐? 떡이 하나요, 많은 우리가 한 몸이니, 이는 우리가 다 한 떡에 참여함이라." 루터는 바울처럼 성찬의 의미가 한 떡을 먹고 한 잔의 포도주를 마신다는 데 있다고 보았다. 하지만 단지 함께 떡을 먹고 함께 포도주를 마시는 것만이 성도의 교제를 의미하고 선포

33) W. A. 1, 697, 12, in: P. Althaus, 같은 책, 66. 루터는 로마교회와의 관계를 단절하기를 원하지 않았다. 그는 로마교회를 향해 비판하고 꾸짖고 위협하고 애원했지만, 교회의 일치가 파괴되는 것은 원하지 않았다. 만약 루터가 파면(추방)되지 않았다면, 로마교회와 결코 분리하지 않았을 것이다. P. Althaus, 같은 책, 67.
34) W. A. 2, 742 이하, in: P. Althaus, 같은 책, 75.
35) W. A. 2, 745, 25, in: P. Althaus, 같은 책, 75.
36) W. A. 2, 743, 7 이하, 694, 22 이하, in: P. Althaus, 같은 책, 75.

하는 것이 아니다. 떡과 포도주 자체가 이미 성도의 교제를 의미하고 선포한다. 각기 자기 자신의 몸인 낟알은 자신의 개성과 형태를 포기하고 가루가 되어 서로 섞이고 하나의 몸이 되며, 포도송이는 자신의 이기적인 성격을 희생함으로써 포도주로 변하게 된다. 이것은 바로 사랑의 구체적 표현이다.[37] 성찬 속에서 우리는 그리스도와 그리고 모든 성도와 함께 이러한 교제를 나누고 한 몸이 된다는 분명한 증거를 얻는다. 성찬은 우리 모두가 직접 경험할 수 있을 때까지 보존해야 할 이러한 교제의 외형적 담보물이다.[38]

37) W. A. 2, 748, 6 이하, in: P. Althaus, 같은 책, 76.
38) W. A. 2, 756, 36 이하, in: P. Althaus, 같은 책, 76.

3) 본회퍼의 견해

본회퍼(1906~1945)

본회퍼[39]에 따르면 하나님은 그리스도 안에서 인간을 사랑하고, 자신의 마음을 선사하고, 자신을 죄인에게 선사함으로써 인간을 새롭게 하며, 따라서 새로운 교제를 실현한다. 다시 말하면, 하나님의 사랑은 교제를 원한다. 그러므로 하나님의 사랑은 교제를 위한 헌신임과 동시에 교제를 향한 의지다. 사랑의 교제는 서로를 위한 부단한 헌신 위에 세워진다.[40]

하나님이 인간을 위하기 때문에 인간도 하나님을 위할 수 있다. 하나님은 인간과 함께 자신의 뜻을 실현하기를 원한다. 오직 그렇기 때문에 그는 교제를 원한다. 인간은 교제의 목적으로서 하나님의 뜻을 실현하기를 원한다. 그렇기 때문에 그는 때에 따라서는 하나님을 만족시키기 위해 하나님과 더는 교제를 나누려고 하지 않는다. 다시 말하면, 만약 하나님이 원한다면, 그는 하나님의 심판도 자처한다. 교제는 그 자체가 목적이 아니다. 하지만 인간이 그렇게 소원하기 때

39) 본회퍼는 파울 알트하우스가 루터의 교회론에 관한 책『Communio Sanctorum』(1929)을 출간하기 2년 전에, 곧 1927년에 베를린대학에 "Sanctorum Communio"이라는 제목을 붙인 박사학위 논문을 제출했다. 이것은 "교회사회학에 대한 교의학적 연구"라는 부제를 달고 있으며, 베를린 신학대학에서는 매우 드물게 최우수(Summa cum laude) 평가를 받았다. 칼 바르트는 이것을 "신학의 기적"이라고 극찬했다.

40) 디트리히 본회퍼, 유석성, 이신건 옮김,『성도의 교제』(서울: 대한기독교서회, 2010), 153.

문에 그와 하나님의 교제는 깨어질 수 없을 만큼 든든해진다. 왜냐하면 하나님의 뜻은 바로 그들 자신을 위한 교제이기 때문이다. 이것은 하나님 자신을 위한 교제이기도 하다. 그리고 하나님의 뜻은 교제를 원하며, 자신을 전적으로 내어 주는 인간의 의지는 교제 속에서 이루어진다. 왜냐하면 이러한 헌신은 오직 하나님의 헌신을 통해서만 가능해지기 때문이다.[41]

인간은 오직 믿음을 통해서만, 곧 오직 말씀을 통해서만 하나님의 교제 안에 머문다. 오직 믿음 속에서만 우리를 위한 하나님의 교제가 존재한다. 하나님이 그리스도를 통해 인간과 사랑의 교제를 나누기 시작했다는 사실은 믿음의 대상이다. 그리고 이 믿음 자체는 다시금 하나님의 선물인 올바른 믿음이 존재하고 있다는 것을 믿는 믿음일 따름이다. 이웃을 사랑하는 나의 사랑의 교제도 오직 나를 위해 그리스도 안에서 율법을 성취하고 이웃을 사랑한 하나님에 대한 믿음 안에서만 가능하다. 하나님은 나를 교제로, 곧 그리스도의 사랑과 이웃과의 연대관계로 인도한다. 오직 이러한 믿음을 통해서만 나는 남에 대한 나의 행위를 사랑으로 이해할 수 있으며, 우리의 교제를 그리스도교적 사랑의 교제로 믿을 수 있게 한다.[42]

많은 인격들이 서로에게 부단히 헌신함으로써 새로운 인격이 실현되며, 이와 함께 새로운 인격들의 교제가 실현된다. 사랑은 교제를 추구하지 않고도, 또는 바로 교제를 추구하지 않기 때문에 교제를 실

41) 같은 책, 154.
42) 같은 책, 155.

현한다. 자신의 생명을 잃기를 원하는 자는 생명을 얻을 것이다. 오직 그리함으로써 이웃을 향한 하나님의 뜻에 헌신하는 인격들의 삶은 참으로 성도의 교제로 인도한다. 각자는 하나님의 도구로서 그 실현을 위해 봉사한다. 교회는 오직 하나의 목적만을 바라보고 조직된다. 그것은 바로 하나님의 뜻의 실현이다.[43]

본회퍼에 따르면 성도의 공동체가 사랑의 공동체로 나타나는 구체적인 행동은 두 가지로 구분된다. 하나는 교회 지체들의 구조적 공존(共存)이고, 다른 하나는 서로를 위한 지체들의 활동과 대리적 행동이다. 먼저 구조적 공존에 관해 살펴보기로 하자. 본회퍼에 따르면 교회의 지체 중의 하나가 있는 곳에 교회는 힘차게 존재한다. 하지만 교회는 그리스도의 능력과 성령의 능력 안에 있다. 교회 안에서 모든 지체는 성령에 의해 움직인다. 그에게는 하나님이 보낸 자리가 있으며, 성령이 감동하는 의지가 있다. 그러므로 사랑 안에 있는 자는 이웃과의 관계 안에서 그리스도다. 우리의 이웃을 향해 자비를 행하는 사랑 안에서 우리는 하나님이다. 우리는 그리스도처럼 행동할 수 있고, 그렇게 행동해야 한다. 우리는 이웃의 짐과 고통을 짊어져야 한다. 그리스도가 성례전 속에서 우리를 위해 그러하듯이, 우리는 남의 약함과 필요가 마치 우리의 약함과 필요인 것처럼 마음을 열어야 한다. 그리고 나의 수단을 마치 남의 수단인 것처럼 제공해야 한다.[44]

본회퍼에 따르면 그리스도로 말미암아 교회의 지체들이 서로 함

---

43) 같은 책, 157.
44) 같은 책, 159.

께 있다는 사실은 지체들이 서로를 위한다는 사실을 내포한다. 그리스도는 우리의 행위의 척도와 규범이다.(요 13:15, 34 이하; 요일 3:10) 그리고 우리의 행위는 그리스도의 몸에 있는 지체의 행위다. 다시 말하면, 우리의 행위는 그리스도의 사랑의 능력을 입는다. 그 사랑 안에서 모든 사람은 다른 사람에게 그리스도가 될 수 있고, 또 그리스도가 되어야 한다.(고전 12:12; 롬 12:4 이하; 엡 4:4, 12; 골 3:15) 아무도 교회가 없이는 살 수 없듯이, 모두가 교회 덕분에 생활하고 그에 속해 있듯이, 그 자신의 공로도 더는 그 자신의 공로가 아니라 교회에 속한 것이다. 교회는 그리스도 안에서 하나의 생명을 영위한다.[45)]

성도의 교제 안에서 지체들이 서로를 위해 활동할 수 있는 방법을 본회퍼는 다음과 같은 세 가지 행동 속에서 발견한다.

(1) 첫째는 이웃을 위해 자신을 포기하는 활동이다. 이웃을 위해, 곧 이웃의 유익을 위해 나를 포기하는 것은 중요하다. 그리고 이웃 대신에 모든 것을 행하고 떠맡을 자세를 가져야 한다. 필요하다면, 이웃을 위해 자신을 희생해야 하고, 이웃을 위해 대리적인 행동을 해야 한다. 이웃을 위한 자기 포기는 행복의 포기를 의미한다. 매일 다른 사람을 위해 대리적인 삶을 살아야 하며, 재산과 명예뿐만 아니라 심지어는 모든 생활도 포기해야 한다. 인간은 교회로부터 얻은 모든 힘을 바쳐 교회 안에서 일해야 한다. 강한 자의 자질은 교회보다 우

45) 같은 책, 163 이하.

월한 자신을 스스로 자랑하기 위해 주어진 것이 아니라, 모두의 이익을 위해 주어진 것이다.(고전 12:7) 모든 물질적 · 정신적 또는 영적 은사는 교회 안에서 비로소 그 목적을 성취한다. 사랑은 자신의 이익을 포기할 것을 요구한다.

사랑은 이웃을 위해 심지어 하나님과의 교제도 포기할 수 있다. 사랑은 형제들을 위해 하나님의 진노도 기꺼이 감수할 수 있다. 예컨대 모세는 그의 백성과 함께 생명의 책에서 지워지기를 원했다.(출 32:32) 바울은 형제들이 하나님과 교제하기 위해 저주를 받아 그리스도와 분리되기를 원했다. 다시 말하면, 바울은 형제들 대신에 버림을 받기를 원했다.(롬 9:1 이하) 이것은 하나님에 대한 사랑의 역설이다. 바울은 자기 백성을 사랑했다. 하지만 바울은 모든 것보다 하나님을 더 사랑했다. 모세의 태도는 영웅적이었다. 그는 자기 백성과 함께 하나님에게 받아들여지든지, 아니면 버림받기를 원했다. 바울은 그가 사랑하는 백성이 그가 무엇보다 더 사랑하는 하나님과의 교제를 누릴 수 있기를 간절히 원했다. 그리고 그는 자기 백성이 받아야 할 징계를 대신해서 하나님과 자기 백성의 교제와 분리되기를 소원했다. 왜냐하면 바울은 하나님과의 교제와 자기 백성을 실제로 사랑했기 때문이다. 이를 통해 바울은 이웃을 위한 아낌없는 희생의 계명에 순종했다. 그러므로 하나님에게 버림받기를 원하는 바로 그 때에 그는 여전히 하나님과 가장 깊이 결합되어 있다.[46]

46) 같은 책, 164 이하.

(2) 둘째는 남을 위한 기도다. 교회는 하나의 삶을 영위한다. 그리고 오직 개인이 이 삶에 참여할 때에만 하나님과 교제할 수 있다. 그는 하나님과 홀로 대면하지 않고, 성도의 교제 안에서 하나님과 대면한다. 가장 개인적인 기도조차도 이제는 자신에게 속한 것이 아니라 교회에 속한 것이다. 교회는 그를 낳았으며, 그는 교회를 통해 삶을 영위한다. 아무도 홀로 구원을 얻지 않는다. 구원을 얻는 자는 교회 안에서, 교회의 지체로서 다른 지체들과 하나가 되어 구원을 얻는다. 모든 중보기도는 잠재적으로 지체들을 교회 안으로 인도한다. 중보기도의 가치를 의심할수록 더 많은 자기의(自己義)가 사람의 마음속에 뿌리를 내린다. 그럼에도 불구하고 중보기도는 무의미하지 않으며, 누가 기도하든 아무런 차이가 없다.

중보기도는 두 측면에서 이해되어야 한다. 곧 그것은 인간의 행위임과 동시에 하나님의 뜻이기도 하다. 첫 번째 관점, 곧 중보기도가 인간의 행위라는 사실은 교회의 지체들이 함께 서로에게 속해 있다는 사실을 표현한다. 하나님과의 고독한 나의 관계 안으로 제삼자가 들어온다. 더 낫게 표현하면, 중보기도 속에서 나는 다른 사람의 입장에 선다. 물론 나의 기도는 어디까지나 나의 기도일 따름이다. 하지만 나는 그의 고통과 궁핍으로부터 기도하기 시작한다. 나는 실제로 다른 사람 속으로, 그의 죄와 그의 고통 속으로 들어간다. 나는 그의 죄와 질병과 싸운다. 그렇지만 내가 나의 감정이입(感情移入)을 통해 다른 사람의 고통을 함께 느끼거나 나중에 느껴야 하는 것은 아니다. 만약 꼭 그렇게 해야 한다면, 모든 사람들을 위해 한꺼번에 기도할 수는 없을 것이다. 그리고 완전히 동떨어져 살아가는 사람들을 위해서도 기도할 수 없을 것이다. 여기서 모든 심리주의는 사라져야 한다. 교회가 예배 중에 중보기도의 대상으로 여기는, 알 수 없는 항해사들의 죄는 가까운 친구들의 죄보다 더 가벼운 것이 아니다. 왜냐하면 나는 세상의 죄를 통해 나 자신의 죄를 인식하기 때문이다. 또는 같은 말이지만, 그리스도의 죽음을 통해 나 자신의 죄를 인식하기 때문이다.

만약 나 자신의 죄가 인식된다면, 인간은 인류를 위해 기도함으로써 그리스도인으로서 인류에게 행동할 수 있다. 중보기도 속에서 그는 이웃에게 그리스도가 될 수 있다. 중보기도 속에서 남도 자신과 같은 처지에 있다는 슬픈 위로가 인간에게 주어지는 것이 아니다. 만약 하나님이 소원하고 남이 받아들인다면, 남의 허물은 사함을 받으며, 남의 죄는 제거된다.(약 5:15~16; 요일 5:16) 교회는 남의 허물을 짊어진다. 중보기도는 다른 모든 기도처럼 하나님에게 강요하는 것이 아니다. 하지만 만약 하나님 자신이 이를 행한다면, 교회의 능력 안에서 형제는 다른 사람을 속량할 수 있다.

이로써 이웃에 대한 인간의 윤리적 자의식은 완전히 제거된 셈이다. 그는 그리스도인으로서 하나님과 고독한 자신의 관계를 자랑할 수 없다. 그의 능력은 교회로부터 나온다. 그리고 그는 자신의 기도가 얼마나 많은 일을 하는지, 그리고 알지 못하는 사람의 간절한 중보기도가 그에게 어떤 유익을 주는지 결코 알지 못한다. 그는 단지 하나님에게만 무한한 감사를 드리는 게 아니라, 자신을 위해 기도하였고 지금도 기도하고 있는 교회에게도 무한한 감사를 드린다. 만약 하나님을 향한 윤리적 자의식이 일차적으로 십자가에 드러난 그리스도의 대리적인 사랑 때문에 무너진다면, 그다음에는 교회의 중보기도를 생각하는 가운데서 죽는다.

두 번째 관점은 하나님의 뜻이다. 만약 우리가 중보기도를 하나님의 편에서 생각한다면, 그것은 다른 사람에게 하나님의 뜻을 실현하기 위한 개인의 자기 조직화며, 교회 안에서 하나님의 나라 실현에 봉사하기 위한 개인의 자기 조직화다. 중보기도 가운데서 하나님은 자신의 목적을 이루기 위해 모든 교회를 조직화할 수 있는 가장 강력한 수단을 갖는다. 바로 그 가운데서 교회는 자신을 하나님의 뜻의 도구로 인식하며, 매일의 순종 속에서 자신을 조직화한다. 따라서 교회의 가장 큰 동력(動力)은 바로 여기에 있으며, 마귀는 많은 미사를 올리는 화려한 교회보다도 성도들이 기도하는 초가지붕을 더 두려워한다.

그러므로 본회퍼는 교회의 기도를 매우 중요하게 생각한다. 중보기도는 결정적으로 중요하다. 중보기도는 그럴 만한 가치를 갖는다. 하나의 삶을 영위하는 교회는 또한 하나의 기도를 실천해야 한다. 중보기도 속에서 교회는 많은 사람들의 짐을 짊어진다. 그들은 이 짐을 이미 지고 있거나, 지금도 여전히 지고 있다. 그리고 교회는 이 짐을 지고 하나님에게 나아간다. 교회 안에서 한 사람은 다른 사람의 짐을 짊어진다. 중보기도는 하나님이 자신의 뜻을 실현하기 위해 마련한 도구다. 바로 이 사실을 인식할 때, 그리고 오직 그렇게 인식함으로써만 우리는 중보기도를 의미심장하게 인정하고 실천할 수 있다. 또한 중보기도는 이웃과 함께 하는, 이웃을 위한, 그리고 마침내는 이웃을 대신하는 그리스도의 사랑의 본질을 입증한다. 바로 이를 통해 우리는 다른 사람을 교회 안으로 점점 더 깊이 인도할 수 있다. 그러므로 예수의 이름으로 남을 위해 기도하는 한 사람 안에서 온 교회가 기도한다.[47)]

(3) 셋째는 하나님의 이름으로 서로 죄를 용서해 주는 것이다. 교회는 말씀으로부터 용서를 경험하고 죄가 십자가에서 제거되는 것을 보면서 죄를 짊어진다. 만약 교회가 십자가의 말씀 위에 세워지고 예수의 십자가 안에서 화해되고 의롭다고 인정을 받는다면, 교회는 개인의 죄를 스스로 짊어질 수 있다. 교회는 그리스도와 함께 죽었고 부활했으며, 그리스도 안에서 이제 새로운 피조물이 되었다. 교회는 단지 목적을 위한 수단만이 아니라 그 자체로서 목적이기도 하다. 교회는 현존하는 그리스도 자신이다. 그러므로 "그리스도 안에 있다"는 말과 "교회 안에 있다"는 말은 같은 말이다. 그러므로 교회에 올려놓은 개인의 죄를 그리스도가 친히 짊어진다. 그리스도인은 오직 그리스도의 교회 안에서만 생겨나고 존재한다. 그는 교회, 곧 다른 사람들을 의지한다. 한 사람은 사랑의 실천과 중보기도, 완전한 대리를 통한 사죄 속에서 다른 사람을 짊어진다. 사죄는 오직 그리스도의

47) 같은 책, 166 이하.

교회 안에서만 가능하다. 모든 사죄는 대리의 원리, 곧 하나님의 사랑에 근거한다. 하지만 교회는 모든 사람들을 짊어진다. 교회 안에서 지체들은 서로를 위해 살아간다.[48]

48) 같은 책, 170 이하.

4) 로핑크의 견해

로핑크(1934년 출생)

게르하르트 로핑크는 교회가 원래 인격적이고 사회적인 공동체였다는 사실을 입증하기 위해 "코이노니아" 개념과는 다른 언어 현상으로부터 출발한다. 그는 특히 바울이 그리스도인의 상호소통을 위해 자주 사용했던 "알렐론"(서로)이라는 언어에 주목한다. 로핑크에 따르면 이 언어는 교회의 상호 연대성을 "코무니오"(communio) 개념보다 더 인상적으로 드러낸다. 이를 위해 그가 열거한 구절은 다음과 같다.

서로 앞장서서 남을 존경하라(롬 12:10)
서로 합심하라(롬 12:16)
서로 받아들이라(롬 15:7)
서로 충고하라(롬 15:14)
서로 거룩한 입맞춤으로 인사하라(롬 16:16)
서로 기다리라(고전 11:33)
서로를 위하여 같이 걱정하라(고전 12:25)
서로 사랑으로 남을 섬기라(갈 5:13)
서로 남의 짐을 져 주라(갈 6:2)
서로 위로하라(살전 5:11)
서로 건설하라(살전 5:11)
서로 화목하게 지내라(살전 5:13)

서로 선을 행하라(살전 5:15)

서로 사랑으로 참아 주라(엡 4:2)

서로 친절하고 자비로운 사람이 되라(엡 4:32)

서로 순종하라(엡 5:12)

서로 용서하라(롬 12:10)

서로 죄를 고백하라(약 5:16)

서로를 위해 기도하라(약 5:16)

서로 진심으로 다정하게 사랑하라(벧전 1:22)

서로 대접하라(벧전 4:9)

서로 겸손으로 대하라(벧전 5:5)

서로 친교를 나누라(요일 1:7)

여기서 로핑크는 바울이 보낸 편지 속에서 상호협동의 언어구조를 발견한다. 이 언어구조는 "훈계"(파라클레시스)의 양식 속에서 드러난다. 여기서 로핑크는 신약성서의 교회론의 상호협동이라는 주제를 좀 더 선명히 드러내기 위해 위에서 열거한 구절 가운데서 특히 한 가지 특별한 구절, 곧 "서로 건설하라"(살전 5:11)는 교훈을 실례로 든다. 이 구절은 바울의 교회론의 중요한 부분을 볼 수 있게 한다. 그리스도교 건설 이해의 뿌리는 구약성서, 특히 예레미야에 있다. 예레미야는 "세우다"와 "무너뜨리다"라는 한 쌍의 개념을 하나의 주요동기로 삼고 있다. 하나님은 민족들을 건설할 수도 있고, 파멸시킬 수도 있다.(렘 12:14~17) 하지만 이스라엘이 귀양살이를 끝낼 때, 하나님은 새로운 공동체를 건설할 것이다.(렘 31:27~28) 여기서 "건설"이란 일으켜 세우고 살아나게 한다는 뜻이다. 바울은 자기 자신의 소명을 예레미야의 소명에 비추어 이해했다.(롬 1:1~7; 갈 1:15) 그는 예레미야 1장 4~10절에 나오는 건설과 파괴에 관한 표현양식을 이어받았다. 그는 고린도 공동체를 "세우고 무너뜨리지 아니할" 권한을 주님으로부터 받았다.(고전 10:8, 13:10) 곧 사도 바울의 직무는 공동체를 건설하는 것이다.[49]

하지만 여기서 바울은 더 나아가 공동체의 기초를 놓은 일과 그 다음에 계속 건설해 나가는 일을 다시 구별한다. 공동체를 계속 건설하는 것은 다른 사람이 할 일이고, 바울의 중요한 임무는 공동체의 기초를 놓는 일이다.(롬 15:20; 고전 3:6, 10) 예수와 마찬가지로 바울도 마지막 때에 변함없는 하나님의 뜻에 따라 최종적으로 실현될 공동체, 곧 하나님의 백성을 집결하고 건설하는 것을 중요하게 생각했다. 하지만 분명한 점은 하나님의 백성의 건설은 영적으로 성숙해야 할 개인과 관련된 일이 아니라 공동체 전체의 책임에 속한 일이라는 사실이다.[50]

공동체 전체의 상호 책임은 특히 예배를 통해 분명히 드러난다. 바울 당시의 예배는 공동체가 참여할 수 있는, 그리고 갖가지 은사들이 나타나는 다양한 형태를 띠고 있었다. 모일 때마다 저마다 하고 싶은 찬양 노래도 있고, 가르침도 있고, 계시도 있고, 이상한 언

49) G. 로핑크, 정한교 옮김, 『예수는 어떤 공동체를 원했나?』(왜관: 분도출판사, 1985), 165 이하.

50) 같은 책, 166 이하.

어도 있고, 해석도 있다.(고전 14:26) 여기서 이상한 언어, 곧 방언은 황홀경 속에서 알아들을 수 없는 말로 하나님의 위업을 찬양하는 것이다. 하지만 예배 중에 방언을 말하는 사람은 스스로 매우 많은 유익이 있지만, - 바울의 말대로 자기 자신을 건설하지만, - 다른 사람들이 거기서 얻는 유익은 전혀 없다. 왜냐하면 아무도 방언을 알아듣지 못하기 때문이다. 하지만 예언을 하는 사람은 알아들을 수 있는 말을 통해 "건설하고 격려하며 위로를 준다."(고전 14:2~4) 그러므로 바울은 공동체를 위해 건설적으로 질서가 잡힌 예배를 요망한다.(14:26) 황홀경 속의 기도는 오직 모든 사람들에게 그에 대한 해석이 주어질 때에만 허용된다.(14:13, 27~28) 예언도 한 사람씩 차례대로 해야 하며, 뒤죽박죽으로 해서는 안 된다. 왜냐하면 예언도 다른 사람들이 알아들을 수 있도록 해야 하기 때문이다.(14:29~33) 진정한 예배 공동체를 건설하는 것은 단지 예배를 주관하는 자만의 임무가 아니라 모든 사람의 임무이며, 이런 임무는 매우 친밀한 상통(상호소통) 형태를 통해서만 달성될 수 있다는 사실을 바울은 강조한다. 예배 참여자들은 서로 기다려 주고, 서로 반기고, 서로 격려하고, 서로 위로하고, 서로 충고하고, 서로 가르치며, 서로 걱정해 주기를 바울은 원한다.[51]

여기서 로핑크는 예배 공동체 안에서 소통이 이루어져야 한다는 바울의 가르침을 통해 예배 안에서만이 아니라 예배 밖에서도 오늘

51) 같은 책, 168 이하.

날의 그리스도인들에게 얼마나 소통이 이루어지지 않고 있는지를 따갑게 지적한다. 이러한 사실보다 더 심각한 문제는 우리가 이러한 후퇴 자세를 도무지 의식조차 하지 않게 되었다는 사실에 있다. 오늘날 대형 교회는 행정적인 관리는 훌륭하게 하지만, 상호소통을 전혀 하지 않는다. 그럼에도 불구하고 우리는 이런 현상을 정상적인 것으로 여길 뿐만 아니라, 심지어는 하나님의 뜻이라고 정당화한다. 이런 교회 안에서는 신약성서 공동체 생활의 기본 요구들이 실천될 수 없다는 사실을 전혀 알아차리지 못하고 있음을 로핑크는 매우 애석하게 여긴다.[52)]

로핑크에 따르면 바울의 가르침은 예수의 가르침과 실천에 근거해 있다. 가족을 버리고 예수를 따랐던 사람들은 예수로부터 이제는 하나님이 그들의 아버지가 되며(마 23:9), 어머니들과 형제들과 자매들을 넘치도록 얻게 된다(막 10:29~30)는 약속을 받았다. 이것은 하나의 새 가정이다. 단지 예수를 직접 추종하는 사람들만이 아니라 예수의 하나님의 나라 메시지를 받아들이고 그래서 하나님의 뜻을 행하는 모든 사람들은 새 가정에 속하게 된다.(막 3:35) 이로써 전통적인 가족 구조들은 지양되거나 적어도 상대화되었다.

원시 교회는 새 가정의 강령을 충실히 따랐고, 계속 수행했다. 여기서 중요한 역할을 한 사람들은 원시 그리스도교의 사도들과 순회 선교사들이었다. 그들은 예수의 철저한 추종 윤리를 철저히 전수해

52) 같은 책, 171.

나갔고, 자신의 삶 속에서 실현하려고 애썼다. 새 가정에 속한 사람들은 서로를 "형제"라고 불렀고, "자매"라고 불렀다.(마 23:8) 비록 이러한 호칭은 언어적으로 새로운 현상은 아니었지만, 그 바탕을 이루는 맥락은 매우 새로운 것이었다. 원시 그리스도인들의 형제와 자매 관계는 종말론적인 성령 강림의 체험에 근거해 있다. 성령 체험은 종말을 위해 약속된 하나님의 자녀 신분을 의미한다.(롬 8:14~16; 갈 4:5~7)[53]

로핑크는 도망간 노예 오네시모를 형제로 인정한 바울의 태도(몬 1:9~20) 속에서 형제애의 정신이 구체적으로 되살아난 것을 본다. 바울은 오네시모를 단지 형제로 대할 뿐만 아니라, 그를 자신과 일체화한다. "나를 대하듯이 그를 대해 달라, 그의 빚을 내 앞으로 돌려 달라, 그를 받아들임으로써 나에게 호의를 베풀어 달라, 그는 내 마음이요, 내 속에 살아 있는 사람이다." 바울의 이러한 당부를 실천한다는 것은 그리스도인다운 형제애를 실천하는 것과 조금도 다르지 않다. 그리스도인은 형제애를 실천할 의무가 있다. 여기서 로핑크는 성령에 의해 가능하게 된 자매들과 형제들의 새로운 공동유대 속에서 사랑이 신선하고 간절하고 사랑스럽게 꽃피는 모습을 역력하게 목격한다.[54]

더 나아가 로핑크는 신약성서 공동체에 깊이 뿌리를 내리고 있던 형제애가 고대 교회에도 계속 살아 있었다는 증거를 여러 문헌에서

53) 같은 책, 175 이하.
54) 같은 책, 178 이하.

발견한다.[55] 그리스도인 공동체 안에서 형제와 자매라는 칭호는 단순히 하나의 미사여구만이 아니었다. 이것은 이교도 사회에 비해 혁명적인 성격을 띤 배려들이 원칙적으로 모든 역경에 처한 공동체 구성원을 위해 실행되었다는 사실을 말해 준다. 특히 과부와 고아와 노인과 병자들, 일할 능력이 없는 사람들과 실업자, 감옥에 갇힌 사람들과 쫓겨난 사람들, 여행 중에 있는 그리스도인들과 특별한 궁지에 빠진 모든 공동체 구성원들이 각별한 배려와 도움을 받았다. 가난한 사람들에게는 합당한 장례를 위한 배려도 추가되었다.[56]

여기에 열거된 배려 가운데서 특히 주목할 만한 것은 - 오늘날 우리 사회에서도 점점 더 많이 목격할 수 있는 - 실업자들과 무능력자들에 대한 공동체의 배려다. 물론 일을 할 수 있는 사람은 누구나 일을 하도록 요망되었으며, 가능한 대로 일터도 알선해 주었다. 하지만 일을 할 수 없게 된 사람들에게는 공동체에 의한 부양이 보장되었다. 이것은 고대 세계에서는 찾아볼 수 없었던 독보적인 직업 알선의 체제와 사회보장의 조직이 존재했음을 말해 준다. 이것은 상호 협력과 자발적인 기부에 바탕한 것이었다. 기부금은 특히 일요일의 성찬예

---

55) 고린도 교회에 보낸 클레멘스의 편지는 다음과 같이 말한다. "자비와 성실을 통하여 여러분은 수많은 뽑힌 이들이 구제되도록 온 형제 공동체의 유익을 위하여 밤낮없이 서로 다투어 애를 쓰고 있었다. 단순하고 소박하며 원한을 품는 일이 없는 여러분이었다. 어떤 소동과 어떤 분열도 여러분에게는 후회스러운 일이었다. 이웃들이 발을 헛디디는 것을 보고 여러분은 슬픔을 느꼈으며, 그들의 결함들을 여러분 자신의 결함으로 여겼다."(1 Clemens 2, 4~6); 모든 그리스도인들이 서로를 형제와 자매라고 부르는 것을 체칠리우스는 다음과 같이 지적한다. "무차별하게 서로 형제와 자매라고 부르는군요."(Minucius Felix, Octavius 9, 2), 같은 책, 252.

56) 같은 책 253.

식 때에 갹출되었다. 매우 효과적으로 수행되었던 이러한 원호체제는 단지 지역 교회 자체 안에서만 국한된 것이 아니었다. 특별히 어려운 처지에 있던 이웃 그리스도인 공동체들도 도움을 받았다. 특히 로마의 교회는 다른 도시의 공동체들을 원조했다.[57)]

57) 유스티누스는 다음과 같이 말했다. "재력과 선의가 있는 사람이 스스로 헤아려 원하는 대로 헌납을 하고, 그렇게 해서 모인 것이 주례자에게 맡겨지는데, 그것을 가지고 그는 고아와 과부들, 병이나 그밖의 이유로 아쉬운 처지에 있는 사람들, 감옥에 갇힌 사람들, 그리고 공동체 안에 있는 타향 사람들을 찾아가서 도와준다." 같은 책, 253 이

6. 교회의 표지와 속성

1) 교회의 표지

2) 교회의 속성

(1) 하나의 교회

(2) 거룩한 교회

(3) 사도적 교회

(4) 보편적 교회

6. 교회의 표지와 속성

1) 교회의 표지

오늘날 한국에서 교회는 매우 흔한 현상이 되었다. 교회와 교파가 서로 경쟁이라도 하듯이, 중요한 자리에는 어김없이 교회당이 자리를 잡고 있다. 이미 오래전부터 도시의 밤하늘은 십자가의 붉은 빛으로 온통 물들어 있었다. 병원이 많다고 비난할 수 없듯이, 교회가 많다고 비난할 수 없을 것이다. 영혼의 질병을 치유하는 교회가 많다는 사실은 한편으로는 영혼의 질병을 앓고 있는 사람들이 여전히 많다는 사실을 반증하지만, 다른 한편으로는 영혼의 질병을 치유한다는 거룩한 명분 아래 영리를 추구하거나 거짓 처방을 통해 환자를 도리어 병들게 하는 엉터리 교회도 많다는 사실을 반증하는 것이 아닐까? 왜냐하면 악한 사람들은 종교가 보장하는 위장과 은폐를 찾아 종교의 경건 속으로 숨어 들어가려는 성향이 강하기 때문이다.[1] 보석과 귀중품에 가짜가 많이 존재하듯이, 거룩한 교회에도 가짜가 많을 가능성이 매우 크다. 그래서 예수는 알곡 속에 항상 가라지가 섞여 있음(마 13:24~30)을 경계했던 것이다.

1) M. 스코트 펙, 윤종석 옮김, 『거짓의 사람들』(서울: 두란노, 1996), 108.

그렇다면 우리는 참된 교회를 어디서 발견할 수 있는가? 참된 교회와 거짓된 교회를 구분하는 진정한 척도는 무엇인가? 종교개혁자들이 교회의 가장 중요한 표지로 여겼던 것은 하나님의 말씀이다. 그리고 하나님의 말씀이 성례전을 구성하기 때문에 성례전도 교회의 참된 표지에 속한다. 하지만 말씀으로부터 출발한 루터는 시간이 흐르면서 더 많은 표지들을 첨가하기에 이르렀다. 그는 말씀, 세례, 열쇠 권한, 서임, 기도, 찬양과 감사, 고난과 시련을 덧붙였으며, 나중에는 신앙고백, 주기도, 관리(정부) 존중, 결혼 찬양, 복수 포기도 언급했다.[2)]

루터의 영향을 받은 멜랑히톤(Melanchton)이 작성한 "아욱스부르크 고백신조"(Confessio Augustana, 1530) 제7항은 초기 루터의 입장에 따라서 참된 교회를 식별하는 가장 중요한 기준으로서 복음의 순수한 선포와 복음에 따른 성례전의 집행을 강조했다. "항상 하나의 거룩한 그리스도의 교회는 존속한다. 그것은 모든 신도들의 모임이며, 그곳에서는 복음이 순수하게 선포되고 거룩한 성례전이 복음에 따라 집행된다고 가르친다."[3)] 칼뱅도 이런 입장을 분명하게 이어받았다. "말씀을 선포하고 성례를 지키는 것을 우리는 참된 교회와 거짓 교회를 구별하는 표지로 결정했다."[4)] "교회라는 이름에 속지 않기 위해서 우리

---

2) Hans-Martin Barth, Die Theologie Martin Luthers(Gütersloh: Gütersloher Verlaghaus, 2009), 390 이하.

3) H. Steubing(Hg.), Bekenntnisse der Kirche(Wuppertal: R. Brockhaus Verlag, 1985), 42.

4) 죤 칼빈 지음, 김종흡, 신복윤, 이종성, 한철하 공역, 『基督教綱要 下』(서울: 생명의말씀사, 1989), 23.

는 교회를 자칭하는 모든 집단에서 이 표준을 시금석으로 적용해야 한다. 만일 말씀과 성례에서 주께서 인정하신 규칙을 지니고 있다면, 그 집단은 거짓이 아니다."[5] "말씀을 순수하게 선포하고 성례전을 순수하게 집행한다면, 이런 표지가 있는 단체를 교회로 인정해도 좋다는 충분한 보장이 된다. … 이 표지를 보존하고 있는 한, 다른 결점이 많더라도, 우리는 그 공동체를 배척해서는 안 된다."[6]

바르트(1886~1968)

바르트는 성례전보다는 말씀에 더 큰 의미를 부여한 칼뱅의 전통에 따라서 말씀을 참된 교회의 척도로서 강조했다. 바르트에 따르면 "하나님이 인간에게 말씀하셨기 때문에 인간이 그 말씀을 듣는 바로 그곳에 교회가 존재한다. 교회가 참된 용기와 진정한 의의를 가질 수 있으려면, 많은 숫자, 도덕적인 자질, 활동적인 프로그램 또는 외부로 향한 영향력과 인기에서 잘못된 용기를 발휘하고 그 의의를 찾으려는 것을 과감하게 포기하고, 오직 하나님의 말씀을 듣는 것에만 몰두해야 한다."[7] 바르트에 따르면 오직 인간이 하나님의 말씀을 듣는다는 사실만이 교회를 세우고 보존하며, 교회를 참된 교회가 되게 한다.[8] 바르트는 하나님의 말씀 외에, 그리고 그와 나란히 다른 것, 곧 독일인

5) 같은 책, 24.
6) 같은 책, 25.
7) K. Barth, Offenbarung, Kirche, Theologie, 1934, in: Theologische Fragen und Antworten(Zürich: Zollikon, 1957), 167.
8) 같은 책, 168.

의 피와 영웅적인 히틀러를 추종하려던 당대의 교회의 잘못된 시도에 맞서 오직 하나님의 말씀만이 진정한 교회의 표지임을 열렬히 강조했다. 바르트가 주도적으로 작성한 "바르멘 신학선언"(Barmer Theologische Erklärung) 제1항도 다음과 같이 선언했다. "예수 그리스도가 성서에서 증언된 대로 우리가 듣고 신뢰하며 순종해야 할 유일한 하나님의 말씀이다. 이 말씀 외에는 그 어떤 사건들과 권세들, 형상들과 진리들도 하나님의 계시와 교회 선포의 원천으로 인정될 수 없다."[9]

바르트에 따르면 두세 사람이 예수 그리스도의 이름으로 모인 곳, 예수의 말씀을 듣고 그 말씀을 통해 그분의 영과 숨결을 받아들이는 곳에 교회가 있다.[10] "교회가 참된 교회인가?"라는 물음에서 결정적인 해답은 오랜 역사, 예식의 미(美), 교회의 업적과 헌금, 도덕 또는 신학이 아니다. 참된 교회와 잘못된 교회가 갈라서는 분기점은 예수 그리스도가 교회 속에서 힘차게 들려지고 있는지, 그에 대해 질문되고 있는지 여부에 달려 있다. 교회의 진정한 척도는 교회의 성공이나 외적인 안전이나 확장이나 미덕이나 지혜에 있지 않다. 그것은 오직 하나님의 말씀에 있다.[11]

종교개혁자들과 그들을 따르는 개신교 신학자들이 늘 강조해 왔

9) K. Barth, Texte zur Barmer Theologischen Erklärung, hrsg. von Martin Rohkrämer (Zürich: Theologischer Verlag, 1984), 2 이하.
10) K. Barth, Eine Schweizer Stimme, 1938~1945(Zürich: Theologischer Verlag, 1945), 308 이하.
11) K. Barth, Gotteserkenntnis und Gettesdienst nach reformatorischer Lehre(Zürich: Theologischer Verlag, 1938), 175.

듯이, 하나님의 말씀의 피조물인 교회는 항상 하나님의 말씀에 귀를 기울여야 하며, 하나님의 말씀에 순종하려고 노력해야 한다. 만약 교회가 하나님의 말씀을 경시하거나 그로부터 이탈하여 다른 토대를 추구한다면, 그리고 하나님의 말씀이 아닌 다른 말 위에 교회의 기초를 놓으려고 노력한다면, 그런 교회는 진정한 교회가 아니라 교회를 표방한 하나의 인간적인 집단에 불과하다고 말해야 한다. 그러므로 하나님의 말씀은 교회의 진정한 기초일 뿐만 아니라, 교회 비판과 갱신의 유일한 척도가 되어야 한다. 오직 하나님의 말씀만이 교회를 교회답게 한다. 하지만 이것은 "말씀 절대주의" 또는 "말씀 유일주의"를 의미하는 것이 아니다. 말씀이 있는 곳에는 성령도 활동한다. 말씀은 항상 성령과 함께 활동한다. 성령은 "진리의 영"으로서 진리, 곧 하나님의 말씀을 온전히 깨닫게 해 준다.(요 16:13) 그러므로 교회는 항상 말씀에 귀를 기울여야 하며, 말씀을 올바르게 해석하기 위해 노력해야 한다.

하지만 여기서 우리는 종교개혁자들의 가르침에 따라 말씀과 함께 성례전도 교회를 교회답게 하는 본질적이고 중요한 표지와 표준(Criteria)임을 인정해야 한다. 푈만의 주장대로 종래의 가톨릭교회가 말씀을 단지 성례전을 장식하는 언어의 화환으로만 보는 위험에 빠졌다면, 자유주의 신학은 거꾸로 성례전을 단지 말씀을 둘러싸고 있는 제의적인 테두리로만 보는 경향에 기울었다.[12] 예컨대 하르낙에

12) H. G. 푈만, 이신건 옮김, 『교의학』(서울: 신앙과지성사, 2012), 425.

따르면 말씀과 신앙이 아닌 다른 모든 것은 중요하지 않다.[13] 개신교는 영적인 종교로서 사제와 제사와 은총의 조각들과 의식이 없는 종교다.[14] 트뢸취에 따르면 성례전은 단지 말씀의 특별한 형태, 특별한 축제 형태로 말씀을 전달하는 행위, 공동생활과 신앙고백의 행위일 따름이다.[15] 슈테판은 심지어 성례전을 본질적으로 그리스도를 대적하는 것으로 본다. 왜냐하면 성례전은 처음부터 하나님의 현존의 체험을 사물과 연결하고, 기독교의 고유한 특징인 인격적인 삶의 중요한 역할을 수행하지 않기 때문이다.[16]

하지만 바르트에 따르면 마치 왕이 그의 인장 속에 현존해 있고 편지의 내용에 무게를 주듯이, 성례전도 지금 행동하는 그리스도의 표징으로서 설교와 동등한 가치를 가진다. 세례와 성찬은 구원의 역사(歷史)와 하나님의 말씀의 출발점과 종점이다. 세례의 표징 속에서 교회는 자신이 어디서 왔는지를 생각한다. 교회는 하나님의 말씀을 통해 창조되었다. 성찬의 표징 속에서 교회는 자신이 어디로 가고 있는지를 생각한다. 교회는 하나님의 말씀을 통해 유지된다.[17] 틸리히에 따르면 성례전은 하나님의 영의 매개체로서 인간의 의식(意識)을 지향하는 말씀과 함께 중요하다.[18]

알트하우스에 따르면 성례전도 인간을 향한 하나님의 말씀, 곧 하

---

13) A. v. Harnack, Wesen des Christentums, 1900, hg. von Bultmann, 1950, 174.
14) 같은 책, 159.
15) E. Troeltsch, Glaubenslehre, 1925, 371, 375.
16) H. Stephan, Glaubenslehre, 2. Aufl., 1927, 219.
17) K. Barth, Gotteserkenntnis und Gottesdienst nach reformatorischer Lehre, 188.
18) P. Tillich. Systematische Theologie III, 145.

나님의 인격적인 사랑이고, 자신의 친교 안으로 인간을 초대하는 부름이다. 성례전이 주는 은총은 선포된 복음과 전혀 다르지 않다. 성례전과 복음을 서로 비교할 때, 이 둘은 서로 다른 은총이 아니다. 비록 이 둘은 다른 방법으로 주어지지만, 하나의 동일한 은총이다. 우리에 대한 하나님의 인격적인 행동, 곧 말씀은 여러 형태로 우리에게 온다. 최초의, 그리고 근본적인 형태는 입을 통한 선포다. 이것 외에 성례전도 있다. 따라서 말씀과 성례전이 나란히 있는 것이 아니라, 입을 통한 선포와 성례전이 나란히 있다. 이 둘은 말씀의 다른 형태다.[19)]

알트하우스(1888~1966)

라너(1904~1984)

오랫동안 말씀을 경시해 왔던 가톨릭교회는 오늘날에 이르러서는 말씀을 단지 구원의 수단인 성례전을 위한 교육적인 준비과정으로만 보지 않고, 말씀이 그 자체로서 구원의 수단이 된다는 점을 점점 더 강하게 인식하고 있다.[20)] 라너에 따르면 말씀은 구원의 능력이 있는 말씀으로서 자신이 선포하는 것을 가지고 온다.[21)] 만약 말씀이 성례전이라면, 거꾸로 성례전의 핵심은 말씀이다. 말씀은 성례전의 형태로서 성례전의 결정적인 순간을 보여준다.[22)] 말씀은 단지 교훈만을

19) P. Althaus, Die christliche Wahrheit, 7 Aufl., 1966, 537 이하, 542 이하.
20) H. G. 푈만, 앞의 책, 429.
21) K. Rahner, Schriften zur Theologie IV, 321, in: H. G. 푈만, 앞의 책, 429.
22) 같은 책, 314, in: H. G. 푈만, 앞의 책, 429.

주기를 원하는 것이 아니라, 선포된 대상이 친히 다가오는 선언이 되기를 원한다.[23] 제2차 바티칸 공의회도 다음과 같이 설교의 중요성을 강조하기에 이르렀다. "교회는 성서를 주님의 몸 자체처럼 항상 존중해 왔다. 왜냐하면 교회는 특히 거룩한 예전을 통해, 그리스도의 몸의 식탁에서도 그러하듯이, 하나님의 말씀의 식탁에서도 생명의 빵을 중단 없이 취하기 때문이다."[24]

하지만 오늘 특히 한국 교회의 강단은 매우 우려스러울 정도다. 하나님의 말씀의 중요성은 날로 퇴색해 가고, 그 자리에 설교의 본질과 전혀 상관이 없는 사람의 말들이 위세를 떨치고 있다. 한국 교회는 오래전부터 하나님의 말씀을 순수하게 선포하기는커녕, 이런 자세를 도리어 어리석거나 낡아빠진 행태로 간주하고 있다. 비록 형식적으로는 말씀을 읽고 말씀의 권위를 내세우는 듯하지만, 많은 설교자들이 하나님의 말씀을 진지하게 해명하고 이를 적용하려고 애쓰기보다는, 세상의 유행을 따르는 교양이나 처세술이나 세속적인 성공의 방법을 전파하고 있다. 많은 설교자들이 교인의 심기를 건드릴 만한 본문은 의도적으로 회피하며, 그런 본문을 선택할 경우에도 본문의 진정한 의도를 교묘하게 왜곡하거나 적당하게 얼버무린다. 오늘날 대부분의 설교자들은 교회 성장에 도움이 되지 않을 법한 말씀은 거의 설교하지 않으며, 재력이나 권력을 가진 교인들의 눈치를 보기에 급급하다. 세상의 유행에 맞춘 가벼운 잡담들이나 유머가 한국 교

23) 같은 책, 323, in: H. G. 푈만, 앞의 책, 429.
24) H. G. 푈만, 앞의 책, 429.

회의 강단을 점점 더 점령해가고 있다.

성례전, 특히 성찬식은 어떠한가? 한국 교회는 대개 설교에 비해 성찬식을 그다지 강조하거나 집행하지 않는 편이며, 교회 절기에 맞춰 이따금 집행되는 성찬식도 매우 형식적 · 의례적으로 진행되고 있다. 그리고 어떤 절기에 집행되더라도, 성찬의 의미는 언제나 예수의 희생적 고난에만 초점이 맞춰진다. 그러므로 성찬이 갖는 다른 중요한 의미들, 예컨대 감사와 축제와 교제의 의미는 그다지, 아니 전혀 강조되지 않는다. 성찬의 교환적 · 소통적 · 교제적 특징은 교회의 수직적 · 계급적 구조와 교회 건물의 폐쇄적 구조 때문에 전혀 힘을 발휘하지 못하고 있다. 오늘날 하나님이 기뻐하는 진정한 교회를 우리는 정말 어디서 발견할 수 있을까? "아담아, 네가 어디 있느냐?"(창 3:9)라고 물었던 하나님은 이제는 "교회야, 네가 어디 있느냐?"고 묻고 있지 않을까?

2) 교회의 속성

앞에서 우리는 참된 교회를 식별하고 이를 거짓 교회와 구별하는 척도로서 교회의 표지를 살펴보았다. 하지만 많은 신학자들은 전통적으로 "하나의 거룩하고 보편적이고 사도적인 교회"를 교회의 표지라고 불러왔다. 물론 우리는 이 네 가지 속성을 참된 교회를 잴 수 있는 척도와 표준으로 삼을 수 있고, 그래서 이를 교회의 표지라고 부를 수도 있다. 하지만 엄밀하게 말한다면, 이 네 가지 속성은 교회의 표지라기보다는 이 세상 안에서 교회가 어떤 형태로 인식될 수 있는지를 지시하는 것, 곧 교회의 표징(signa) 또는 교회의 특징(notae)이라고 할 수 있다. 비록 사도신경은 "하나의 거룩하고 보편적인 교회"를 고백하지만, 니케아 콘스탄티노플 신조(381년)는 "하나의 거룩하고 보편적이고 사도적인 교회"를 고백한다. 진정한 교회는 이처럼 세 가지 또는 네 가지 속성을 특징으로 삼고 있다.

몰트만(1926년 출생)

몰트만에 따르면 이와 같은 교회의 네 가지 특징들은 무엇보다도 그리스도의 활동의 특징들이다. 하나의 거룩하고 보편적이고 사도적인 교회를 승인하는 것은 그리스도의 결합하고 성화하고 포용하고 위임하는 주권을 승인하는 것이다. 교회의 일치는 무엇보다도 교회 구성원들의 일치가 아니라, 모든 공간과 모든 시간 속에서 그들 모두에게 활동하는 그리스도의 일치다. 교회의 거룩함은 무엇보다도 교회의 구성원들이나 제의적 기구들의 거룩함이 아니다. 그것은 죄인들에게 활동하는 그리스도의 거룩함이다. 교회의 보편성은 원초적으로 교회의 공간적 확장이거나, 또는 교회가 원칙적으로 세상에 개방되어 있다는 사실이 아니다. 그것은 하늘과 땅의 모든 권세를 받은 그리스도의 무한한 주권이다. 교회의 사도적 성격도 그리스도와 성령의 보내심의 틀 안에서 이해되어야 한다. 성령 안에서 그리스도의 사도들에 의해 창설된 교회의 임무는 세상 안에서 사도적이다. 교회는 그리스도의 교회로서 하나의 거룩하고 보편적이고 사도적인 교회일 수밖에 없다.[25)]

(1) **하나의 교회**(una ecclesia)

우리는 오직 하나의 교회만을 믿는다. 교회는 오직 하나다. 아무리 많은 교인들이 존재하더라도, 교회가 하나라는 사실은 교회의 본질에 속한다. 교회는 두 가지나 세 가지 종류가 아니다. 하나님이 신적인 존재의 부요함 속에서 한 분이듯이, 그리스도가 만인의 머리로서 만인을 자신 안에서 통일하듯이, 성령이 은사의 풍부함과 다양성 속에서 한 분이듯이, 교회도 오직 하나다.[26)] 이처럼 교회의 단일성은 자연적 · 윤리적 · 사회적 · 외적 현상이 아니라 영적 현상이다. 교회의 단일성은 하나님과 그리스도와 성령의 단일성에 근거해 있고, 세례와

---

25) J. 몰트만, 박봉랑 외 4인 옮김, 『성령의 능력 안에 있는 교회』(서울: 한국신학연구소, 1980), 360 이하.
26) K. Barth, KD IV/1, 746.

성찬과 신앙과 희망과 사랑, 세상에 대한 봉사의 동일성(엡 4:1~7)에 근거해 있다. 교회는 하나이며, 따라서 하나라야 한다.[27] 바르트에 따르면 "교회가 하나다."는 사실은 다음과 같은 뜻을 가지고 있다.

① 보이는 교회와 보이지 않는 교회는 두 개의 교회가 아니라 하나의 교회다. 보이는 교회는 지상적 · 역사적 존재이고, 보이지 않는 교회는 보이는 교회 위에, 또는 그 뒤에 있는 초자연적이고 영적인 존재가 아니다. 양자는 하나의 같은 교회다. 보이는 교회는 전적으로 보이지 않는 교회로부터 살고 있으며, 보이지 않는 교회는 보이는 교회 안에서만 나타난다.

② 싸우는 교회와 승리한 교회는 두 개의 교회가 아니라 하나의 교회다. 지금 살아 있는 교인들만이 아니라 이미 죽은 교인들도 교회 안에서 권리를 갖고 있고, 말하고 있으며, 일하고 있다. 그리스도는 승리한 교회만이 아니라 싸우는 교회 안에도 현존하고 있다. 그리고 싸우는 교회는 승리한 교회를 바라보며, 종말론적으로 존재한다.

③ 이스라엘 백성과 그리스도의 교회는 서로 다른 현상과 모습에도 불구하고 서로 분리할 수 없는 하나의 공동체다. 이스라엘과 교회라는 두 형태를 가진 하나의 공동체는 예수 그리스도의 이중적 선택을 반영한다. 곧 예수 그리스도가 십자가에 달린 이스라엘의 메시아임과 동시에 부활한 교회의 주님이라고 하는 이중적인 규정은 바로 공동체의 이중적 실존 형태 안에 반영된다. 교회는 바로 이스라엘이

---

27)한스 큉, 이홍근 역, 『교회란 무엇인가』(왜관: 분도출판사, 1978), 164 이하.

고, 이스라엘은 곧 교회다.

④ 지역적으로 나누어지고, 그래서 서로 다른 교인들은 하나의 교회다. 보이지 않는 교회는 모임의 구체적인 사건 안에서 보이는 교회이기도 하다. 교회는 장소와 개인들의 적성의 차이에 따라 서로 다른 환경, 역사, 언어, 풍습, 생활과 사고의 방식을 지닌다. 그럼에도 불구하고 교회는 전체로서 하나의 교회다.[28)]

하지만 우리는 여기에 하나를 덧붙여야 한다. 잠재적 교회와 명시적 교회도 둘이 아니라 하나의 교회다. 그리스도는 명시적 · 제도적 교회 안에서 가장 분명하게 현존하지만, 그리스도는 명시적 · 제도적 교회보다 더 크다. 비록 명시적으로 그리스도를 고백하지 않고 제도적 교회 안으로 들어오지 않을지라도, 여전히 그리스도의 현존 안에서 살아가는 이른바 "익명적 그리스도인들"(칼 라너)과 그들의 모임도 교회로 인정해야 한다. 왜냐하면 성서는 그리스도가 교회를 포괄하면서도 교회보다 더 크게 존재하는 또 다른 방식을 말하고 있기 때문이다.

먼저 그리스도는 세상 안에서 가장 작은 형제들, 곧 굶주린 자들, 목마른 자들, 나그네들, 헐벗은 사람들, 병든 사람들, 감옥에 갇힌 자들 사이에서 숨어서 현존한다. 그러므로 그리스도는 자신을 그들과 동일시한다.(마 25: 31~26) 그러므로 가장 작은 자들을 향해 요구되는 것은 단순한 사랑이 아니라 신앙이다. 따라서 작은 자들 속의 그리스

---

28) K. Barth, KD IV/1, 746 이하.

도의 현존은 먼저 교회론에 속하고, 바로 그다음에야 비로소 윤리에 속한다.[29] 그리고 그리스도는 우주 안에서 실존한다. 에베소서와 골로새서는 온 우주를 포괄하는 그리스도의 구원 능력에 관해 말한다. 이런 의미에서 바르트는 하나님 안의 그리스도의 존재와 공동체 안의 그리스도의 존재와 나란히 예수 그리스도가 존재하는 또 다른 방식을 인정한다. 비록 우주 안에 숨겨져 있고, 그의 공동체가 그를 인식하는 것처럼 아직 인식하지는 못하지만, 그리스도는 이미 지금 만유의 통치자로서, 모든 것에 대한 머리로서 우주 안에서 실존하고 활동하고 있다.[30]

다른 한편으로 교회의 단일성은 교회의 다양성을 전제한다. 곧 하나의 교회는 다수의 지방교회, 다수의 지역교회, 다수의 유형적 특성을 가진 교회를 전제한다. 교회의 단일성은 다양성을 전제할 뿐만 아니라, 새로운 다양성을 낳는다. 신약성서에 따르면 그리스도의 교회는 중앙집권적 평준화와 전체주의적 획일성의 교회가 아니다. 예배도 다양하고, 신학도 다양하고, 교회의 질서도 다양하다.[31] 복수성과 다양성 때문에 반드시 싸움과 적의와 분열이 일어나는 것은 결코 아니다. 다양한 교회들이 서로 합법적임을 인정하는 한, 그래서 서로 교회다운 친교, 특히 예배와 성찬의 친교를 유지하는 한, 그리고 이로써 서로 돕고 함께 일하며 곤경과 박해를 당할 때 서로 의지하는

---

29) J. 몰트만, 앞의 책, 142 이하.
30) K. Barth, KD, IV/3, 865 이하.
31) 한스 큉, 앞의 책, 165 이하.

한, 교회의 다양성에는 이의가 있을 수 없다. 상이한 교회들 사이에 아무리 깊은 차이가 있더라도, 그것은 그리스도의 교회의 단일성에 의하여 모두가 하나라는 확신으로 감싸여 있다. 아무리 차이가 두드러지고 뿌리가 깊다 하더라도, 그것은 교회를 갈라놓는 성질의 차이가 아니며, 교회 분열을 의미하는 것도 아니다.[32)]

그러므로 교회의 일치는 "자유 속의 일치"라고 할 수 있다. 그것은 인식과 감정, 품성의 만장일치 또는 획일화가 아니다. 교회의 일치는 강압되거나 통제되어서는 안 된다. 그것은 복음적 일치이지, 율법적 일치가 아니다. 그것은 다양성 속의 일치다.[33)] 교회는 하나일 뿐 아니라, 다양하다. 교회는 다양하며, 가지각색이다. 성서(예컨대 고전 12:13; 갈 3:23~29; 골 3:11)는 교회의 인종적 · 사회경제적 · 계층적 다양성을 경축한다. 신약성서는 그리스도 안에서 우리가 소유하고 있는 일치를 강조할 뿐 아니라, 이러한 일치를 불가사의한 것이 되게 하는 다양성을 강조한다.[34)]

하지만 다른 한편으로 교회의 일치는 "일치 속의 다양성"이다. 증오와 고집, 강압이 있는 곳에서 교회의 교제는 위협을 당한다. 교회의 일치는 획일화만이 아니라 다원주의를 통해서도 파괴될 수 있다. 지배와 분열을 통해 단지 교회만이 분열되는 것이 아니라, 그리스도 자신도 분열된다.(고전 1:13)[35)] 그러므로 한스 큉의 말대로 교회 분열

32) 같은 책, 158.
33) J. 몰트만, 앞의 책, 364 이하.
34) 하워드 스나이더, 최형근 옮김, 『교회 DNA』(서울: Ivp, 2006), 27.
35) J. 몰트만, 앞의 책, 364 이하.

은 하나의 음울한 수수께끼요, 부조리하고 어이 없고 있을 수 없는 사실이요, 하나님의 뜻과 인간의 구원에 역행하는 사실이다. 그러므로 우리는 교회 분열을 합리화해서는 안 된다. 죄를 합리화해서는 안 되듯이, 교회 분열도 합리화해서는 안 된다.[36)]

한스 큉(1928년 출생)

비록 우리는 신학적으로 "교회가 하나다."라고 고백하지만, 불행하게도 실제로 교회는 온갖 이유로 말미암아 서로 분열되어 있다. 많은 교회들이 다른 교회들을 예수 그리스도의 교회로 인정하지 않는다. 기껏해야 서로에 대해 관용적인 입장을 보일 뿐이며, 심지어는 서로 다투고 대적하기도 한다. 바르트의 말대로 교회 분열은 그 자체로서 어두운 수수께끼, 스캔들이다.[37)]

특히 한국 교회의 분열 현상은 참담할 정도로 심각하고, 도저히 극복하기 어려울 정도로 매우 절망적이다. 세계에서 한국 교회만큼 갈가리 찢겨 있고 흉하게 나눠져 있는 교회가 어디에 있는가? 세계에서 가장 빠르게, 아니 세계에서 유례를 찾아볼 수 없을 정도로 기적

---

36) 한스 큉에 따르면 사람들이 교회의 분열을 정당화하기 위해 다음과 같은 도피책을 찾는다. 첫째 도피책은 분열된 가시적 교회에서 분열이 없는 불가시적 교회로 도피하는 것이다. 둘째 도피책은 교회의 분열을 하나님의 뜻대로 일어난 정상적인 교회의 발전이라고 설명하고, 교회의 화해는 종말의 완성에서나 기대할 수 있다는 것이다. 셋째 도피책은 교회 분열의 결과인 대립된 교회들을 한 나무에 달린 서너 개의 큰 가지라고 설명하는 것이다. 넷째 도피책은 하나의 경험적 교회만이 그리스도의 교회와 동일하다고 주장하면서, 다른 모든 교회를 교회로 인정하지 않는 것이다. 한스 큉, 앞의 책, 170 이하.

37) K. Barth, KD IV/1, 746 이하.

적으로 성장했다는 한국 교회의 자부심은 세계에서 가장 크게, 가장 심각하게 분열되어 있는 비참한 현실 앞에서 완전히 빛을 잃고 만다. 세계의 대형 교회 가운데서 여섯 개의 교회가 한국에 있다는 긍지도 세계에서 가장 많은 이단과 사이비 교회가 한국에 있다는 기막힌 현실 앞에서 완전히 무색해지고 만다.

지금도 한국 교회는 한국 사회에서 일치와 화해의 증인이라기보다는 도리어 분열과 갈등의 근원이 되고 있다. 그렇다면 참담하게 분열되어 있는, 아니 날이 갈수록 점점 더 분열되어가는 교회를 어떻게 하나로 일치시킬 수 있겠는가? 분열된 교회를 하나가 되게 하는 방법은 무엇인가? 아니 교회 일치의 신학적 원리는 과연 무엇인가?

몰트만에 따르면 다양성 안에서 일치의 근원으로 돌아가고, 일치 안에서 자유의 근원으로 돌아가는 것이 중요하다. 그리스도는 일치의 근원이다. 그러므로 그리스도의 성찬 안에서 그리스도의 개방된 친교를 경험하는 것이 중요하다.[38] 성찬의 초대는 우리 모두를 위해 죽은, 자신을 내어준 그리스도의 초대 요청이다. 음식을 바라보며 초대하는 그리스도의 손은 십자가에서 펼쳐졌던 손처럼 그렇게 넓게 펼쳐져 있다. 펼쳐지고 구멍이 난 그리스도의 손을 교회가 다시 굽혀도 될 이유가 전혀 없다. 십자가에 달린 분의 초대를 듣고 나아오는 사람들에게 성찬의 초대를 거절할 이유가 전혀 없다. 그러므로 먼저 그리스도의 성찬을 함께 거행해야 하고, 그런 다음에 성찬의 이론에

38) J. 몰트만, 앞의 책, 365 이하.

관해 신학적으로 토론해야 한다. 왜냐하면 우리가 성찬을 통해 축하하는 것은 그리스도의 현존이지, 성찬신학의 정당성이 아니기 때문이다. 교회 일치를 위해 신학적으로 대화해야 할 곳은 성찬을 거행한 후의 식탁이지, 성찬을 받기 전의 문 밖이 아니다. 그리스도의 식탁 초대가 모든 교회에서 실천되어야 하고, 그렇게 함으로써 분리된 교회가 그리스도 안에서 한 몸을 이룬다는 사실을 깨닫고, 자신의 분리를 극복해야 한다.

따라서 분리된 교회의 친교는 교리와 조직 형태의 피상적 비교를 통해서 이루어지는 것이 아니라, 오직 모든 교회가 자신의 토대와 뿌리에 도달함으로써만 이루어질 수 있다. 그래서 몰트만은 다음과 같이 말한다. "십자가 아래서 우리는 모두 빈손으로 서 있다. 우리가 드릴 수 있는 것이라고는 오직 죄책의 짐과 우리의 공허한 마음뿐이다. 십자가 아래서는 개신교와 가톨릭교회와 정교회가 중요하지 않다. 그곳에서는 불경한 자들은 의롭게 되고, 원수가 화해되고, 갇힌 자들이 해방되고, 가난한 자들이 부유하게 되며, 슬픔에 잠긴 자들이 희망으로 가득 채워진다. 그러므로 우리는 십자가 아래서 그리스도의 자유를 함께 누리는 자녀들이 되고, 성령의 교제를 함께 나누는 친구들이 된다."[39)]

푈만에 따르면 교회가 구원의 유일한 근거인 그리스도와 함께 서고 넘어진다면, 교회의 일치도 그리스도와 함께 서고 넘어진다. 구원

39) 위르겐 몰트만 지음, 이신건, 이석규, 박영식 옮김, 『몰트만 자서전』(서울: 대한기독교서회, 2011), 296 이하

의 유일한 근거인 예수 그리스도를 거부하는 자는 "다른 복음"을 가르치고, 교회로부터 분리된다.(갈 1:6 이하; 고후 11:1 이하) 구원의 유일한 근거를 의심하는 교회와 함께 하나가 되는 것은 불가능하다. 그러므로 이른바 합산방법(교파의 이론적인 차이를 하나의 진리의 다른 측면으로 간주하고, 이를 합하는 방법)을 통해, 또는 이른바 감산방법(교파의 공통적인 요소를 확정하고 모든 차이점은 제외하는 방법)을 통해, 또는 상대주의로부터 출발하거나 진리를 위해서가 아니라 오직 일치만을 위해 일치를 추구함으로써 신학 외의 다른 요소를 포기하는 방법을 통해 교회의 일치를 만들 수는 없다. 참된 일치는 진리 안의 일치다. 신약성서에서 일치는 그 자체로서 목적이 아니라, 하나의 양립적인 실재다.(요 17:20~21; 계 17:13) 단지 교파적인 무관심만이 아니라, 세계교회를 꿈꾸는 낭만주의와 교파의 경계선을 지워버리는 열광주의도 진리에 대한 진지성을 결여하고 있다. 진리를 위해 일치를 추구하기보다는 단지 일치를 위해 일치를 추구하는 연합주의만이 잘못이 아니라, 불안하게 자신의 경계선을 지키고 완고하게 비타협주의를 고집하는 교파주의도 잘못이다. 결정적인 것은 교회를 갈라놓는 차이점과 단순히 이론을 갈라놓는 차이점을 구분하는 것이다. 교파 간의 차이점이 교회를 갈라놓는지, 아니면 단순히 이론만을 갈라놓는지, 심각한지, 아니면 가벼운지를 결정하는 척도는 구원의 유일한 근거인 그리스도다.[40)]

40) 로마 가톨릭교회는 구원의 유일한 근거인 그리스도를 의심스럽게 하는, 구원을 위해 반드시 믿어야 할 구원론의 부수 조항을 만들었다. 제2차 바티칸 공의회는 마리아의 무

한스 큉은 교회 일치의 신학적 원리를 다음과 같이 좀 더 구체적으로 제시한다. (1) 기존의 공통된 교회 현실을 인정할 것, (2) 자기 교회 안에서 다른 교회를 고려하면서 공통점을 현실화할 것, (3) 진리를 희생하지 말고 재발견할 것, (4) 예수 그리스도의 복음 전체를 일치의 규범으로 삼을 것.[41)]

(2) 거룩한 교회(sancta ecclesia)

교회는 때로는 어둡고 부패한 세상 속에서 빛과 소금의 역할을 훌륭하게 수행하였지만, 때로는 어둔 세상을 빛으로 밝히기보다는 도리어 더 어둡게 만들었고, 부패한 세상에 소금을 치기보다는 부패하게 만드는 설탕과 아편을 주었다. 그러므로 교회의 역사는 선교의 역사임과 동시에 죄악의 역사이기도 하다. 이미 신약성서의 편지들은 교회가 얼마나 깊은 죄악의 현실 속에 빠져 있었는지를 생생하게 증언하지 않는가! 예컨대 이미 일찍부터 교회는 난잡한 유흥과 술 취함

흠 잉태, 무죄성(1854)과 육체적 승천(1950), 교황의 무오류성(1870)과 같이 교회를 갈라놓는 교리들을 분명히 수용했다. 다른 한편으로 제2차 바티칸 공의회의 교회헌장(De ecclesia)은 종교개혁자들의 원래적인 관심을 철저하게 수용했고, 다음과 같은 문장 안에서 교회 일치를 위한 하나의 이정표를 제공했다. "오직 그리스도만이 구원의 중보자와 구원의 길이다."(Unus Christus est Mediator et via salutis) 루터교회와 로마 가톨릭교회는 1999년 10월 31일에 아욱스부르크(Augsburg)에서 서명한 "칭의론에 대한 공동선언"(1997) 속에서 그리스도가 구원의 유일한 근거라는 점을 더 분명하게 고백했다. 이 선언에 따르면 루터교회와 가톨릭교회는 "모든 일에서 그리스도를 고백하는 공동 목표를 가지며, 오직 그리스도만을 유일한 중보자로서 가장 신뢰한다."(18) 두 교회는 다음과 같이 공동으로 선언했다. "우리는 우리의 공로 때문이 아니라 그리스도의 구원 행위에 대한 믿음 안에서 오직 은총만으로 하나님에 의해 받아들여진다."(15) "우리는 오직 그리스도를 통해서만 의롭게 된다."(16) H. G. 푈만 , 앞의 책, 473 이하 참조.

41) 한스 큉, 앞의 책, 171 이하.

과 음란과 퇴폐와 다툼과 질투(롬 13:13~14)와 음행과 호색과 우상숭배와 주술과 원수를 맺는 것과 분쟁과 시기와 화내기와 이기심과 편가르기와 분열과 이단과 방탕(갈 5:19~21)에서 자유롭지 못했다. 교회는 유대인을 박해했고, 십자군 전쟁을 일으켰으며, 이단을 재판하고 마녀를 색출한답시고 무고한 사람들을 억울하게 박해했고, 종교 전쟁을 일으켰다. 근대에 이르러 교회는 식민주의 확장과 침략 전쟁을 부추기고 정당화했으며, 양심과 사상을 억압하고 단죄했으며, 노예제도를 지지했다.

한국 교회의 역사도 수많은 죄악으로 점철되어 왔다. 예컨대 일본제국과 독재 정권과 영합했고, 셀 수 없이 많은 교파와 교회로 분열했으며, 교회를 독점하고 사유화했으며, 교회를 자식에게 세습하는 등 온갖 비리와 비행을 저질렀다. 그러면서도 하나님과 민족 앞에 자신의 죄악을 솔직히 고백하기를 꺼렸을 뿐만 아니라, 도리어 죄악을 정당화하고 미화하곤 했다. 이처럼 추악한 죄악으로 얼룩진 교회를 보면서도 여전히 우리는 "교회가 거룩하다!"고 감히 고백하며, 사도신경에 따라서 주일 예배 때마다 "거룩한 교회"를 믿는다고 거리낌 없이 말할 수 있는가?

교회는 결코 스스로 거룩하지 않다. 그럼에도 불구하고 지금까지 우리가 "거룩한 교회"를 믿고 고백하는 까닭은 어디 있는가? 교회가 거룩한 것은 스스로 거룩하기 때문이 아니라, 교회가 그리스도 안에 있기 때문이다. 교회의 거룩함은 교회의 머리인 예수 그리스도의 거룩함의 반영이다. 교회는 예수 그리스도의 거룩함에 참여함으로써 거룩해진다.[42] 그래서 바울은 그의 편지에서 그리스도인들을 "예수 그리스도 안에서 거룩하게 된 자들"(고전 1:2), "그리스도 예수 안에 있는 성도들"(빌 1:1)이라고 부른다. 거룩함의 주체는 교회가 아니라 하나님이다. 곧 하나님이 그리스도를 통해 무신론자를 부르심으로써, 죄인을 의롭게 하심으로써, 잃어버린 자들을 받아들임으로써 교회를 거룩하게 한다. 그러므로 "성도들의 공동체"(communio sanctorum)는 동시에 "죄인들의 공동체"(communio peccatorum)이기도 하며, "거룩하게 된 교회"는 동시에 "죄에 빠져 있는 교회"이기도 하다. 만약 우리가 죄가 없다고 말한다면, 우리는 자신을 속이는 셈이 되며, 진리 안에 있지 않다.(요일 1:8) 그러므로 교회는 항상 개혁되어야 한다. 교회는 "우리의 죄를 용서하소서!"라고 끊임없이 기도해야 한다. 교회는 자신을 죄 가운데 있는 존재로서 인식하면서 동시에 하나님의 용서 안에서 거룩하게 된 자로 인식한다.[43]

몰트만에 따르면 교회의 거룩함은 그리스도의 고난에 참여하는 가운데서도 경험된다. 교회의 거룩함의 표지는 교회의 고난과 박해, 가난 안에서도 발견된다. 그러므로 교회는 그리스도의 비천함과 무력함, 가난과 고난에 참여하는 곳에서도 거룩하게 된다. 교회의 거룩함은 교회의 가난 안에서 가장 강력하게 드러난다. 그러므로 교회는 단지 "가난한 자들을 위한 교회"'가 될 뿐만 아니라, 스스로 "가난한 교회"가 되어야 한다. 교회가 그가 가진 모든 것을 하나님의 나라를

---

42) K. Barth, KD IV/1, 765 이하.
43) J. 몰트만, 앞의 책, 376.

섬기는 일에 바칠 때, 그의 메시아적 선교에 투자할 때, 교회는 가난하게 될 것이다.(고전 15:43) 만약 교회가 가난한 자들의 교회가 된다면, 그리고 현실적으로 가난한 자들이 그들 자신과 그들의 소망을 교회 안에서 발견한다면, 교회는 영적으로, 그리고 실제적으로 가난하게 될 것이다. 이런 의미에서 교회는 항상 가난한 교회일 수밖에 없다. 메시아적 선교와 하나님의 나라에 대한 소망의 공동체인 교회의 가난은 가난한 자들의 친교, 가난한 사람들과의 친교를 의미한다. 이러한 의미에서 그리스도인의 가난은 가난한 자들과의 유대임과 동시에 가난에 대한 항거이기도 하다.[44]

이런 맥락에서 성화(성결)의 교리를 근거로 가난한 사들과 연대하기 위해 노력했던 존 웨슬리(J. Wesley)의 활동을 살펴보는 것도 유익할 것이다. 그에 따르면 성화는 개인적일 뿐만 아니라 사회적이기도 하다. 신앙의 본질은 내면적이지만, 신앙의 증거는 사회적이다. 이런 확신 속에서 웨슬리는 가난한 자를 위한 구호 사업을 활발히 전개했다. 가난한 자들을 위한 구호의 차원을 넘어서 그는 비참한 상황을 개선하고 제거하려고 노력했다. 웨슬리는 가난한 병자들을 위해서도 근본적인 도움을 주려고 노력했다. 그는 병자들을 방문하고 보살폈을 뿐만 아니라 무료 진료소를 열었으며, 의학서적도 출판했다. 영국 최초의 무

웨슬리(1703~1791)

44) 같은 책, 378 이하.

료 진료소를 통해 많은 사람들이 의학적인 혜택을 입었다. 웨슬리는 병든 자들을 위해 봉사 센터(Strangers' Friend Society)를 조직했다.

사회구호 활동과 더불어 웨슬리는 교육 활동에도 크게 공헌했다. 그의 교육적인 공헌은 대중에게 보편적인 교육의 기회를 증진시킨 점과 대중교육의 질을 높인 점에 있다. 18세기의 영국에서는 대중, 특히 가난한 자들은 교육적인 혜택에서 철저히 배제되어 있었다. 대중 교육을 위한 웨슬리의 구체적인 공헌은 그가 1739년에 설립을 추진한 브리스톨 킹스우드(Kingswood)의 광부들을 위한 학교로부터 출발한다. 웨슬리는 브리스톨, 런던, 뉴캐슬과 다른 지역에도 영세민과 고아들을 위한 학교를 설립했다. 이 학교들은 어린이들은 물론이고 성인 교육에도 기여했다. 웨슬리는 또한 대학을 설립하여 가난한 계층 출신들도 최고 지성의 자리에 접근할 수 있는 길을 예비하기도 했다.

더욱이 웨슬리는 교도소 개혁을 위해서도 노력했다. 수감자들을 위한 그의 활동은 설교와 위로에만 머물지 않고 필요한 물품 전달, 병간호, 석방을 위한 탄원서 제출, 그리고 사형수들을 위한 형장 동행과 보호 등을 포함한다. 그의 활동은 교도소의 상황을 개선시킨 실질적인 결과를 낳았다. 웨슬리는 여성들의 지위 향상에도 많은 기여를 했다. 그는 여성들로 하여금 다양한 지도력을 발휘할 수 있도록 기회를 부여함으로써 여성들의 지위 향상과 지도력 배양에 혁신적인 계기를 제공해 주었다. 그리고 웨슬리는 노예제도 반대를 위해서도 투쟁했다. 그는 책을 통해 노예제도의 불의를 체계적으로 지적하며,

노예매매 철폐를 위해 설득했다. 그의 책은 미국 감리교 첫 연회(1780년)의 노예제도에 대한 공개적인 반대 선언과 총회의 노예해방 결의(1784년)의 초석이 되었다.[45)]

스나이더(1940년 출생)

하지만 스나이더는 교회의 거룩함을 교회에 주어지는 은사와도 결부시킨다. 왜냐하면 성서의 여러 구절이 교회의 거룩한 특성을 성령의 은사를 받는 교회와 직접적으로 연결하기 때문이다.(행 1:8, 2:4~38; 히 2:4; 벧전 2:9) 교회를 거룩하게 하는 성령은 교회에 다양한 은사를 준다.(고전 12장; 엡 4:7~16; 히 2:4) 그러므로 교회는 예수의 인격과 은사를 구현하면서, 성령의 열매와 은사를 통해 최상의 기능을 발휘한다.[46)] 교회는 성령의 권능을 받아 하나님의 거룩한 사랑을 나타내기 때문에 거룩하면서도 카리스마(은사)적이다.[47)]

(3) **사도적 교회**(apostolica ecclesia)

우리는 교회가 사도적 전승 위에 세워져 있음을 믿는다. 교회의 사도성에 대한 고백은 381년에 추가된 이래 로마 가톨릭교회와 동방

---

45) M. 마르쿠바르트 지음, 조경철 역, 『존 웨슬리의 사회윤리』(서울: 보문출판사, 1992) 참조. 웨슬리의 신학과 활동을 이어받기 위해 일어났던 19세기 후반의 미국 성결운동가들의 사회개혁 활동에 관해서는 박명수, 『근대 복음주의의 주요흐름』(서울: 대한기독교서회, 1998), 81 이하 참조.

46) 스나이더는 역사적으로 교회가 신학과 실천의 측면에서 이 두 가지 특성을 유지하는 것이 어려웠다는 사실을 발견한다. 이에 대한 실례로서 스나이더는 20세기 초에 일어났던 성결 운동의 분열을 든다. 하워드 스나이더, 앞의 책, 27 이하.

47) 같은 책, 32.

가톨릭교회의 예전의 확고한 구성요소가 되었다. 네 가지 표지가 모두 교회의 한 가지 본질을 말하고 있지만, 사도성은 그 가운데서 하나의 정점(頂點)과 같다. 곧 유일성은 교회의 단일성을 표현하고, 거룩성은 단일성의 근거를 이루는 교회의 특수성을 표현한다. 그리고 보편성은 단일성과 특수성을 유지케 하는 교회의 본질을 말하며, 사도성은 하나의 거룩하고 보편적인 교회의 구체적이고 영적인 척도를 표현한다.[48)]

"사도성"이란 교회가 사도들의 표준적인 권위, 가르침과 지도를 받는다는 것, 그들을 계승하고 그들과 일치한다는 것을 말한다. 그런데 누가, 어떻게 사도들을 계승하는가? 로마 가톨릭교회는 성령과 신앙보다는 역사적 · 법적 연속성, 곧 고고학적 지식을 더 강조한다. 물론 우리는 사도들의 다리(매개)를 통하지 않고서는 예수의 가르침에 이를 수 없다. 우리는 그들의 가르침을 통해 예수를 권위 있게 만난다. 하지만 사도들은 교회에 대해 결코 독립적인 역할을 할 수 없다. 더욱이 그들은 교회의 머리가 아니다. 그들은 예수 그리스도에 의해 사도로 사용되었을 따름이다. 물론 바로 그런 점에서 그들은 권위를 지니며, 교회를 세우는 반석이 된다. 하지만 그들은 어디까지나 오직 예수 그리스도와의 관계 안에서만 권위를 지닌다. 만약 그리스도가 없다면, 그들은 모래성에 불과하다. 그리고 교회를 세우는 자는 사도들이 아니라 예수 그리스도다. 사도들은 오직 그의 종일 따름이

48) K. Barth, KD IV/1, 795.

다.[49)]

한스 큉(1928년 출생)

한스 큉에 따르면 사도직은 전체적으로 일회적이며, 그래서 반복될 수 없다. 부활한 주님을 직접 목격했고 주님의 사자로서의 임무를 직접 받은 원시 교회의 일원인 그들을 후계자가 대신하거나 대리할 수 없다. 교회의 후대 세대들은 항상 사도적인 초대 세대의 말씀과 증언과 봉사에 의존한다. 그렇다면 사도적 계승이란 무슨 뜻인가? 예수의 직접적인 목격자와 예수로부터 직접 파송을 받은 자로서 사도의 직무는 그대로 반복될 수 없고, 그래서 법적으로 계승될 수도 없다. 하지만 사도들의 과업과 직분은 남아 있다. 사도들은 죽었다. 새롭게 사도가 된 사람은 없다. 하지만 사도적 사명, 사도적 봉사는 남아 있다. 그것은 사도들에 대한 순종에 의한 사도직의 계승이다. 이것은 법적 · 사회학적 의미의 승계가 아니다. 그리고 소수의 개인이 아니라 온 교회가 사도들을 계승한다. 중요한 것은 사실의 계승이 아니라 실질의 계승, 곧 내적이고 실질적인 연속성이다. 사도적 계승은 영적 계승이다. 그것은 은혜인 동시에 과업이다.[50)]

본회퍼는 일찍부터 사도의 길이 고난의 길임을 강조했다. 그는 마태복음 10장 16절 이하의 말씀에 근거하여 제자들의 길이 사람들 가운데서 고난과 박해의 험난한 길이 될 것이라고 예고했다. 예수와 그

49) 같은 책, 798 이하.
50) 한스 큉, 앞의 책, 200 이하.

가 보낸 제자들은 모든 사람으로부터 가정의 파괴자, 백성의 유혹자, 미친 열광주의자와 선동가라는 비난을 받게 될 것이다. 하지만 제자들의 고난 속에도 하나의 놀라운 능력이 들어 있다. 고난으로 말미암아 복음은 전진한다. 성령이 친히 그들의 편이 되어 줄 것이다. 성령이 그들에게 승리를 안겨 줄 것이다. 그리고 그들은 고난을 통해 주님을 닮아갈 것이다.[51]

본회퍼(1906~1945)

몰트만도 사도직을 고난과 결부시킨다. 그에 따르면 교회의 사도직은 "고난 속에 있는 사도직"이다. 그리스도의 사도적 선교에 참여하는 것은 불가피하게 시련과 대립, 고통을 낳는다. 사도직은 권세나 무력에 의해서가 아니라 그리스도의 약함과 가난 속에서 실천된다. 바울은 그의 사도직을 증명하기 위해 그의 박해와 고난, 상처와 흉터를 보여주었다. 이와 같이 박해와 고통은 사도적 교회를 인식하는 표지가 된다. 교회의 사도적 계승은 그리스도의 수난의 계승이다.[52]

스나이더는 사도적 직분을 예언자적 직분과 연결한다. 교회는 사도적인 만큼 참으로 예언자적이다. 예수는 사도인 동시에 예언자로서 교회를 세운다.(눅 1:76, 13:33, 24:19; 히 3:1) 성부가 예수를 보내고, 예수가 교회를 보낸다는 의미에서 교회는 사도적이다.(요 14:12,

51) D. 본회퍼 지음, 손규태, 이신건 옮김, 『나를 따르라』(서울: 대한기독교서회, 2010), 242 이하.
52) J. 몰트만, 앞의 책, 370 이하.

20:21) 하지만 교회는 사도적일 뿐만 아니라, 예언자적이다. 이것은 두 가지 면에서 참되다. 첫째, 교회는 구약성서의 예언자와 예수의 삶 가운데서 발견되는 정의와 자비와 진리의 예언자적 메시지를 가시적으로 육화하는 실질적인 공동체다. 둘째, 교회는 하나님의 통치에 대한 기쁜 소식을 이 세상에 선포한다는 점에서 예언자적 공동체다.[53]

그런데 교회의 사도적 특성과 예언자적 특성을 하나로 결합하는 것은 가난한 자들을 향한 복음 전파다. 교회가 예수 그리스도의 말씀과 사역과 삶에 대해 신실하여 가난한 자 사이에서 가난한 자를 향한 복음 사역을 할 때, 교회는 거룩하고 사도적인 동시에 예언자적이다. 만약 교회가 실제로 가난한 자를 향해 기쁜 소식을 진하지 않는다면, 사도성에 대한 주장은 공허한 울림일 뿐이다. 사도성은 무엇보다도 가난한 자들 가운데 복음이 육화되는 것을 의미한다. 그러므로 가난한 자를 향한 복음 전파는 교회의 사도적 표지를 시험하고 분별하는 핵심적인 시금석이다.[54]

(4) **보편적 교회**(catholica ecclesia)

우리는 교회가 가톨릭적임을 믿는다. "가톨릭적"이라는 말은 "보편적", "포괄적"이라는 뜻이다. "교회가 보편적이다"라는 말은 교회의 다양함에도 불구하고 동일성, 연속성, 보편성이 유지된다는 것을

53) 하워드 스나이더, 앞의 책, 27 이하.
54) 같은 책, 30 이하.

말한다. 교회는 하나의 특징을 가지기 때문에 어디서나 동일한 바로 그 자신으로 존재한다. 이 동일성 안에서 교회는 예수 그리스도의 참된 교회로 입증된다. 만약 교회가 이 동일성 안에 있지 않다고 한다면, 곧 교회가 보편적이지 않다면, 그것은 더는 예수 그리스도의 교회가 아니다. 교회의 동일성의 근거는 바로 "교회가 그리스도의 몸이다."라는 사실에 근거해 있다. 교회의 머리인 예수 그리스도 안에 존재함으로써 교회는 바로 참되고 보편적인 교회가 된다. 곧 예수 그리스도가 교회 안에서 살아서 말하고 행동하는 한, 교회는 보편적인 교회다. 거꾸로 말해서, 만약 교회가 예수 그리스도의 음성을 들으려고 하지 않는다면, 참된 교회는 죽게 되고 거짓 교회와 이교적인 교회로 타락한다. 이런 의미에서 교회의 보편성은 교회의 단일성, 거룩성과 일치한다.[55)]

"보편적"이라는 말은 안디옥의 이그나티우스(Ignatius of Antioch)가 대교구에 있는 감독교회를 지칭하기 위해 처음으로 사용한 말이다. 감독은 그리스도를 대신하고, 그래서 교회의 일치를 대표한다. 그렇다면 교회의 보편성은 보편적이고 모든 것을 융합하는 그리스도의 현존에 의해 결정된다. 그것은 공간적 보편성과 시간적 보편성을 의미한다. 곧 교회는 인간이 살고 있는 지구의 모든 영역 안에 현존하고, 역사의 모든 시간 속에 현존한다. 교회의 보편성은 교회의 일치와 상응하는 용어다. 곧 교회의 일치가 교회의 수렴적인 보편성을

55) K. Barth, KD IV/1, 784 이하.

강조한다면, 교회의 보편성은 교회의 확장적인 일치를 강조한다.[56)]

교회는 스스로 보편적인 것이 아니라, 오직 그리스도 안에서만, 그리고 오직 그리스도를 통해서만 보편적이다. 곧 그리스도가 있는 곳이라면 어디서나 보편적인 교회가 존재한다. 그리스도 안에서 하나가 된 교회는 온 세상과 연결되어 있는 교회다. 왜냐하면 그리스도는 온 세상의 화해를 위해 보냄을 받았고, 세상을 통일하기 위해 하늘과 땅의 모든 권세를 받았기 때문이다. 그리스도의 통치, 곧 하나님의 나라는 온 세상에 보편적이다. 교회는 땅 끝까지(행 1:8), 이 세상 끝 날까지(마 28:20) 복음을 전파함으로써 하나님의 나라의 보편성에 참여한다. 그러므로 교회는 온 세상을 향해 열려 있어야 한다. 교회는 모든 사람들을 위해 존재한다. 교회는 모든 갈등과 제약을 초월해서 존재한다. 교회는 갈등 속에서 평화와 화해의 증인이 된다.[57)]

만약 교회가 보편적이라면, 우리는 자연스럽게 "교회 밖에는 구원이 없는가?"라고 질문하게 된다. 만약 그리스도가 존재하는 곳에 교회가 존재한다면, 교회 밖에는 구원이 없다. 하지만 우리는 그리스도의 통치와 현존을 특정한 역사적 시점과 공간에 제한할 수 없다. 그리스도의 통치와 현존은 단지 가시적이고 제도적인 특정한 교회 안에서만 이루어지는 것이 아니다. 그리스도는 교회보다 더 크고, 그래서 교회 밖에서도 현존한다. 앞에서 이미 말했듯이, 그리스도는 가

56) J. 몰트만, 앞의 책, 370.
57) 같은 책, 371.

난한 자들 가운데 현존할 뿐만 아니라, 온 우주 안에서도 충만히 현존한다. 그러므로 우리는 교회 밖에는 구원이 없다고 단정할 수 없다.

오리게네스(185~254)

오리게네스와 키프리안이 "교회 밖에는 구원이 없다."(Extra ecclesiam nulla salus)라고 말했을 때, 그들은 그리스도의 복음이 이미 온 세계에 전파되었다고 확신했다. 하지만 세계는 그들이 생각했던 것 이상으로 크다는 사실이 밝혀졌고, 상상할 수 없이 많은 사람들이 오랫동안 복음을 듣지 못했다는 사실도 알게 되었다. 그래서 교회는 시간이 흐를수록 구원의 도래와 구원의 선포를 역사의 한 시점에 제한해서는 안 되고, 이를 역사적인 발전 속에서 보아야 한다는 사실을 깨닫게 되었고, 구원을 얻는 것은 시대와 민족과 구체적인 인간들의 제약 조건을 전제한다는 사실도 점점 더 많이 배우게 되었다.[58)]

그러므로 교회는 복음을 전혀 듣지 못했던 사람들을 원칙적으로 구원에서 배제할 수 없다고 확신하게 되었다. 예컨대 제2차 바티칸 공의회의 "교회헌장"은 다음과 같이 말한다. "누구든지 그리스도의 복음과 그의 교회를 알지 못하더라도, 정직한 마음으로 하나님을 찾고 은총의 영향 아래서 양심적으로 깨달은 자신의 의지를 성취하려고 노력하는 사람은 영원한 구원을 얻을 수 있다. 아직 하나님을 분

58) A. Grillmeier, Kommentar des zweiten Kapitels von der dogmatischen Konstitution über die Kirche, in: LTK, 205.

명히 인정하는 데까지는 이르지는 못했더라도, 여전히 하나님의 은총과 더불어 올바른 삶을 영위하려고 애쓰는 사람에게도 하나님의 섭리가 구원에 필요한 것을 거절하지 않는다. 곧 그들에게서 선하고 참된 것이 발견되는 바로 그것은 기쁜 소식의 준비로, 그리고 결국 생명을 얻도록 모든 인간들을 비추는 분의 은총으로 평가된다."[59]

바르트(1886~1968)

바르트에 따르면 "교회 밖에는 구원이 없다."고 말해서는 안 되고, "그리스도 밖에는 구원이 없다."(Extra Christum nulla salus)고 말해야 한다. 교회는 그리스도 안에서 일어난 하나님의 구원 행위를 선포한다. 하지만 교회 밖에 구원이 없는 것이 아니라, 교회에 의해 인식되고 고백되고 선포되는 그리스도 밖에는 구원이 없다. 그러므로 바르트는 교회 밖에서도, 곧 교회의 봉사를 통하지 않고서도 하나님이 예수 그리스도 안에서 일어난 화해의 능력을 발휘할 수 있는 은밀한 방법의 가능성이 존재한다고 믿는다. 곧 하나님은 교회를 전혀 알지 못하는 자들을 위해서도 우리가 알지 못하는 전혀 다른 방법을 배려하였고, 지금도 여전히 배려할 수 있다고 생각해야 한다. 이처럼 열린 생각을 갖는 것이 곧 교회의 명예를 깎아내리지는 않으며, 교회의 임무를 약화하지도 않는다.[60]

59) H. Mühlen, Der Kirchenbegriff des Konzils, in: Autorität der Kirche, Bd. I, J. C. Hampe(hg.), München, 309, 285 이하.
60) K. Barth, KD IV/1, 769.

바르트에 따르면 교회 밖에 있는 자들, 곧 계시와 신앙과 구원에 대한 인식이 없는 자들도 숨어 있는 방법을 통해 구원을 얻을 수 있다. 이러한 맥락에서 바르트는 놀랍게도 세상을 예수 그리스도 자신의 교회라고 부른다. 왜냐하면 하나님이 객관적으로 이미 자신과 화해된 세상을 전혀 다른 방식으로 돌보기 때문이고, 교회와 세상은 화해의 사건에 선험적으로 포함되었기 때문이다. 오직 교회에만 화해의 사건이 계시되며, 오직 교회만이 이를 인식하고 고백하지만, 세상도 이미 화해의 현실에 의해 둘러싸여 있다.[61)]

푈만도 바르트와 비슷하게 생각한다. 그에 따르면 하나님은 모든 사람들이 구원을 얻기를 원하지만(롬 11:32; 딤전 2:4), 교회는 모든 사람에게 구원을 전달할 수 없다. 그렇기 때문에 하나님이 참으로 모든 사람에게 구원을 전달하기 위해 자신의 은밀한 결정 안에서 숨겨진 다른 구원의 길을 열어주기를 희망해도 무방하다. 하나님의 은총은 교회보다 더 크다. 하지만 창조와 역사 안에서 드러나는 일반계시는 모호하다. 그렇기 때문에 일반계시가 진정한 계시인지 아닌지는 분명한 말씀계시 또는 특별계시의 척도에 따라 항상 거듭 검증되어야 한다. 그럼에도 불구하고 기독교는 다른 종교보다 우월하다고 말할 수 없다. 왜냐하면 기독교도 우상숭배에 떨어질 위험을 항상 가지고 있기 때문이다. 그러므로 기독교도 말씀의 척도에 자신을 재어 보아야 한다.[62)]

---

61) K. Barth, KD IV/3, 872.
62) H. G. 푈만, 앞의 책, 77.

몰트만에 따르면 교회는 보편적임과 동시에 당파적이기도 하다. 교회의 보편성은 맹목적인 보편성이 아니다. 교회의 선교의 목표는 어디까지나 보편적이지만, 이 목표로 나아가는 길은 아래로부터 시작된다.(사 40:4; 눅 1:15; 고전 1:26 이하) 교회는 가난한 자들, 억압당하는 자들, 약한 자들을 편애한다. 예수는 죄인과 세리의 친구였다. 이런 형태의 당파성은 교회의 보편성을 파괴하지 않는다. 교회의 당파성과 보편성은 이율배반적인 것이 아니다.[63]

스나이더에 따르면 교회는 보편적인 동시에 지역적이다. 교회는 세계적인 그리스도의 몸으로서 동시에 특별한 자기 취향과 문화를 갖고 있는, 매우 다양하고도 특별한 지역 공동체로서 존재한다. 교회는 문화를 초월하면서도, 자신을 특정 문화에 담그며 살아간다. 그래서 신약성서는 교회의 보편성을 강조하는 만큼 교회의 지역적 특성도 강조한다.(롬 14:21; 고전 8:9~13)[64]

---

63) 같은 책, 374 이하.
64) 하워드 스나이더, 앞의 책, 28 이하.

7. 교회의 임무

1) 찬양

2) 기도

3) 설교

4) 신학

5) 선교

7. 교회의 임무

교회는 무엇을 위해 존재하는가? 교회는 무슨 임무를 수행해야 하는가? 바르트에 따르면 교회의 임무는 하나님의 자비로운 긍정을 증언하는 것이다. 예수 그리스도는 위대하고 포괄적인 긍정으로서 임마누엘, 친구, 조력자, 구원자, 보증인, 세상과 하나님의 화해, 칭의, 성화, 소명, 하나님의 나라, 변혁, 값없는 선물, 해방이다. 예수 그리스도에 대한 증언은 교회의 모든 봉사의 총괄적인 요약이다. 그런데 바르트에 따르면 교회의 봉사는 크게 두 가지 형태로 나누어진다. 이것은 예수의 증인들이었던 제자들이 요구한 행위의 단일성과 이중성이다. 단일성의 본질은 세상에 예수 그리스도를 전파하고 세상을 불러 모아서 세상과 하나님의 화해, 칭의와 성화와 소명을 인식하게 하는 데 있다. 그리고 이중성의 본질은 예수 그리스도의 생애가 말과 행위, 곧 선포와 치유로 전개되었다는 사실에 있다.[1)]

따라서 바르트는 교회의 봉사를 두 가지 방식, 곧 말과 행동으로 나눈다. 교회의 말에 속하는 것으로는 찬양, 설교, 교육, 전도, 선교, 신학이 있고, 교회의 행동에 속하는 것으로는 기도, 상담, 그리스도인의 모범적인 삶, 봉사, 예언자적 행동, 세례와 성만찬에 근거한 교

1) K. Barth, KD IV/3, 979 이하.

제가 있다. 여기서 특별히 주목할 점은 바르트가 기도를 말이 아니라 행동에 속하는 일로 보았다는 사실이다. 이를 통해 바르트는 기도가 교회의 정적이고 수동적인 행동이 아니라, 하나님과 세상을 향한 교회의 역동적이고 능동적인 행동임을 강조하려고 한다.[2)]

하지만 우리는 교회의 임무를 다른 관점에서도 구분할 수 있다. 교회는 모이는 교회임과 동시에 흩어지는 교회다. 교회는 모이기 위해 흩어지고, 흩어지기 위해 모인다. 이처럼 교회는 두 가지 방향 속에서 활동한다. 곧 교회는 구심적 활동과 원심적 활동을 동시에 전개한다. 아니 교회는 이 두 가지 활동을 통해 활발한 순환 운동을 전개한다. 교회의 구심적 활동에 속하는 것으로는 찬양, 설교, 교육, 신학, 상담, 교제가 있고, 교회의 원심적 활동에 속하는 것으로는 전도, 선교, 기도, 그리스도인의 모범적인 삶, 봉사, 예언자적인 행동이 있다. 여기서 기도와 봉사를 교회의 구심적 활동이 아니라 원심적 활동으로 보아야 하는 이유는 무엇인가? 비록 기도와 봉사가 주로 교회 안에서 이루어지고 종종 세상을 위해서도, 이웃을 위해서도 이루어지지만, 기도와 봉사는 궁극적으로 세상을 지향하고, 세상 구원에 이바지하기 때문이다.

하지만 우리는 교회의 임무를 또 다른 관점에서도 구분할 수 있다. 곧 우리는 하나님과 그리스도인들과 세상과 맺는 세 가지 관계를 통해 교회의 임무를 구분할 수 있다. 먼저 하나님과의 관계에 속하는

---

2) 같은 책, 991 이하.

것으로는 찬양, 기도, 설교가 있고, 그리스도인들 간의 관계에 속하는 것으로는 신학, 교육, 교제, 상담, 봉사가 있고, 세상과의 관계에 속하는 것으로는 전도와 선교, 사회비판과 사회봉사가 있다. 이와 같은 임무 가운데서 덜 중요하고 더 중요한 임무는 없다. 모든 임무가 복음 증언에 기여하며, 그래서 교회는 가급적 이 모든 임무를 수행하기 위해 노력해야 한다. 하지만 여기서 우리는 찬양과 기도, 설교, 신학, 선교에 관해서만 자세히 살펴보기로 하자.

1) 찬양

"하나님을 찬양하라. 그의 이름을 노래하라!"(시 68:4) 찬양은 창조자, 구원자, 화해자 하나님을 향해 인간이 표시할 수 있는 최상의 감사의 표현이요, 최고의 경외의 표현이다. 찬양을 통해 인간은 하나님을 경배하고, 하나님에게 영광을 돌린다. 하나님을 찬양하도록 해방된 그리스도인들은 하나님을 향해 감사하면서 즐겁게 노래한다. 비록 그리스도인들도 세상 사람들과 마찬가지로 늘 무거운 짐을 지고 살아가지만, 그들과는 달리 거룩하신 하나님 앞에서 감사하고 기뻐하는 무리가 된다. 교회의 모든 말과 행동은 하나님 찬양이어야 한다. 찬양이 일어나는 특별하고 탁월한 자리는 무엇보다 예배 모임이라고 할 수 있다. 하나님 찬양은 예배 모임의 전제일 뿐만 아니라, 예배 모임의 목적이기도 하다. 이처럼 하나님 찬양은 예배 행위의 방향을 설정하는 특별한 요소가 된다.[3)]

비록 찬양은 오직 하나님을 경배하는 것만을 유일한 목적으로 삼지만, 하나님을 진심으로 찬양하는 자에게는 하나님의 은혜의 기적도 일어난다. 찬양을 통해 인간의 상한 마음과 몸이 치유될 뿐만 아니라, 인간들 간의 깨어진 관계와 자연과의 어긋난 관계도 회복된다. 더욱이 찬양 속에서 천국의 비밀도 열리기 시작한다. 왜냐하면 천국은 사랑과 찬양이 가득한 곳이기 때문이다. 그래서 찬양을 통해 우리

3) 같은 책, 991 이하.

는 장차 도래할 천국을 미리 맛보고, 널리 전파한다. 하지만 그리스도인은 이미 이 땅에서 천국의 백성이 되었기 때문에 어떤 환경 가운데서도 날마다 하나님을 찬양해야 한다.(시 68:19)

하지만 여기서 우리는 찬양의 방향이 잘못 설정되거나 찬양의 목적이 변질될 수 있는 가능성을 경계해야 한다. 찬양은 오직 하나님에게만 돌려야 할 인간의 최상의 권리와 의무임에도 불구하고 종종 사람 쪽으로 방향을 취하기 쉽다. 다시 말하면, 찬양은 하나님을 기쁘게 하기보다는 찬양을 듣는 사람을 기쁘게 하려는 방향으로 흐르기 쉽다. 특히 찬양대 또는 성가대가 회중을 바라보는 경우에 이런 현상은 더욱 커질 수 있다. 물론 하나님이 특별히 머물러 계시는 자리를 우리는 임의로 결정할 수 있다. 하나님은 어디에나 계신다. 그러므로 어느 방향으로 찬양하든, 중요한 것은 찬양하는 사람의 마음가짐일 것이다. 하지만 회중을 바라보며 찬양하는 사람은, 의식적으로든 무의식으로든, 찬양을 듣는 사람의 표정과 반응에 민감해지기 마련이다. 그러므로 찬양의 방향을 강단 쪽으로 고정하는 것도 이런 위험을 피할 수 있는 하나의 대안이 될 것이다.

하나님에게 가장 아름답고 가장 큰 찬양을 올리고 싶다는 것은 믿음의 사람이 갖게 되는 자연스러운 마음일 것이다. 하지만 여기서도 유혹이 적지 않다고 본다. 다시 말하면, 음악 도구를 최대한 많이 동원하고 가장 크고 아름다운 소리로 찬양하는 것이 곧 하나님을 가장 높이 찬양하는 방법이라고 단정하기 쉽다. 높고 아름다운 화음이 하나님을 기쁘게 하는 것은 아니다. 그렇다면 가난하거나 미약한 교회의 찬양은 하나님을 결코 높이 찬양할 수 없게 될 것이고, 더욱이 어린이나 장애자는 하나님을 찬양하기에 매우 부족한 존재로 오해될 수도 있을 것이다.

중요한 것은 음악적 기교나 화려한 무대가 아니라 하나님을 향한 순전하고 진실한 마음이다. 예수가 예루살렘 성전을 청결케 한 후에 대제사장들과 율법학자들은 여러 가지 놀라운 일과 "호산나"라고 외친 아이들을 보고 화가 나서, "당신은 아이들이 무엇을 하는지 듣고 있소?"라고 예수를 비난했다. 이에 대한 예수의 반응은 매우 파격적이다. 예수는 "주의 대적을 인하여 어린아이와 젖먹이의 입으로 말미암아 권능을 세우심이요."라고 고백하는 시편(8:2)을 인용한 후에 "하나님이 어린이와 젖먹이들의 입에서 나오는 찬미를 온전케 하셨다."(마 21:16)고 말한다. 늘 새롭게 성장하는 어린이는 어른처럼 해묵은 노래만을 부르지 않고, 항상 새 노래로 찬양하기를 기뻐한다.(시 98:1) 그리고 어린이는 아무런 가식과 꾸밈이 없는 순전한 마음으로, 억지로가 아니라 마음에서 우러나(엡 5:19), 그래서 단지 입술로만이 아니라 온 마음과 온 몸으로 하나님을 찬양하기를 기뻐한다.

찬양이 하나님보다는 사람을 즐겁게 할 수 있는 가능성은 음악의 선율과 화음이 주는 매혹적이고 미학적인 요소 때문에 더 증가될 것이다. 하나님에게 최상의 찬양을 드리는 것을 누가 비난하겠는가! 하나님도 분명히 이런 찬양을 매우 기쁘게 받을 것이라고 확신한다. 하지만 인간은 자신이 부르거나 듣는 음악으로 하나님보다는 사람을 더 기쁘게 하고, 하나님을 즐거워하기보다는 음악 자체를 즐기려는 유혹에 쉽게 빠질 수 있다. 그리고 찬양하는 사람이 어려운 악보를 제대로 소화하거나 음악을 최대한도로 아름답게 만들려는 노력 때문에 자칫 하나님을 향한 순전하고 진실한 마음을 잃어버리기도 쉬울 것이다. 그러므로 복잡하고 어려운 음악보다 단순하고 소박한 선율로 하나님을 찬양하는 것이 훨씬 더 나을 때도 있다.

본회퍼에 따르면 공동체, 특히 가정 공동체의 예배 찬송은 전적으로 말씀에 매여 있기 때문에 본질적으로 한목소리로 불러야 한다. 이렇게 불러야 말씀과 음색이 유일무이한 방식으로 결합된다. 음악을 즐기려는 불순한 동기에 물들지 않은 단음 찬양의 순수성, 말씀 외에는 음악적인 것에 자립적인 권리를 부여해 주려는 불순한 욕망에 물들지 않은 명백함, 소박함과 진지함, 이러한 찬양의 인간성과 따뜻함, 이런 것들이야말로 이 세상에서 드리는 공동체 찬송의 본질이다. 여기서부터 마음에서 솟구치는 찬양이 나오고, 주님을 찬양하게 된다. 여기서부터 말씀을 노래하게 되며, 한마음으로 노래하게 된다. 함께 노래할 때 들리는 것은 교회의 음성이다. 내가 노래하는 것이 아니라, 교회가 노래한다. 나는 교회의 일원으로서 교회의 노래에 참여할 따름이다.[4)]

본회퍼(1906~1945)

이런 경우에는 회중도 수동적으로 찬양 소리를 듣는 입장에서 벗

4) 디트리히 본회퍼, 정지련, 손규태 옮김, 『신도의 공동생활』(서울: 대한기독교서회, 2010), 64 이하.

어나서 적극적으로 찬양에 참여할 수 있는 기회를 갖게 될 것이다. 왜냐하면 비록 찬양대원이나 성가대원이 찬양하더라도, 그들은 어디까지나 회중을 대표하거나 대변할 따름이며, 바로 그래서 그들은 찬양을 일방적으로 발표하는 것이 아니라 모든 회중과 더불어, 모든 회중 속에, 그리고 회중의 마음을 하나로 묶어서 하나님을 찬양해야 하기 때문이다. 하나님은 사람의 외모를 취하지 아니하신다.(롬 2:22; 행 10:34; 골 2:6, 3:25) 그러므로 외형적인 화려함이나 아름다움보다는 마음의 진실함과 뜨거운 믿음이 하나님을 더 기쁘게 할 수 있을 것이다.

특히 한국 교회가 사용하는 찬송가의 가사를 비판적으로 점검할 필요가 있다고 생각한다. 많은 가사가 비(非)성서적이고 심지어는 반(反)성서적인 내용을 가지고 있으며, 하나님 찬양보다는 인간을 찬양하는, 곧 인간을 위로하고 고무하는 가사도 상당히 많은 편이다. 이런 찬송가를 통해 하나님을 찬양한다는 것은 모순이고, 그래서 하나님 모독에 가깝다. 그러므로 하나님을 찬양하는 가사와 인간을 자극하는 가사를 잘 구분함으로써 이런 잘못을 시급히 고쳐야 할 것이라고 생각한다. 한국 사람은 감성이 매우 풍부한 편이고, 그래서 노래와 가무를 매우 즐긴다. 이것은 한국 사람이 갖는 여러 가지 장점 중의 하나다. 하지만 이런 장점이 신학적 · 예배학적으로 오용되지 않도록 세심하게 노력할 필요가 있다.

2) 기도

"너희가 기도할 때에 무엇이든지 믿고 구하는 것은 다 받으리라." (마 21:22) 하나님과의 관계에서 그리스도인들이 행해야 할 또 다른 중요한 일은 기도다. 왜냐하면 기도는 믿음의 최상의 실천이고, 기도를 통해 우리는 매일 하나님의 은혜를 받기 때문이다. 하나님은 자기에게 진실하게 간구하는 모든 자에게 가까이 하기 때문에 우리는 기도를 통해서도 하나님에게 가까이 나아갈 수 있다. 하나님은 졸지도 아니하시고 주무시지도 아니하시기 때문에(시 121:4) 우리의 간구를 들으시고, 응답하신다. 그러므로 우리는 믿음의 확신을 갖고 기도해야 한다.(마 21:22)

기도의 모범은 그리스도가 가르쳐 준 기도다. 이 기도는 그리스도인이 가끔 참조할 수 있는 여러 기도 중의 하나가 아니라, 우리가 늘 따라야 할 기도의 표준이다. 그러므로 우리는 기도 중에 우리의 소원을 아뢰기 전에 하나님의 거룩함, 하나님의 나라와 뜻을 먼저 구해야 한다. 기도는 우리의 소원을 성취하는 방법이기 이전에 하나님의 뜻을 받아들이고 실현하는 통로가 되어야 한다. 그런 다음에야 비로소 우리는 우리에게 필요한 것을 위해서도 겸손하게 기도할 수 있다. 만약 이렇게 기도하지 않는다면, 우리의 기도는 이방인의 기도처럼 주술적이고 기복적인 기도로 변질될 수 있을 것이고, 기도를 통해 또 하나의 죄악과 탐욕을 쌓게 될 것이다.

더욱이 기도는 나 자신만을 위한 이기적인 기도가 되어서는 안 된다. 주기도문에서도 볼 수 있듯이, 예수는 나를 위해서만 기도할 것이 아니라, 우리 모두를 위해서 기도할 것을 가르쳤다. "오늘 우리에게 일용할 양식을 주시고, 우리가 우리에게 잘못한 사람을 용서하여 준 것같이 우리 죄를 용서하여 주시고, 우리를 시험에 빠지지 않게 하시고, 우리를 악에서 구하소서." 이처럼 그리스도인의 기도는 철저히 공동체적인 기도요, 공동 유익을 위해 드리는 기도가 되어야 한다. 비록 혼자서 은밀하게 드리는 기도일지라도, 기도는 철저히 우리 모두를 위한 기도여야 하고, 바로 그렇게 됨으로써 또한 나를 위한 기도가 되어야 한다. 여기서 "우리"는 단지 그리스도를 따르는 제자들에게만 제한될 수 없다. 왜냐하면 교회는 하나님의 거룩한 제사장들의 백성(벧전 2:9)이기 때문이다. 제사장이 모든 백성을 위해 기도하듯이, 그리스도인도 국가와 사회의 안녕을 위해 기도해야 하고, 인류와 만물을 대리하는 자세로 하나님 앞에서 그들의 아픔과 소원을 대변해야 한다.

하나님은 우리의 선한 아버지이고 어머니와 같이 자비로운 아빠이기 때문에 우리는 아무런 거리낌과 주저도 없이 아버지 앞으로 나아갈 수 있고, 필요한 것을 위해 하나님에게 담대하게 간청할 수 있다. 어린이가 부모를 신뢰하면서 자신의 일을 아뢰듯이, 하나님의 자녀인 우리는 하나님에게 우리의 기쁨과 고통을 아뢸 수 있다. 왜냐하면 하나님은 충만한 사랑 속에서 우리의 생활을 보살피기 때문이다. 하나님은 우리의 머리털까지도 다 세신다.(마 10:30) 왜냐하면 하나님은 나에게 나보다 더 가까이 계시고, 나를 나보다 더 사랑하시기 때문이다. 더욱이 하나님은 우리가 구하기 전에도 우리에게 무엇이 필요한지를 미리 알고 계신다.(마 6:8) 그러므로 우리는 구하는 자에게 좋은 것을 주기를 기뻐하시는(마 7:11) 하나님을 신뢰하는 가운데서 담대하게 기도할 수 있다.

또한 하나님은 높은 하늘에 계신 아버지일 뿐만 아니라, 언제나 우리와 동행하고 우리 곁으로 다가오는 좋은 친구이기도 하다. 그러므로 우리가 서로 이해하는 친구들과 함께 마음을 터놓고 말하듯이, 하나님과도 그렇게 말할 수 있다. 하지만 우리는 우리의 계획을 가지고 하늘의 친구를 강요하지 않고, 하나님의 자유를 존중한다. 크나큰 사랑을 표현하는 자유 안에서 하나님과 말하고 하나님의 음성에 귀를 기울이는 것은 바로 "성령 안에서 이루어지는 기도"다. "하나님의 친구"는 이처럼 하나님을 친구처럼 대화하면서 기도할 수 있다.[5]

하지만 예수는 잘못된 기도에 관해 엄중히 경고했다. 먼저 기도하는 자는 외식하는 자와 같이 다른 사람에게 보이려고 남이 볼 수 있는 장소에서 기도해서는 안 된다. 이렇게 기도하는 자들은 자기가 받아야 할 상급을 이미 받은 셈이다.(마 6:4) 기도는 철저히 은밀한 것이기 때문에 어떤 방식으로든 공개되어서는 안 된다. 기도하는 자는 자기 자신을 알지 못하고, 오직 자신을 부르시는 하나님만을 안다. 기도는 오직 하나님만을 바라보기 때문에 과시와는 전혀 무관한 행동이다.

---

5) J. 몰트만, 이신건 옮김, 『생명의 샘』(서울: 대한기독교서회, 2000), 161.

하지만 본회퍼에 따르면 은밀한 기도조차도 과시 행위로 왜곡될 가능성이 존재한다. 다시 말하면, 나는 내 자신을 나의 기도의 관찰자로 만들거나, 자신 앞에서 기도할 수도 있다. 이런 기도는 훨씬 더 부패한 것이다. 길거리에서 공개적으로 기도하는 것은 다만 내가 내 자신을 드러내려는 순진한 방식일 따름이다. 나는 나의 골방 안에서도 보란 듯이 과시할 수 있다. 물론 우리는 때로는 다른 사람들을 대표하여 공개적으로 기도하거나, 다른 사람들과 함께 통성으로 기도한다. 그러므로 중요한 것은 공개적으로 기도하느냐, 아니면 골방 안에서 혼자 기도하느냐의 문제가 아니라, 우리에게 있어야 할 것을 하나님 아버지가 알고 계신다는 확신이다.[6)]

다른 잘못된 기도는 말을 많이 하여야 하나님이 들을 줄 생각하여 "이방인과 같이 중언부언하는" 기도다.(마 6:7) 많은 말로 중언부언하며 수사학적인 말로 반복적으로 기도하는 까닭은 대개 응답의 확신이 없기 때문일 것이다. 기도가 응답되기 위해서는 확고한 믿음이 요구된다. 온 몸과 온 마음과 온 힘을 다해 하나님을 신뢰한다는 의미에서 확고한 믿음이 요구된다. 하지만 의심이 종종 우리를 괴롭힌다. 완전한 실망을 맛보지 않기 위하여 우리는 마음의 반쪽만을 걸고 있고, 건성으로 기도하며, 모든 힘을 기울이지 않는다. 하지만 만약 우리가 참으로 원하는 것이 무엇인지, 그리고 우리가 참으로 원하고 있는지 아닌지를 분명히 알지 못한다면, 어떻게 "우리의 소원이 이루어

---

6) 디트리히 본회퍼, 손규태, 이신건 옮김, 『나를 따르라』(서울: 대한기독교서회, 2010), 186 이하.

질"(마 15:28) 수 있겠는가? 믿는다는 것은 마음을 다하여 그 무엇을 소원하고 바란다는 것을 뜻한다.[7)]

기도에도 단계가 있다. 기도는 묵상으로 이어지고, 묵상은 하나님 안의 조용한 몰입과 하나님 관조(觀照)로 이어진다. 우리는 우리의 소원과 간구로 시작하지만, 그다음에는 부유함의 근원인 하나님의 은혜로운 손을 깨닫게 된다. 우리는 하나님의 열려 있는 손에 의해 열린 마음을 갖게 되고, 우리를 영원히 보호하시는 하나님의 품으로 인도된다. 이제 우리는 하나님 때문에 하나님을 사랑하기 시작하며, 하나님의 아름다움에 대한 관조 속에서 행복을 느끼게 된다.[8)]

하지만 아무리 굳건한 확신과 강한 의지와 확고한 믿음으로부터 출발했더라도, 우리의 모든 기도가 반드시 응답되는 것은 아니다. 우리의 기도는 대개 아무런 응답을 받지 못한 채 끝나기도 하며, 본회퍼의 말대로 하나님이 나의 기도에 응답하지 않기 때문에 성급하게 내가 내 자신의 기도에 응답하기도 한다. 경건한 기도를 드렸다는 확신 속에서 나는 나의 기도가 응답되었다고 확신하고, 만족한다. 하지만 이로써 나의 기도는 이미 보상을 받은 셈이 된다.[9)]

기도 응답 없이 어떻게 우리가 계속 살아갈 수 있겠으며, 그런 중에서도 하나님을 신뢰할 수 있겠는가? 여기서 우리는 몰트만의 충고를 듣는 것이 좋을 것이다. 우리의 기도가 응답되지 않고 소리 없는

7) J. 몰트만, 앞의 책, 174 이하.
8) 같은 책, 177.
9) 디트리히 본회퍼, 앞의 책, 186 이하.

몰트만(1926년 출생)

침묵만이 느껴질 때, 겟세마네를 생각해 보자. 하늘 아버지에게 열정적으로 기도했지만 아무런 응답도 받지 못하고 도리어 아버지에게 버림을 받았던 예수의 처지에 서 보자. 그리스도교 신비주의자들은 이러한 상황을 "영혼의 이두운 밤"이라고 불렀다. 이럴 때, 성서는 그저 "기도하라!"고만 하지 않고, "깨어 기도하라!"고 말한다. 하나님이 우리에게 침묵할 때, 우리는 겟세마네 동산의 예수처럼 "깨어 있는" 법을 배워야 한다. 절박한 기다림 속에서 깨어 있는 것도 가장 강한 기도 형태다. 우리가 깨어 있는 까닭은 하나님의 오심을 열렬히 기대하기 때문이다. 깨어 각성하고 근신함으로써 우리는 오고 있는 하나님을 열렬히 기다리는 자세를 갖게 된다.[10)]

기도가 그리스도인들이 늘 실천해야 할 행동이듯이, 실천적인 행동도 하나님에게 드리는 기도여야 한다. 바울이 "쉬지 말고 기도하라"(살전 5:17)고 권면한 것도 바로 이런 의미를 갖는다고 생각한다. 우리는 몸으로 제사를 드리고, 생활로 기도를 드려야 한다. 오직 이럴 때에만 우리의 기도는 공허한 주문이 되지 않고 생활을 변화시키는 강력한 능력이 될 수 있을 것이다. 오직 이럴 때에만 기도는 악한 세상으로부터 도피하는 비겁한 행위가 아니라, 악한 세상에 맞서는 효과적인 공격이 될 수 있을 것이다.

---

10) J. 몰트만, 앞의 책, 179 이하.

여기서도 우리는 한국 교회의 이른바 "대표기도"의 관습을 냉철하게 점검할 필요가 있을 것이다. 회중을 대표하여 기도하는 자는 대개 회중을 바라보며 기도하며, 또한 상당히 많은 기도자들이 기도문을 미리 작성해서 - 마치 읽는 듯이 - 기도한다. 이런 자세와 방식으로 기도하다 보면, 자칫 기도가 오직 하나님에게만 드리는 진실한 기도가 되지 않고, 회중의 마음을 고무하고 회중의 귀를 어루만지려는 기교적인 기도로 변질되기 쉬울 것이다. 찬양처럼 기도도 인간을 자극하려는 목적으로 오용될 가능성이 늘 존재한다. 그러므로 비록 기도문은 미리 준비되어야 하겠지만, 그리고 비록 기도를 위해서도 기도해야 하고 기도할 내용과 표현도 미리 점검할 필요가 있겠지만, 미리 작성한 세련된 기도문을 읽기보다는, 비록 발음이 둔탁해지거나 어눌해지고, 문장도 종종 끊어지는 단점을 감수하더라도 - 성령의 인도를 신뢰하는 가운데서 즉흥적으로, 그러나 간절하게 - 마음에서 우러나오는 진실한 기도를 드리는 것이 훨씬 더 바람직할 것이며, 이와 더불어 가급적 회중을 덜 의식하기 위해서라도 기도자의 자세를 회중보다는 강단 쪽으로 방향을 돌리는 것이 더 좋을 것이다.

3) 설교

그리스도인들은 예배 중에 하나님의 말씀을 듣는다. 하나님의 말씀은 성서 속에 증언되어 있고, 성령을 통해 우리에게 살아 있는 말씀이 된다. 하지만 하나님의 말씀은 성서를 증언하는 인간의 입을 통해 전달되기 때문에 말씀 선포는 자연스럽게 인간의 증언에 의존할 수밖에 없다. 교회에 속한 지체들이라면 누구나 성서를 읽을 수 있고, 누구나 성서 속에서 하나님의 음성을 들을 수 있다. 이런 점에서 교회에 속한 지체들이라면 누구나 설교할 수 있다. 설교는 특정한 부류의 사람의 전유물이 아니라, 온 교회의 임무로서 모든 사람들에게 열려 있다. 다시 말하면, 설교의 주체는 개개인이 아니라, 교회다. 교회는 "그러므로 너희는 가서 모든 민족을 제자로 삼아 아버지와 아들과 성령의 이름으로 세례를 베풀고, 내가 너희에게 분부한 모든 것을 가르쳐 지키게 하라."(마 28:20)는 말씀을 모든 사람들에게 위임된 복음 선포의 명령으로 받아들인다.[11]

하지만 교회는 말씀을 선포하기에 적합하도록 훈련된 사람을 세워야 한다. 누구나 설교할 수 있다고 아무나 설교할 수 있는 것은 아니다. 교회는 거룩하고 사도적인 교회 안에서 특별히 훈련을 받은 설교자를 세워야 하며, 그의 해석을 통해 권위 있고 참된 말씀을 듣도록 노력해야 한다. 누구나 싸울 수 있다고 아무나 전투에 보낼 수는

---

11) 정인교, 『설교학 총론』(서울: 대한기독교서회, 2003), 77 이하.

없다. 오직 잘 훈련된 군인만이 제대로 전투를 치를 수 있다. 설교는 "하나님 나라의 진정한 전투장"이다.[12] 그러므로 교회는 잘 훈련된 영적인 전사를 통해 영적인 전투에서 승리할 수 있도록 힘써야 한다.

비록 설교자는 회중의 위임을 받아 회중을 향해 설교하지만, 그는 하나님의 명령이나 부르심에 순종하여 설교단에 오른다. 그러므로 설교의 진정한 권위는 설교자로부터 나오는 것이 아니며, 더욱이 성서로부터 나오는 것도 아니다. 설교의 권위는 설교자의 입을 빌려 오늘 여기서 말씀하시는 하나님으로부터 나온다. 그러므로 비록 설교자는 여러 면에서 매우 부족할지라도, "말씀을 전하라!"는 하나님의 명령과 "너와 함께하리라!"는 약속을 힘입어 담대하게 말씀을 선포할 수 있게 된다.

그렇다고 설교자는 하나님의 기적만을 바라면서, 설교 준비를 소홀하게 여겨서는 안 될 것이다. 설교자는 회중에게 설교하기 전에 자신에게 들려오는 하나님의 참된 말씀을 미리 듣기 위해 최선의 준비를 갖추어야 한다. 때로는 즉흥 설교가 기대 밖의 큰 은혜를 끼칠 수도 있겠지만, 준비되지 않은 설교는 대개 허공을 치는 주먹처럼 회중의 마음을 전혀 파고들지 못할 것이다. 그러므로 설교자는 항상 성서를 진지하게 연구해야 하고, 건전한 교리의 바탕 위에 설교를 튼튼하게 구성하려고 노력해야 하며, 시대의 흐름과 회중의 상황을 사려 깊게 살펴야 한다. 물론 아름답고 정확한 언어와 감동적인 음성, 적절

12) K. Barth, KD IV/3, 994.

한 표정과 진지한 몸짓은 설교의 영향력을 분명히 증대시킬 것이다. 하지만 성령의 감화와 인도가 없는 설교는 메마르고 공허할 것이다. 그러므로 설교를 준비하는 과정에서, 그리고 설교하는 바로 그 순간에도 설교자는 항상 성령의 인도를 간구해야 하며, 매 순간 성령의 감화를 기대해야 한다.

불행하게도 오늘날의 교회는 점점 더 구원의 기관이라기보다는 하나의 서비스 기관처럼 여겨지고 있으며, 심지어는 심리적 위로와 인간적 향락을 제공하는 장소처럼 취급되고 있다. 이러한 추세에 발맞추기라도 하듯이, 설교도 이제는 청중이 마음대로 골라잡을 수 있는 하나의 상품처럼 간주되는 경향이 점점 더 커져가고 있다. 이런 상황 속에서 설교의 권위도 성서로부터 회중으로 서서히 옮아가고 있는 듯이 보인다.

오늘날 설교가 권위를 갖는 까닭도 하나님의 말씀이 올바르고 힘차게 선포되기 때문이 아니라, 회중이 설교를 통해 감동을 받기 때문이다. 다시 말하면, 오늘날 설교는 실용적인 측면과 회중의 요구에 점점 더 많이 부응하려는 경향에 지배되고 있다. 물론 설교자는 설교를 듣는 회중의 상황을 세심하게 배려해야 한다. 하지만 설교의 권위를 하나님 또는 하나님의 말씀으로부터 회중의 반응으로 옮기려는 시도는 머잖아 설교의 죽음을 초래할 것이다. 설교의 죽음은 설교자의 죽음을 초래할 것이며, 결국에는 교회의 죽음을 초래할 것이다.

바르트에 따르면 설교란 하나님 자신에 의해 말씀되는 하나님의

바르트(1886~1968)

말씀으로서 성서 본문을 현대인과 연관하여 해석하라는 요청 아래 그 자신에게 맡겨진 위임에 복종하는 교회의 행위다. 설교는 그 자체로서 하나님의 말씀이 아니라 하나님의 말씀을 증언하는 인간의 말이다. 설교자의 말은 그 자신의 말이라는 의미에서 자유로운 말이며, 그 자신의 독창적인 언어로 전달된다. 하지만 설교자는 단지 하나님의 말씀을 가리키는 이정표와 손가락의 역할을 할 따름이다. 이런 점에서 설교자는 예언자의 직무를 수행한다. 여기서 인간은 단지 하나님의 말씀에 봉사할 따름이다. 인간은 단지 하나님의 말씀을 알리려고 시도할 따름이다. 하지만 여기서 일하는 분은 하나님이다. 여기서 말씀하는 분은 우리 인간이 아니라 하나님이다. 그러므로 결단을 촉구하는 자도 인간이 아니다. 인간의 결단은 오직 하나님과 인간 사이에서 일어나는 일이기 때문에 설교의 본질적인 과제가 아니다.[13]

그러므로 설교자는 자신의 목적과 계획을 가지고 설교해서는 안 된다. 인간은 다만 하나님이 설교에서 행동하기를 기대하는 것 이상을 할 수 없다. 하나님은 설교 속에서 친히 자신의 목적과 계획을 관철한다. 그러므로 설교자는 성서가 말하는 것을 뒤따라 말해야 하고, 성서에 흐르는 고유한 사고의 흐름을 따라가려고 해야 하며, 그것을 벗어난 임의의 목적을 추구해서는 안 된다. 설교자는 하나님의 말씀

13) 칼 바르트, 정인교 옮김, 『칼 바르트의 설교학』(서울: 한들, 1999), 48 이하.

앞에서 철저한 복종과 봉사의 자세, 겸손과 자제를 지녀야 한다. 왜냐하면 설교는 하나님이 친히 말씀하는 사건으로 철저히 하나님의 독자적인 행동이기 때문이다.[14)]

물론 설교자는 회중도 반드시 존중해야 한다. 설교자는 회중을 무시해서는 안 된다. 만약 설교자가 회중을 무시한다면, 그는 사람들에게 권력을 휘두르는 목사, 곧 폭군이 되고 말 것이다. 설교자는 회중을 사랑해야 하고, 회중의 실제적인 상황에 대해 열린 자세를 지녀야 하고, 회중 한 사람 한 사람에게 무엇을 말해야 하는지를 알아야 하며, 회중의 상황을 고려해야 한다.[15)]

이런 맥락에서 우리는 다음과 같이 진지하게 질문해야 된다. 오늘날 설교는 과연 청중의 모든 상황을 고려하는가? 비록 설교자가 회중을 사랑한다고 해도, 회중의 상황을 충분히 파악하기는 어렵고, 그래서 회중의 모든 상황을 고려하기도 어렵다. 더욱이 설교자가 회중 한 사람 한 사람에게 말하듯이 설교하기란 거의 불가능하다. 이런 설교는 오직 작은 교회에서만 가능할 것이다.

하지만 설교의 더 큰 난제는 다른 곳에 있다. 오늘날 설교는 마치 연설처럼 철저히 일방통행 방식으로 이루어진다. 왜냐하면 설교는 추론과 토론과 논쟁이 아니라 선포와 부름과 초대이기 때문이다.[16)] 그러므로 설교자가 무슨 설교를 하든, 회중은 오직 수동적으로 설교

---

14) 같은 책, 51 이하.
15) 같은 책, 100.
16) 바르트에 따르면 설교는 반성하거나, 추론하거나, 논박하거나, 강의해서는 안 된다. 설교는 선포하고, 호소하고, 초대하고, 명령한다. K. Barth, KD IV/3, 996.

를 들어야만 한다. 비록 설교자가 이해하기 어려운 설교를 하더라도, 비록 설교자가 비성서적이고 비기독교적인 설교를 하더라도, 비록 설교자가 자신의 특정한 목적을 관철하기 위해 설교를 악용하더라도, 회중은 설교에 전혀 관여할 수 없는 처지에 있다. 이런 상황에서 회중이 할 수 있는 일이란 인내심을 발휘하며 설교를 묵묵히 들어주든지, 아니면 설교에 귀를 닫고 마음의 문까지 걸어 잠그든지, 아니면 회중석을 조용히 떠나버리는 것이다. 비록 투덜거리며 자리를 박차고 일어나거나 내심으로 설교자를 비판할 수는 있겠지만, 회중이 설교자에게 공개적으로 질문을 던지거나 이의를 제기하기란 거의 불가능하다.

하지만 초기 교회의 복음 선포는 일방통행이 아니라 쌍방통행의 대화였다. 사도행전에 기록된 사도들의 설교는 일방적인 독백이 아니라 대화 형식을 띠고 있었고, 그래서 회중의 의견이 포함되었고, 종종 회중에 의해 설교가 중단되기도 했다. 1세기의 설교와 가르침을 표현했던 용어 "디아레고마이"(dialegomai, 행 17:2, 17, 18:4, 19, 19:8~9, 20:7, 9, 24:25)는 대화의 쌍방통행을 의미한다. 영어 "다이얼로그"(dialogue)는 바로 이 말에서 유래한 것이다. 이런 설교가 일방통행 형식의 연설처럼 변한 것은 바로 그리스의 소피스트들과 수사학을 활용한 연설가들의 역할이 교회 속으로 파고들었기 때문이다. 한마디로 그리스와 로마의 연설 방식의 설교가 초기 교회의 예언적 선포와 열린 대화를 대체하고 말았다. 설교가 성직자와 감독의 특권으로 변하면서 이런 현상은 완전히 고착되고 말았다. 그리하여 회중은

완전히 벙어리 구경꾼으로 전락하게 되었다.[17)]

오늘날 모든 사람들이 당연하게 여기는 이런 관습을 우리는 계속 유지해야 옳은가? 비록 일방통행 방식의 설교는 예배가 방해를 받지 않고 조용하고 경건하게 진행되는 데 기여하겠지만, 답답하고 괴로운 회중의 고민은 여전히 풀리지 않을 것이다. 설교 후에 강단 아래서 설교 내용에 관한 질문과 대답, 토론이 이루어지는 경우는 매우 드물다. 그러므로 회중의 참여와 토론을 완전히 배제한 설교는 결국 회중을 벙어리와 떠돌이로 만들게 될 것이다. 교회가 수직적이고 계급적인 조직이 아니라 하나님의 백성이요, 그리스도의 몸이요, 성도의 교제라면, 설교도 성도의 교제로부터 힘차게 출발하고, 성도의 교제를 통해 활발히 전개되며, 그래서 성도의 교제를 날로 더 풍성하게 해야 하지 않겠는가! 오늘날의 닫힌 일방통행 방식의 설교는 열린 쌍방통행 방식의 설교에 의해 보완되고 수정되어야 하지 않겠는가![18)]

---

17) 프랭크 바이올라, 이영목 옮김, 『교회가 없다』(서울: 대장간, 2007), 75 이하.
18) 회중을 설교에 참여시키는 설교로서는 예컨대 대화설교, 찬송설교, 역할설교 등이 있다. 정인교, 앞의 책, 323 이하 참조.

4) 신학

신학은 교회의 중요한 기능 중의 하나다. 만약 교회가 없었다면, 신학도 존재하지 않았을 것이다. 신학은 공허한 공간에서 생겨난 것이 아니라, 교회의 봉사로부터 생겨났다.[19] 그러므로 신학은 철저히 교회를 위해 봉사해야 한다. 신학은 교회를 떠나서 성립되는 학문이 아니라, 교회 안에서 이루어지는 그리스도교 신앙의 기능이며, 교회의 자기반성이다. 신학은 공허한 이론을 위해서가 아니라 신앙 공동체를 위해 봉사하는 학문으로 세워졌다. 그러므로 만약 신학이 교회를 벗어나려고 한다면, 그 즉시 신학은 죽은 학문이 되고, 그래서 교회로부터 외면을 받게 될 것이다. 만약 신학이 자신의 뿌리인 교회를 벗어나서 전혀 다른 목적을 위해 봉사하려고 한다면, 자신의 존재 가치와 활력을 잃어버리게 될 것이다.

그렇지만 교회도 신학 없이는 존재할 수 없다. 신학은 교회의 모든 행위를 검증하고 판단하는 잣대의 역할을 한다.[20] 신학은 물려받은 전통적 유산을 다음 세대에 온전히 물려주는 역할을 할 뿐만 아니라, 새로운 시대의 사람들에게 적절하게 전달해 주는 해석학적 과제를 수행한다. 더욱이 신학은 온갖 거짓 교훈과 이단적인 가르침에 맞서 교회를 보존하는 임무를 수행하고, 신자들을 올바로 교육하고 신실한 일꾼을 세우는 일을 위해서도 봉사한다.

---

19) K. Barth, KD IV/3, 1007.
20) 같은 책, 1007.

그러므로 교회는 신학을 위해 봉사해야 한다. 먼저 교회는 훌륭한 신학자를 육성하고 발굴하기 위해 노력해야 하고, 그들을 정신적 · 물질적으로 지원하고 격려해야 한다. 한 명의 위대한 신학자가 얼마나 많은 사람들에게 큰 영향력을 끼치는가! 바울을 보라! 그는 위대한 복음 전도자임과 동시에 위대한 신학자였다. 열정적인 선교 정신만이 아니라 탁월한 신학을 통해서도 그는 광활한 땅에 수많은 교회를 세웠고, 수많은 믿음의 제자들을 만들었으며, 흔들리는 수많은 교회를 올바로 세울 수 있었다. 아우구스티누스를 보라! 그는 자신의 위대한 생애와 신학을 통해 지금까지도 수많은 사람들에게 감동을 주고 있으며, 수많은 사람들을 교회로 인도하고 있다. 루터와 칼뱅을 보라! 그들은 성서적이고 복음적인 신학의 재발견과 발전을 통해 수많은 교회를 갱신했으며, 수많은 제자들을 낳았다. 바르트를 보라! 그는 자신의 위대한 신학을 통해 잘못된 신학을 교정하고 빗나간 교회를 올바로 세우는 일에 크게 기여했다. 여기서 우리는 위대한 신학자들의 이름과 공헌을 이루 다 열거할 수 없다. 중요한 점은 목회자와 부흥사, 선교사 못지않게 신학자의 사명도 참으로 크고 중요하다는 사실을 교회가 분명히 깨닫고, 훌륭한 신학자를 양성하고 후원하기 위해 최선의 노력을 기울여야 한다는 사실이다.

그리고 교회는 신학교육을 위해서도 적극적으로 후원해야 한다. 교회는 신학교육을 담당하는 기관(신학대학)과 신학연구를 수행하는 기관(연구소)을 위해서도 아낌없는 후원을 보내야 한다. 교회는 안일하게 신학기관의 열매만을 따먹으려고 해서는 안 된다. 더욱이 오늘날 신학대학은 세속적인 교육철학에 떠밀려 무력하게 표류하고 있다. 이러한 상황 속에서 신학대학은 이미 오래전부터 신앙적 가치와 복음 전파의 사명보다는 물질적 가치와 상업주의에 더 크게 휘둘리는 형편이 되어가고 있다. 교회와 신학대학은 한 몸이요, 공동 운명체다. 그러므로 교회는 신학기관을 건강하고 올바로 세우는 일에 적극적으로 협력해야 한다. 비록 교회의 성패가 오직 신학기관에만 달려 있는 것은 아니지만, 신학기관의 실패는 교회에게 치명적인 고통과 시련을 가져다줄 것이다.

다행하게도 오늘날에는 교회와 신학의 관계가 예전보다 더 친밀해졌으며, 상호간의 협력과 지원이 점점 더 활발하게 이루어지고 있다는 것은 매우 바람직한 현상이다. 그럼에도 불구하고 교회와 신학 또는 목회와 신학의 괴리는 여전히 크다. 여전히 신학자들은 교회와 목회 현장을 위해 섬기려고 고민하기보다는 교회가 이해하기 어려운 언어와 논리의 탑을 쌓고 있다. 여전히 목회자들은 올바른 신학을 통해 교회를 세우려고 하기보다는 교회의 양적 성장과 물량적인 성과에 연연하고 있다. 신학자와 목회자의 길을 동시에 걸었던 정진경은 자신의 목회 경험을 통해 느꼈던 신학과 교회의 심각한 괴리 현상을 다음과 같이 설명한다. "아직까지 신학은 전 신도, 전 교회를 위한 것이 못 되고, 신학자들만의 독점물이라는 인상을 준다. 따라서 일부 교회를 제외하고는 한국 교회에 신학이 존재하느냐 하는 것까지 의심할 정도로 -

정진경(1921~2009)

신자와 신학의 관계는 제쳐놓더라도 - 목회자와 신학의 거리마저 너무 멀다는 데 문제가 있다."

신학과 목회의 큰 괴리의 이유를 정진경은 신학자들의 현장경험 부재와 목회자들의 신학 외면에서 찾는다. "신학이 죽은 신학으로 끝나는 이유 중의 하나가 신학적 이론이 너무 추상적이고 고답적이며 삶과 신앙의 현실에 뿌리를 내리지 못한 점이라고 볼 수 있다. 목회자나 일반 신자들 사이에서도 신학을 마치 하나님의 말씀을 상대화하고 기독교 신앙을 파괴시키거나 약화시키는 위험한 사상이라고 배척하는 경향이 있는데, 이 점도 신학과 교회를 유리시키는 이유가 될 것이다. 하지만 아무리 은혜가 매주일 소나기처럼 쏟아져 내린다 해도, 그것을 뒷받침하는 신학적 근거가 없다면, 그 은혜는 허공을 치고 말 것이며, 또 오래 지속되지도 못할 것이다. 만일 신학이 신학교 강의실의 이론으로만 끝난다면 그것은 죽은 신학이 될 것이다." 21)

교회가 없는 신학은 무익하고, 신학이 없는 교회는 공허하다. 신학은 교회를 섬기고 교회에 유익을 끼치기 위해 항상 노력해야 하고, 교회도 신학을 통해 자신을 세우고 검증하고 갱신하려는 노력을 멈추지 말아야 한다. 하지만 신학이 단지 교회만을 위해 봉사하는 것은 아니다. 신학은 물론 일차적으로 교회를 위해 봉사해야 하지만, 교회 밖에 있는 사람들을 위해서도 봉사해야 한다. 다시 말하면, 신학은

21) 정진경, 『목회자의 지성과 인격』(서울: 도서출판 진흥, 1998), 241; 이신건 엮음, 『성결교회 신학의 역사와 특징』(부천: 성결신학연구소, 2000), 36 이하 참조.

교회를 비판하거나 공격하는 사람들에게 복음을 옹호하고 변증하는 임무도 동시에 수행해야 한다. 그렇게 하기 위해 신학은 세상의 사상과 철학에도 주목하고, 그들과 비판적으로 대화할 수 있어야 한다.[22)]

22) K. Barth, KD IV/3, 1010.

5) 선교

"너희는 온 천하에 다니며 만민에게 복음을 전파하라."(막 16:15) 교회는 예수 그리스도로부터 선교 명령을 받았다. 하지만 선교의 가장 중요한 일차적 근거는 바로 하나님의 의지에 있다. 곧 하나님은 세상을 매우 사랑하기 때문에 자신의 아들을 세상에 보냈고, 아들도 아버지의 뜻에 따라 제자들을 세상에 보냈다. "아버지께서 나를 보내신 것과 또 나를 사랑하심같이 저희도 사랑하신 것을 세상으로 알게 하려 함이로소이다."(요 17:23) 예수 그리스도가 떠난 후에 하나님은 성령을 보냈고, 성령은 그리스도인들을 세상에 보낸다. "오직 성령이 너희에게 임하시면 너희가 권능을 받고 예루살렘과 온 유대와 사마리아와 땅 끝까지 이르러 내 증인이 되리라."(행 1:8) 따라서 선교는 하나님의 영원한 사랑의 실현이다. 그러므로 선교는 우선, 그리고 항상 하나님의 선교(Missio Dei)일 수밖에 없다.[23] 그러므로 선교의 주체는 교회가 아니라 하나님이며, 교회는 단지 선교의 도구로서 하나님의 선교에 참여할 수 있을 따름이다.

선교의 목표는 해방이다. 하나님은 인간을 죄악으로부터 해방하기를 원하며, 인간으로 하여금 자신의 영광에 참여하기를 원한다. 이것은 모든 사람이 죄를 회개하고 하나님에게로 돌아와서 하나님의 백성이 되는 것을 의미하고, 그리스도 안에서 새로운 피조물이 되는

23) 칼 뮬러, 김영동, 김은수, 박영환 옮김, 『현대선교신학』(서울: 한들, 1997), 65.

것을 의미한다. 하지만 하나님의 창조의지와 구원의지는 서로 분리되어 생각할 수 없다. 그래서 구원은 통전적 · 총체적으로 이해되어야 한다.[24] 구원은 단지 인간의 영혼만을 구원하는 것이 아니라 인간 전체를 구원하는 것이고, 단지 개인만을 구원하는 것이 아니라 인류를 구원하는 것이며, 더 나아가 하나님이 창조한 세계를 새롭게 하는 것을 포함한다. 우주 자체는 하나님을 계시하고 하나님의 보편적인 구원 계획을 공유한다.[25] 구원은 포괄적이고, 공동체적이고, 우주적이다.

하지만 오늘날까지도 사람들은 선교를 매우 다양한 용어로 제 각기 다르게 정의한다. 선교란 예컨대 신앙 전파, 이방인 회심, 기쁜 소식의 선포, 기독교의 확대, 교회의 설립과 확장, 교회 성장, 그리스도교 왕국의 확장 등이라고 정의된다.[26] 여기서 사람들과 교회들, 교파들은 서로 간에 다양한 견해와 의견 차이를 드러내고 있다. 오늘날 교회는 조직과 제도, 전통의 차이만이 아니라 신학과 신앙의 차이 때문에, 특히 선교에 대한 서로 다른 이해와 실천 때문에 서로 분열하고 갈등하고 있다. 어떤 사람은 선교를 오직 개인의 회심, 곧 전도 활동에만 제한하기를 원하며, 이럴 경우에도 종종 인간의 영혼에만 관심을 두려고 한다. 어떤 사람은 인간 전체를 구원의 대상으로 볼 뿐만 아니라, 사회와 세상과 자연까지 구원의 대상에 포함하기를 원한

24) 같은 책, 65, 113.
25) 도날드 시니어, 캐럴 슈툴뮐러, 최성일 옮김, 『선교의 성서적 기초』(서울: 다산글방, 2003), 561 이하.
26) 칼 뮬러, 앞의 책, 40.

다. 또 어떤 사람은 개인 전도를 더 강조하고, 어떤 사람은 사회 참여를 더 강조한다. 이 두 가지를 선교의 중요한 과제로 보면서도 여전히 전도를 우선시하는 입장이 있는가 하면,[27] 사회 참여를 우선시하는 입장도 있다.[28]

하지만 우리는 하나님이 창조하고 다스리는 영역을 구분할 수는 있지만, 서로 분리할 수 없다. 하나님의 사랑 또는 구원 의지는 특정한 영역에만 제한될 수 없으며, 더욱이 여러 영역들 가운데서 우선순위와 가치의 경중(輕重)도 쉽사리 결정하기 어렵다. 왜냐하면 하나님은 자신의 왕권으로 만유를 다스리며(시 103:19), 만유의 주로서 만유위에 계시고, 만유를 통일하기(엡 4:6) 때문이다. 하나님의 사랑과 구원에서 제외되는 영역은 존재하지 않는다. 예수 그리스도의 인격과 활동 안에서 실현되는 하나님의 나라는 모든 피조물에 미치는 크고 기쁘고 놀라운 소식, 곧 복음이다. 그러므로 선교란 복음 선포와 실천을 위한 교회의 모든 활동을 포괄한다.

하나님의 나라는 다음과 같이 포괄적으로 정의될 수 있다. 부정적으로 정의한다면, 하나님의 나라란 정치적으로는 폭정과 독재로부터

---

27) 로잔 언약은 지금까지 복음주의자들이 사회적 책임을 감당하지 못했음을 고백하고, 구원이 개인적일 뿐만 아니라 사회적이기도 하다는 점을 강조함에도 불구하고 "사람과의 화해가 하나님과의 관계가 아니며, 사회적 활동과 정치적 해방이 곧 전도는 아니라"고 천명하면서, 여전히 복음전도의 우선순위를 강조한다. 김한옥, 『기독교 사회봉사 신학의 역사와 신학』(부천: 실천신학연구소, 2004), 75 이하 참조.

28) WCC는 교회의 사회참여에는 지대한 발전을 보였지만, 복음주의적 선교열정을 상당히 상실하였고, 교회의 정체성을 약화하는 한계를 지닌다. 안승오, "에큐메니칼 선교의 '선교 개념'에 관한 연구", in: 「長神論壇」 40(서울: 장로회신학대학교출판부, 2011), 361 이하 참조.

의 해방을 의미하고, 경제적으로는 독점과 착취로부터의 해방을 의미하고, 사회적으로는 차별과 배제로부터의 해방을 의미하고, 창조적으로는 자연과 생명 파괴로부터의 해방을 의미하며, 인격적으로는 불신앙과 심판으로부터의 해방을 의미한다. 긍정적으로 정의한다면, 하나님의 나라란 정치적으로는 자유와 인권의 실현을 의미하고, 경제적으로는 공유와 나눔의 실현을 의미하고, 사회적으로는 평등과 화해의 실현을 의미하고, 창조적으로는 자연과 생명의 보전(保全)을 의미하며, 인격적으로는 의화(義化)와 성화(聖化)와 영화(榮化)를 의미한다.

선교는 하나님의 나라를 세상 안에서 선포하고 실천하려는 교회의 모든 활동을 포괄한다. 그러므로 교회는 하나님 나라의 선교를 위해 자신의 좁은 울타리를 과감히 넘어서야 하며, 자신을 넘어서 온 우주에 실현될 하나님의 완전한 통치를 미리 지시하고, 미리 취하며, 미리 실천하려고 노력해야 한다. 교회의 이러한 활동을 통해 하나님의 나라는 점점 더 확장되어 간다. 물론 하나님의 나라는 여전히 기도와 희망의 대상이다. 하지만 하나님의 나라가 교회의 활동을 통해 중재되는 한, 그리고 하나님의 나라가 그리스도의 몸인 교회를 통해 세상 안에서 힘차게 확장되어가는 한, 교회는 하나님의 나라 실현의 효과적인 도구라고 볼 수 있다. 비록 오직 교회만이 하나님 나라의 유일한 도구는 아니지만, 교회는 하나님의 나라를 가장 분명히 대변하고 선취하는 곳이다. 교회는 성령의 능력 안에서 하나님의 나라를 오늘 여기서 가장 힘차게 실현한다.

어떤 사람들은 "교회가 이 모든 일을 어떻게 감당할 수 있는가?" 라고 질문하거나, "교회가 어떻게 세상의 모든 일에 시시콜콜 개입하고 간섭할 수 있는가?" "교회는 오직 영적인 일이나 종교적인 일에만 몰두해야 하지 않는가?" 라고 질문할 것이다. 물론 교회는 신정국가가 아니다. 교회는 정치단체나 종교단체 또는 사회단체가 아니다. 그러므로 교회가 세상의 정부임을 자처하거나, 세상을 직접 다스리겠다고 나설 수도 없고, 세상의 모든 문제를 해결하겠다고 자처할 수도 없다. 본회퍼의 말대로 교회는 세상의 문제를 위한 해결책을 가지고 있지 않다. 복음의 본질은 세상의 문제를 해결하는 것이 아니며, 교회의 임무도 그런 것이 아니다. 교회가 세상에게 주어야 할 말은 오직 예수 그리스도이며, 그의 이름 안에서 주어지는 구원이다. 교회의 말은 "회개하라!" 는 부름이고, "그리스도 안에 나타난 하나님의 사랑을 믿어라!" 는 부름이며, "그리스도의 재림과 오고 있는 하나님의 나라를 위해 준비하라!" 는 부름이다. 이와 같은 임무를 통해 교회는 세상과 책임적인 관계를 맺는다. 교회는 말과 행동으로 세상을 향해 그리스도에 대한 신앙을 증언하고, 온갖 저항 앞에서 복음을 증언할 공간을 만들어야 한다.[29]

29) D. Bonhoeffer, 손규태, 이신건, 오성현 옮김, 『윤리학』(서울: 대한기독교서회, 2010), 423 이하.

8. 나가는 말

8. 나가는 말

“2006 성서한국대회”(7월 28일)의 한 모임에서 “하나님 나라 운동과 공동체 운동”이라는 주제 아래 토론회가 진행되었는데, 이 모임에 참석한 사람들은 공동체가 이 땅에 하나님의 나라를 건설할 수 있는 대안이 될 수 있다고 강조했고, 그들은 각자 공동체에 대한 열정을 품은 채 자신의 삶의 현장으로 돌아갔다고 한다. 그들이 말한 “공동체”란 반드시 교회만을 뜻하는 것은 아니겠지만, 여전히 교회에 대한 강한 기대와 미련을 버리지 못한 것처럼 보인다. 이를 보도한 인터넷 매체 뉴스앤조이(7월 31일)에는 다음과 같은 네티즌들의 댓글이 눈에 띄었다.

> 공동체 만든답시고 헌금 많이 하는 신자 우선이 된 교회가 혐오스럽다. 교회야말로 노블리스 오블리제의 장이 되어야 하거늘, 목사는 돈 많은 신자 눈치 보며 아부하기에 급급하다. 하나님의 사역이란 결과뿐 아니라, 과정에서도 승리해야 하거늘, 성경을 아전인수 격으로 해석해가면서 복음주의와 이상주의를 혼돈하는 먹사들 때문에 예수님만 또 십자가형을 받으시는 한국 교회!

> 신앙생활은 세속 공동체에 속했던 자신의 호적을 신앙 공동체로 옮기는 것이지요. 그것을 안 하고 신앙생활을 하려니 온갖 변형된 복음을 만들어

내는 것입니다. 호적을 옮깁시다. 하나님의 나라로. 그런데 어디 호적을 받아주는 공동체가 있어야 말이지요. 우리가 만듭시다. 실제로 사람들이 호적을 옮겨올 수 있는 하나님의 나라를…

공동체가 답이 아니라 어떤 공동체를 만들어 가느냐가 더 좋은 답일 듯한데, 그런 좋은 모델상을 제시하는 것이 더 좋은 해답일 듯…

신앙 공동체라는 말을 많이들 하지만 성경적 핵심은 삶을 실제로 책임지는 공동체이지요. 부모도 자식도 형제도 결국은 못하는 그 일을 지체들이 상호간에 하는 것이 아가페 사랑이라고 봅니다. 자기 삶은 자기가 책임져야 하는 것이 소외된 인간의 처절한 실존이지요. 그 인생의 처절한 짐을 서로가 나누어지는 것, 그것이 신앙 공동체입니다. 자기 목숨까지 포기하지 않으면 절대로 할 수 없는 그것. 내 부모, 내 자식, 내 식구라는 본능적 자기 방어 기제까지 무너져야만 할 수 있는 그것. 검을 주러 오셨다는 말씀이 우리 앞에 있습니다. 사랑하는 자들의 삶의 공동체…

교회 공동체에 대한 여전한 기대와 깊은 실망감을 거침없이 쏟아낸 글들이다. 기대든 실망이든, 교회가 공동체여야 한다는 점에서는 모두가 분명하게 일치를 보인다. 그런데 교회는 과연 공동체인가? 교회는 언제나 공동체임을 스스럼없이 표방할 수 있는가? 누가 들어도 어리석을 법한 이런 질문을 다시 한 번 던져본다. 교회가 공동체라는 사실을 의심하는 사람이 어디 있겠는가! 교회(敎會)라는 이름 자체부터 이미 모임, 공동체라는 뜻을 지니고 있지 않은가! 그래도 이 이름은 여전히 미흡한 듯이, 사람들은 흔히 "교회 공동체"라는 말을 쓰곤 한다. 하지만 이것은 완전한 동어반복(同語反覆)이 아닌가! 물론 우리 말에는 이런 현상이 꽤 흔한 편이다. 예컨대 역전앞이니, 처갓집이니, 돼지 족발 등 이루 셀 수가 없다.

하지만 교회에다 굳이 공동체라는 사족(蛇足)을 다는 이유는 우리만의 고유한 언어 습관 때문만은 아닐 것이다. 실로 "교회 공동체"라는 말은 "교회는 모름지기 공동체가 되어야 하지만, 지금의 교회는 공동체가 아니다."라는 비판과 함께 교회 공동체를 이루고 싶은 간절한 소망을 내포하고 있는 듯이 보인다. 그래서 어떤 사람들, 예컨대 몰트만은 더 나아가 "공동체적 교회"라는 말을 제안하기도 한다.

당연히 공동체여야 할 교회가 왜 실제로는 공동체가 아니라고 사람들은 느끼는가? 사소한 이유일지는 몰라도, 어떤 사람들은 말꼬리 잡기를 좋아한다. 작고하신 대천덕(토레이) 신부는 언젠가 교회를 한자어로 "敎會"라고 쓰지 말고 "交會"라고 고쳐 쓰자고 제안한 적이 있다. 비록 세상의 사교 모임과 구별되기 어렵다는 느낌을 주긴 하지만, 그래도 모처럼 듣는 신선한 말이었다. "사귐과 모임!" 이라니, 교회의 공동체적 성격이 한층 더 두드러져 보이지 않는가! 솔직히 옛날에 비해 오늘의 교회는 상당히 썰렁하지 않는가! 그러므로 이름이라도 참신하게 고치는 것도 하나의 좋은 방법일 수 있겠다. 참으로 무뚝뚝하고 비사교적인 독일 사람들도 오래전부터 교회를 Gemeinde(공동체)라고 불러오지 않았던가!

교회가 공동체라는 진리는 조금도 의심할 여지가 없다. 일단 성서가 공동체에 관한 용어를 얼마나 풍성하게 제공하는가! 하나님의 백성, 선택된 백성, 새로운 이스라엘 혹은 참 이스라엘, 새로운 가정, 사랑하는 자들, 그리스도의 몸, 포도나무와 가지, 자녀들, 양떼, 제자들, 형제들, 성도들, 성도의 교제, 새 성전 등이다. 하지만 르와시(A. Loisy)의 말대로 예수는 하나님의 나라를 선포하였는데, 왜 교회가 왔는가? 이 말은 원래 르와시가 부정적으로 쓴 게 아니었다고 하는데, 그의 의도와 달리 주로 부정적으로 사용되곤 하였다. 그리하여 "예수가 교회를 설립하거나 기대하였는가?"를 되물을 때마다 이 말은 구호처럼 애용되었다.

그렇다면 하나님의 나라와 교회는 무슨 상관이 있는가? 교회는 하나님 나라의 대체물인가, 아니면 연속체인가? 교회는 하나님 나라의 전단계(前段階)인가, 아니면 그 표징(表徵)인가? 달리 질문하면, 교회가 하나님의 나라인가, 아니면 하나님의 나라가 교회인가? 학자들마다 견해가 엇갈리고, 그래서 아직도 토론이 분분하다.

지금까지 이와 같은 지루한 논쟁에 중요한 획을 그은 학자들이 적지 않게 나타났지만, 여기서는 특히 공동체의 개념과 관련하여 성서신학적 해결을 모색한 한 사람을 중심으로 말을 이어갈까 한다. 그의 이름은 게르하르트 로핑크(Gerhard Lohfink)다. 그는 자신의 책 『예수는 어떤 공동체를 원했나?』(Wie hat Jesus Gemeinde gewollt?)에서 "예수가 어떤 형태의 공동체를 원했는가?"라기보다는 "예수가 어떤 방법으로 공동체를 형성하기를 원했는가?"를 밝힌다. 하지만 이 책은 실제로 두 가지 주제를 함께 다루고 있다. 다시 말하면, 이 책은 "예수가 어떤 형태의 공동체를 어떤 방법으로 형성하기를 원했는가?"를 말하고 있다. 부제(副題)가 말해 주듯이, 이 책은 "그리스도교 신앙의 사회적 차원"을 논한다.

여기서 로핑크는 예수가 선포한 하나님의 나라가 교회와 뗄 수 없는 상관성을 지니며, 교회는 새로운 이스라엘로서 하나님 나라의 도래를 삶으로 드러내야 한다는 사실을 아주 명쾌하고, 매우 설득력 있게 변증한다. 예수가 원한 것은 영혼의 위로와 구원이 아니라 종말론적인 하나님의 백성의 소집이며, 교회는 산 위의 도시로서 만인의 빛이 되어야 한다. 하나님 나라의 피안화(彼岸化)와 개인화(個人化)에 격렬하게 저항하면서 로핑크는 이렇게 묻는다. "만약 하나님의 백성을 통해 하나님 나라의 사회적 차원이 인간들에 의해 표출되지 않는다면, 도대체 하나님의 나라가 어떻게 지상에 도래할 수 있겠는가?" 예수의 제자 공동체, 새로운 가정, 새로운 이스라엘 공동체는 하나의 이상 사회가 아니라 매우 현실적인 사회적 실재다. 이 사회 안에서는 일체의 사회적 장벽들이 무너지고, 일체의 폭력과 지배가 단념되며, 진정한 형제애가 실천된다.

이런 사회를 로핑크는 대조사회(對照社會: Contrastgesellschaft) 혹은 대척사회(對蹠社會: Gegengesellschaft)라고 부른다. 그 이후로 이 용어는 교회를 상징하는 대표적인 용어로서 한국 교회에 널리 애용되고 있다. 하지만 필자는 종종 이를 대안사회(對岸社會 혹은 代案社會)로 고쳐 부르기도 한다. 이것은 세상과 마주보는 다른 세상을 만든다는 부정적인 의미와 함께 세상 안에서 다른 세상을 만든다는 긍정적인 의미도 갖는다. 로핑크의 생각에도 이 두 가지 관점이 분명히 들어가 있다고 믿는다.

병든 하나님의 백성을 치유하고 흩어진 하나님의 백성을 새롭게 소집하려는 예수의 의도는 초기의 공동체들로 계속 이어졌다고 한다. 이는 "서로 함께"(알렐론)라는 상호 대명사가 얼마나 자주 등장하는가를 통해 넉넉히 설명된다. 서로를 한 몸처럼 사랑하고 한마음으로 섬기는 교회를 우리는 뭐라고 불러야 하는가? 비록 "생활 공동체"(생산 공동체, 소비 공동체)는 아닐지라도, 이 정도라면 적어도 "운명 공동체"라고 불러야 합당하지 않겠는가! 물론 함께 생활하지 않는 공동체가 어떻게 운명 공동체가 될 수 있겠는지를 날카롭게 질문할 수도 있을 것이다. 다만 결과야 어떠하든, 예수의 제자들의 공동체는 처음부터 생활과 운명 공동체를 지향하지 않았는가!

그렇지만 예수는 모든 사람들을 이와 같은 공동체로 부르지는 않았다. 지역 공동체 안에 머물면서 제자들의 공동체를 후원한 흩어진 공동체들도 분명히 있었다. 그들이 속한 공동체가 어떤 것이었는지는 비교적 소상히 알려졌지만, 그들 상호 간에 어떤 연대(공동체)를 이루었는지는 불분명하다. 하지만 예수의 제자들의 공동체 안으로 들어오지 않은 사람들도 같은 희망, 곧 다가오는 하나님 나라의 희망을 공유하며 살았다. 그렇기 때문에 그들은 때때로 사회적 의무와 향락을 거부하였고, 그로 말미암아 사회로부터 거부와 차별과 박해를 받았으며, 종종 사회와 심한 충돌을 빚기도 하였다. 이 모든 일이 어찌 개인적 결단과 소영웅주의로만 이루어질 수 있겠는가!

신자와 불신자를 가르지 않고, 많은 사람들이 한국 교회의 위기를 말한다. 교회가 위기에 빠진 진정한 원인은 교세의 감소와 대형 교회(목회자)의 타락, 사회적 신뢰도 추락 등과 같은 표면적인 현상보다는 이보다 더 근원적으로 교회가 자신의 본질 혹은 방향을 잃어버린 사실에 있다고 생각한다. 물론 교회는 대조사회(對照社會)로서 언제나 세상의 인기와 존경만을 누릴 수는 없다. 하지만 교회는 대안사회(代案社會)로서 세상 사람에게 진정한 대안을 제공해 주어야 한다. 로핑크의 말대로 그리스도인이 사회에 이바지할 수 있는 가장 중요하고 가장 대치될 수 없는 봉사는 아주 간단하다. 교회가 참으로 교회가 되는 것이다. 다른 말로 하면, 교회가 참으로 하나님 나라의 공동체가 되는 것이다. 바로 그럴 때에만 교회는 세상의 소금과 빛, 하나님 나라의 누룩이 될 수 있다.

하지만 현실은 암울하다. 유감스럽지만 하나님의 나라를 희망하는 교회의 공동체적 성격은 날로 약해지고 있다. 무한경쟁을 부추기는 천민자본주의 사회 안에서 교회의 세속화, 상업화와 그로 인한 양극화가 날로 심해지고 있다. 다른 교회들과의 공동체적 결속은 두말할 것도 없고, 한 교회 안에서도 교인들의 공동체적인 연대는 점점 더 약해지고 있다. 최근에 유행을 타고 있는 셀(Cell) 교회 운동이 이런 현상을 조금은 완화해 줄 수 있을지는 몰라도, 이런 운동이 대안사회와 대조사회로 발전하기에는 턱없이 부족하다고 생각된다.

예수의 제자들의 공동체처럼 비록 생활과 운명의 공동체를 꾸려갈 수는 없을지라도, 교회와 교인의 숫자를 늘리는 일에만 열중하지 말고 모인 사람들이 초기 공동체처럼 최소한 운명의 공동체로 발전해 가려고 몸부림을 쳐야 하지 않겠는가! 그래야만 최소한 예수가 세우길 원했던 하나님 나라의 공동체에 부응할 수 있지 않겠는가! 하나님 나라의 공동체는 공허한 공염불인가, 아니면 실현할 수 있는 현실적 이상인가? 필자는 여기서 잠깐 몰트만의 아름다운 설명을 빌려, 사도행전이 전해주는 믿기 어려운 기적 이야기를 들려줌으로써 이 책의 결론을 대신하고 싶다.

몰트만(1926년 출생)

> 이것은 그 당시 초대 그리스도인들이 살았던 '황금시대'에 관한 역사적 보고가 아니라, 현대를 살고 있는 우리에게 실제적인 가능성을 열어 주는 이야기다. 오순절 이야기는 새로운 사회론이 아니라, 하나님 체험에 관해 말하고 있다. 이것은 사람들에게 도래하여 영혼과 육체를 관통하고 이들을 새로운 사귐으로 인도하는 성령에 대한 체험이다. 이 체험 안에서 사람들은 예기치 못했던 새로운 능력으로 충만해짐을 느끼고, 새로운 양식의 삶을 살도록 격려되고 있음을 느낀다.
>
> 1. "사도들이 큰 능력으로 주 예수의 부활을 증거하니, 무리가 큰 은혜를 얻어." 이것은 첫 번째 요인이다. 왜냐하면 모든 것이 이 일과 더불어 시작되었기 때문이다. 십자가에 달렸던 예수의 부활로 말미암아 생명, 영원히 사는 생명의 충만함이 개시되었다. 죽음은 힘을 잃었다. 죽음의 위협은 이제 효력을 잃었다. 영원한 생명과 깨어질 수 없는 생명 희열이 임했다. 부족하다는 것은 생명의 즐거움에서 배제된다는 것을 뜻한다. 부족하

다는 것은 먹을 것과 마실 것이 없다는 것을 뜻한다. 부족하다는 것은 아프고 외롭게 된다는 것을 뜻한다. 마지막으로 부족하다는 것은 생명 자체를 잃는다는 것을 뜻한다. 가장 큰 결핍, 절대적인 결핍은 죽음이다. 우리가 생활 가운데서 느끼고 겪는 모든 다른 결핍은 죽음과 결부되어 있다. 그것은 죽음이 삶으로부터 빼앗아 가는 것이다. 우리가 죽어야 한다는 사실을 알고 있기 때문에 아무리 생명을 누려도 우리에겐 만족함이 없다. 그러나 그리스도가 부활하였다면, 죽음이 결코 죽일 수 없는 생명, 언제나 넉넉한 생명에 대한 희망이 우리를 사로잡는다. 지금 살아 있는 자들만이 아니라 죽은 자들도 족히 넉넉하다.

2. "믿는 무리가 한마음 한뜻이 되어." 이것은 두 번째 요인이다. 이 요인과 더불어 더 큰 일이 일어났다. 수많은 무리의 사람들로부터 하나의 공동체가 생겨났고, 이들은 '한마음과 한뜻' 이 되었다. 이것은 공동체적인 영에 대한 체험이다. 공동체적인 영은 우리 가운데 있는 하나님이다. 이 하나님 안에서 사람들 간의 분열이 극복되었다. 인간에 의한 인간 억압이 사라졌다. 인간에 의한 인간 비하가 끝났다. 인간에 의한 인간 소외도 제거되었다. 주인과 종이 형제가 되었다. 남자와 여자의 구분이 없이 모두 친구가 되었다. 인간 사회로부터 특권과 차별이 사라졌다. 모두가 '한마음 한뜻' 이 된 것이다. 이런 일이 일어나는 곳에서 우리가 체험하는 것은 다름이 아닌 바로 하나님 자신이다. 어떤 하나님? 우리 가운데 있는 하나님, 공동체적인 하나님, 거룩한 하나님이다. 우리는 고독을 박차고 나와서 공동 생활로 들어간다. 서로에 대한 우리의 불안과 적개심은 단숨에 웃음거리로 변한다. 왜냐하면 모든 사람이 넉넉하기 때문이다. 하나님 자신이 모든 사람을 위하여 존재하기 때문이다. 여기, 우리 가운데서 하나님이 살아 움직이면서, 자신의 공동체적인 영을 통하여 우리로 하여금

"한마음 한뜻"이 되도록 초대하기 때문이다.

3. "모든 물건을 서로 통용하고 제 재물을 조금이라도 제 것이라 하는 이가 하나도 없더라." 이것은 세 번째 요인이며, 모든 것은 다 여기로 귀착된다. 부활의 영 안에서, 그리고 공동체적인 영에 대한 체험 안에서 그 누구도 자신의 소유에 집착할 필요를 느끼지 않는다. 영생의 확신을 발견한 사람은 자신의 재물이 주는 모호한 확실성을 더 이상 필요로 하지 않는다. 자신의 재물은 이를 필요로 하는 사람이 사용하기 위한 것이 된다. 그러므로 그들은 모두 "물건을 통용하였으며", 바로 그래서 그들 중에는 "가난한" 사람이 아무도 없었다. 재물을 소유하였던 사람들은 이를 사도들에게 가져왔고, 사도들은 이를 각 사람의 "필요를 따라" 나눠주었다.

우리는 무엇을 해야 하는가? 나의 제안은 이렇다. 가장 좋은 것은 적절한 크기의 공동체를 만드는 것이며, 서로와 함께 서로를 위하는 공동체 생활을 지향하려는 생각을 강화하는 것이다. 가난의 반대는 소유가 아니다. 가난과 소유의 반대는 공동체이다. 공동체 안에서 우리는 부유해진다. 친구와 이웃, 동무와 동지, 형제와 자매로 부유해진다. 공동체로 살아가면, 우리는 대개의 곤경 속에서도 자신을 도울 수 있다. 사람과 이념, 능력과 에너지는 실로 충분하다. 이 모든 것들은 단지 개발되지 않았고, 위축되었으며, 억압되었을 뿐이다. 우리의 부유함을 재발견하자. 우리의 연대성을 재발견하자. 공동체를 만들자.[1)]

---

1) J. 몰트만, 이신건 옮김, 『생명의 샘』(서울: 대한기독교서회, 2000), 135 이하. 공동체적인 교회를 위한 신학적 근거와 실천적 방안에 관해서는 김현진, 『공동체 신학』(서울: 예영커뮤니케이션, 1998) 참조.

부록 : 교회에 관한 신학자들의 글 모음

1. 찬양하는 공동체 / 바르트
2. 봉사하는 공동체 / 바르트
3. 기도하는 공동체 / 바르트
4. 그리스도인 공동체와 시민 공동체 / 바르트
5. 새 노래로 찬양하라! / 본회퍼
6. 너희는 세상의 소금이다! / 본회퍼
7. 너희는 세상의 빛이다! / 본회퍼
8. 사회에 대한 그리스도교의 소명 / 몰트만

1. 찬양하는 공동체 / 바르트

"날마다 주님을 찬양해야 하는가?" 우리의 생각과 감정은 대개 전혀 엉뚱한 방향으로 흐르기 마련이다. 우리는 주님을 찬양하기보다는 모두 - 나를 포함해서 - "불평"을 늘어놓기 일쑤다.

우리는 온갖 불평들을 늘어놓는다. 아무리 발버둥을 쳐도 형편이 지금보다 전혀 나아지지 않는 내 운명은 고약하고 고달프구나! 나를 괴롭히는 주변 사람들은 고약하고 괘씸하구나! 내가 자라난 환경도 내게 상처를 주었지만, 부모님도 별반 다를 게 없어! 부모님은 나를 별로 돌보지 않으셨고, 교육도 제대로 안 시키셨으며, 사랑도 별로 안 주셨어! 내가 매일 만나야 하는 사람들의 말투와 행동, 성격은 얼마나 불쾌하고 역겹고 미운가! 날로 추락하는 내 인생의 암울한 시절과 참담한 시간을 생각하자면, 정말 내 머리를 쥐어뜯고 싶고, 내 뺨을 때리고 싶구나! 몽매한 핵실험으로 이렇게 맑은 공기를 오염시키는 사람들도 가만히 놔두어서는 안 돼! 이 사람들은 다음 세대들에게 재앙을 가져다 줄 거야! 사정도 모르는 우리가 이미 재앙을 당하고 있을지도 몰라!

5주 전부터 제네바에 모인 네 사람도 혹독한 비난을 받아야 해! 평화를 모색한답시고, 우리 모두의 미래를 위해 결정한답시고 책상에 둘러앉았지만, 아직도 계속 쓸데없는 이야기만을 반복하고, 아무것도 이루어 놓은 게 없지 않은가! 또한 - 아니 이 사람들보다 더 - 비난을 받아야 할 사람들은 모스크바, 워싱턴, 본에 있는 배후의 권력가들이야! 그리고 날마다 냉전을 부추기는 우리의 신문들(특히 스위스의 신문들!)도 마찬가지야! 마치 거대한 양떼처럼 구덩이로 몰려가는, 그리고 우리 모두를 감동시킬 것처럼 행세하는 서구와 동구의 모든 사람들도 비난을 받아야 해! 개신교회와 가톨릭교회, 그 대표자들도 마찬가지야! 이들은 종종 늑대처럼 큰소리를 치지만, 실제로는 너무 약해서 빵을 주기는커녕 언제나 돌멩이만을 던져주지 않았던가! 그러니 사람들이 기독교와 교회를 어찌 비난하지 않겠는가!

내가 이런 말을 계속해야 하는가? 비난거리는 아마도 더 많을 것이다. 그리고 모든 사람들이 원망하고 비난할 이유를 나름대로 가지고 있을 것이다. 그리고 이런저런 일에 관해, 또는 모든 일에 관해 이런 방식으로 정당한 불평을 늘어놓다 보면, 놀라운 만족감을 느낄 수도 있을 것이고, 마음이 놀랍도록 가벼워질 수도 있을 것이다. 그리고 부분적으로는, 또는 어쩌면 모든 점에서 우리의 비난이 다소간 들어맞을 수도 - 어찌 안 그럴 수 있겠는가? - 있을 것이다.

하지만 이제 어쩌자는 말인가? 더 대담하게 불평을 계속 하시겠다는 말인가? 내가 여러분의 불평에 동의해 드리면 좋겠는가? 만약 내가 지금 정말 동의한다면, 여러분 중의 일부는 흡족해할 것이다. 그리고 자신의 생각이 옳았다고 느낄 것이다. 바로 그렇게 생각할 것이다!

조용한 불평이든 시끄러운 불평이든, 정당한 불평이든 부당한 불평이든, 우리의 모든 불평과는 전적으로 다른 내용을 본문은 말하고 있다. 그것은 마치 4천 미터 높이의 높은 산처럼 우리의 생각과 느낌과 마주 서 있다. 마치 지진처럼 우리의 원망의 대지를 흔들고 있다. 마치 거친 물살처럼 우리의 불평과 원망과 비판과 대항의 제방을 무너뜨리고 있다.

"날마다 우리의 주님을 찬양하라!" 하지만 사람들은 이것을 당연한 것으로 여기지 않을 것이다. 나의 생각을 말해 보라면, 솔직히 이렇게 말할 수 있다. 나도 역시 종종, 그리고 매우 즐거이 원망한다. 그리고 나의 원망도 항상 정당한 근거가 있다고 생각한다. 하지만 지금 내가 말하고 싶은 것은 나의 생각과 여러분의 생각이 아니라 그보다 무한히 더 높고 더 좋은 생각이다.

"날마다 우리의 주님을 찬양하라!" 이것은 정말 "진리"이다. 이 진리는 우리 모두를 "넘어서고", 우리 모두와 "대립한다." 하지만 이 진리는 그 누구보다도 우리 모두를 "위해" 존재한다. 우리의 마음속에서 떠오르는 이 진리는 마치 이른 아침의 해와도 같다. 해가 뜨면 모든 새들이 지저귀기 시작하고, 모든 꽃들이 해를 향해서 얼굴을 돌린다!

비록 자신의 생각이 아무리 훌륭할지라도, 자신의 생각으로 살아가는 사람은 아무도 없다. 사람은 진리로 살아간다. 그리고 진리는 바로 여기에 있다. "날마다 우리의 주님을 찬양하라!" 만약 우리가 이 말에 동의한다면, 진리 안에 들어가는 셈이다. 이미 진리 안에 있는 셈이다. 이미 날이 밝아온 셈이다.

"주님"을 찬양하라! 주님은 진리를 진리로 만드신다. 주님은 진리를 우리가 설 수 있고 움직일 수 있는 토대로 만드시며, 우리가 숨쉴 수 있는 공기로 만드신다. 주님은 우리가 모두 떠나온 시작과 근원이다. 주님은 우리 모두가 가야 할 목적지와 종착지다. 주님은 단지 위대하신 분이 아니라, 유일하게 위대하신 분이다. 주님은 단지 선하신 분이 아니라, 유일하게 선하신 분이다. 모든 선은 주님으로부터 흘러나온다.

주님을 "찬양하라!" 주님을 "찬양한다"는 것은 단적으로 주님이 옳으시다는 사실을 시인한다는 뜻이며, 주님을 인정한다는 뜻이다. 우리 자신이 옳지 않다는 것을 시인하지 않고, 우리 자신이 그르다는 사실을 인정하지 않고, 주님을 찬양할 수는 없다. 주님을 찬양한다는 것은 우리의 운명, 인간, 신문, 정당이 옳다고 시인한다는 것이 아니다. 이런 것들은 우리의 필요와 의지에 따라서 꾸려가는 것들이다. 그리고 우리가 찬양해야 할 것은 그 어떤 피조물이나 생명이나 세상이 아니다. 우리는 오직 주님만을 찬양할 따름이다. 왜냐하면 주님은 우리의 모든 그릇된 정의를 넘어서시는 분, 우리의 모든 불의와 대립하시는 유일한 분으로서 옳으시기 때문이다. 그리고 주님을 찬양하는 것은 좋은 일이다. 왜냐하면 찬양함으로써 우리는 잘 나갈 수 있기 때문이다. 찬양함으로써 영국인들이 말하듯이 "안전한 곳으로(on the safe side)"으로 들어가기 때문이다. 찬양함으로써 거짓의 세상을 벗어나서 진리의 세상으로 들어가기 때문이다.

본문은 "날이면 날마다", 곧 매일 주님을 찬양하라고 말한다. 모든 날이 항상 좋을 수는 없다. 날마다 일을 잘할 수는 없다. 또한 날마다 흥겹고 기분이 좋을 수도 없다. 다행히도 인생이 날마다 힘들 수는 없으며, 날마다 얼굴을 찌푸릴 수도 없다. 하지만 해가 뜨든 비가 오든, 즐겁고 유쾌하든, 우울하고 슬프든, 좋은 일이 일어나든 나쁜 일이 일어나든, 어떤 상황에서도 한 가지 일만은 날마다 일어날 수 있다. 주님을 찬양하고, 주님이 옳으시다는 사실을 인정하는 것이다. 이 일은 날마다 일어날 수 있는 한 가지 일이요, 위대한 일이다. 왜 그러한가? 주님이 날이면 날마다 우리가 떠나온 원천이 되고, 날이면 날마다 우리가 가야 할 목표가 되기 때문이다.

그렇지만 이제 여러분 가운데서 그 누구도 이렇게 말해서는 안 된다. 오늘의 설교 요지는 이렇다. 우리가 불평해서는 안 된다. 오히려 우리는 주님을 찬양 "해야 한다"! "해야 한다"? 나는 그렇게 설교하지 않았다. 내가 설교했던 것은 여러분이 이제부터 짊어지고 가야 할 하나의 율법, 하나의 노고, 하나의 강요가 아니며, 여러분이 이제부터 기울여야 할 힘든 노력이 아니다. 누군가가 나의 설교에 동의하여 날마다 주님을 찬양한다면, 이것은 그가 어떤 일을 의무적으로 해야 한다는 뜻이 아니다. 다시 말하면, 그가 어떤 이상을 향하여 숨이 가쁘게 산을 올라가야 한다는 뜻이 아니다. 오히려 그는 즐겁고 상쾌한 걸음으로 산을 내려갈 것이다. 왜냐하면 어떤 사람이 찬양하는 것은 그가 찬양할 수 있는 자유를 얻었기 때문이다. 찬양의 자유는 그가 획득했거나 획득할 수 있는 자유가 아니다. 찬양의 자유는 그가 찬양할 수 있도록 모든 자유의 원천으로부터 그에게 주어지는 자유다. 유일하고 위대한 자유가 되시는 분으로부터 주어지는 자유라는 말이다.

다시 말하면, "우리의 도움이 되시는 하나님은 우리를 인도하신다." 하나님이 우리를 인도하신다는 것은 분명히 하나님이 우리를 "용납하신다."는 뜻이다. 하나님은 우리를 용납할 수 없는 존재로 여기실지도 모른다. 특히 우리가 얼굴을 찡그리며 불평할 때 말이다. 하나님은 이에 걸맞게 우리를 다루실 수도 있을 것이며, 우리를 망하도록 내버려두실 수도 있을 것이다. 하지만 하나님은 그렇게 하지 아니하신다. 하나님은 위대하신 주님이다. 하나님은 우리와 같은 사람, 나와 같은 사람, 당신과 같은 사람도 용납하실 수 있고, 용납하기를 원하시며, 실제로 용납하신다.

"우리의 도움이 되시는 하나님은 우리를 인도하신다." 하지만 이 말은 하나님이 우리를 단지 용납하신다는 뜻이 아니다. 하나님은 우리의 어리석음과 사악함, 우리의 크고 작은 온갖 슬픔의 수렁 "밖으로" 우리를 인도하신다. 하나님은 우리 자신들이 심어놓았던 교만과 잘못의 덤불 속을 "헤치고" 우리를 인도하신다. 하나님은 죽음의 나라 "밖으로" 우리를 인도하시고, 영원한 생명 "너머로" 우리를 인도하신다. 이 모든 것을 우리가 스스로 헤쳐 나갈 수는 없다. 우리는 어떻게 해야 하는가? 하나님은 "당신을 독수리 날개로 업으시듯이 안전하게 인도하신다." 하지만 나는 그렇게 느껴본 적이 없다! 당신은 그렇게 생각하는가? 그렇다. 우리가 여태까지 느껴보지 못한 일은 참으로 많다. 그래서 우리는 잘못 생각하기도 한다. 하지만 그것은 사실이다. 우리의 도움이 되시는 하나님이 우리를 인도하신다는 사실이 바로 그러하다. 비록 우리가 느껴보지 못할지라도 이것은 사실이다.

그렇다면 이제 우리는 우리의 "불평"을 어찌해야 하는가? 정당한 이유로든 부당한 이유로든, 우리가 불평하는 크고 작은 모든 일 속에서도, 그리고 이 모든 일에 맞서 하나님은 분명히 우리를 인도하신다. 하나님은 우리의 불평 속에서도, 그리고 우리의 불평을 보시고도 분명히 우리를 인도하신다. 비록 정당한 불평일지라도, 불평은 결코 아름다운 일이 아니다. "죄를 용서해 주시는 것을 믿는다."라는 것은 날마다 불평하고 비난하고 거역한 것을 용서해 주시는 것을 믿는다는 뜻이다. 이렇게 용서를 받아들이면서도, 용서를 믿으면서도 우리는 도대체 무엇을 하고 있는가? 우리가 과거처럼 지금도 계속 불평할 수 있겠으며, 불평해도 되겠는가?

최근에 나는 신문에서 벨기에 왕의 동생인 한 왕자에 관한 희한한 기사를 읽었다. 벨기에의 한 도시가 그에게 훌륭하고 새로운 무기를 선물로 주었다. 하지만 그는 이 선물을 받지 않았다. 다음과 같이 말하면서 말이다. "유감스럽지만 나는 총을 쏠 수 없다." 정당한 불평을 하고 싶은 마음이 다시 생겨날 때, 불평하기보다는 매우 친절하게 말하면 어떨까? "유감스럽지만 나는 이제 불평할 수 없다." 아니면 조심스럽게 말하자. "나는 아주 조금은 불평할 수 있다. 원래 불평은 내게 편한 일이 아니다. 원래 불평은 부끄러운 일이다. 불평은 이제 나와 전혀 상관이 없다. 총에 대해 감사한다." 왜 불평이 나와 전혀 상관이 없단 말인가? 내가 해야 할 일이 따로 있기 때문이다. 위대하고 자유로운 진리가, 자유롭게 하는 진리가 나의 모든 불평을 이기고 다가왔기 때문이다. 우리의 도움이신 하나님이 우리를 인도하시니, 날마다 주님을 찬양하자![1]

1) K. Barth, Den Gefangenen Befreiung(Zürich, 1959), 177 이하, in: 리하르트 그루노브 엮음, 이신건, 오성현, 이길용, 정용섭 옮김, 『칼 바르트의 신학묵상』(서울: 대한기독교서회, 2010), 311 이하.

2. 봉사하는 공동체 / 바르트

예수 그리스도의 참된 교회는 세상과 연대하고 있음을 인식하고 그렇게 행동하는 사람들이 모이는 곳이다. 교회가 세상과 똑같다는 말이 아니다! 교회가 세상과 똑같아서는 안 되며, 소금(마 5:13)의 맛을 잃어서도 안 된다. 오히려 교회는 다음과 같은 점에서 언제나 세상과 매우 다를 수밖에 없다. 교회는 세상과는 달리 예수 그리스도 안에서 선물로 받은 생명의 빛을 바라보는 열린 눈을 가질 수 있다. 교회는 예수 그리스도 자신으로 말미암아, 성령의 조명하는 능력으로 말미암아 열린 눈을 가질 수 있다. 하지만 교회가 이 빛을 보고 있는 동안에도 세상과의 연대성을 인식하고 보존해야 한다. 교회가 볼 수 있는 빛이란 바로 사랑(요 3:16)이다. 하나님이 세상을 위해 자신의 아들을 내어주실 정도로 사랑하셨던 바로 그 사랑 말이다.

만약 교회가 하나님이 사랑하신 바로 이 세상의 편에 전적으로 서지 않는다면, 아니 이 세상의 한가운데 서지 않는다면, 하나님의 사랑에 어떻게 참여할 수 있겠는가? 교회가 전적으로 세상의 편에 서는 것을 간과하고 실제적으로 부정하려고 한다면, 만약 교회가 세상과의 전적인 연대성을 알지 못하고 실천적으로 부인한다면, 만약 교회가 세상과 연대하지 않으려고 한다면, 바로 그 즉시 세상과 달리 자신이 볼 수 있었던 그 빛을 볼 수 없게 될 것이며, 실로 세상과 똑같아지고 말 것이다. 만약 교회가 세상을 회피하려고 한다면, 만약 교회가 세상의 한가운데 있기를 원하지 않는다면, 하나님의 사랑도 회피하게 될 것이다. 그와 더불어 교회가 세상을 향해서 첫걸음을 내딛기도 전에 이미 세상 안으로 - 세상 옆이나 세상 위의 그 어떤 장소가 아니라 세상 안으로 - 보냄을 받은 자신의 사명에 불충실하게 될 것이다.

세상과 연대한다는 것은 세상과 완전히 결속한다는 뜻이다. 아무 망설임도 없이 세상의 상황에, 창조 때부터 세상에게 주어진 약속에, 세상을 지배하는 교만과 태만과 기만에 대한 책임에, 이 모든 것들로 말미암아 생겨나는 세상의 고난에 참여한다는 뜻이다. 무엇보다도 예수 그리스도 안에서 세상을 위해 입증된 하나님의 값없는 은혜, 곧 세상의 소망에 참여한다는 뜻이다. 만약 교회가 이처럼 세상의 상황에 참여하지 않는다면, 생명의 빛을 보고 이해할 수 있는 은혜가 도대체 무슨 소용이 있겠는가?

세상을 알고 있는 교회는 필연적으로 세상과 연대하는 교회다. 만약 교회가 세상의 상황에 전혀 참여하지 않거나, 온갖 핑계 아래 단지 부분적으로만 참여한다면, 만약 교회가 세상의 상황에 단지 외형적으로만, 단지 멀리서만 참여한다면, 교회가 세상을 위해 할 수 있는 일이란 도대체 무엇인가? 교회가 의미 있게 행동하려면, 자신의 일 속에서 세상의 일을 보고, 세상의 일 안에서 자신의 일을 보아야 한다.

사람들과의 관계도 마찬가지이다. 물론 교회는 자신의 임무를 수행하는 과정에서 사람들과 거리를 두어야 할 것이고, 그들에게 항의하거나 맞서기도 해야 할 것이다. 만약 교회가 사람들에게 "아니오!" 라고 말하지 않는다면, 실로 "예!" 라고도 말할 수 없을 것이다. 하지만 만약 온 인류와 깊이 결속하지 않는다면, 만약 모든 사람들과 깊이 결속하지 않는다면, 그렇게 정당하고 거창한 거리 유지가 무슨 소용이 있겠으며, 그렇게 선하고 정당한 항의와 대립이 무슨 소용이 있겠는가?

"디아코니아"란 간단히 말해서 일반적으로 "봉사"를 뜻한다. 따라서 이 단어는 교회의 특정한 활동만을 일컫는 단어가 아니라, 교회가 행하는 광범위하고 심오한 모든 활동을 일컫는 단어다. 교회는 자신의 증언을 통해 하나님과 사람에게 봉사한다. "디아코니"라는 단어는 교회의 특정한 봉사, 곧 교회 안과 밖에서 육체적으로, 물질적으로 도움이 필요한 사람들을 섬기는 일을 지칭하는 말로서 점차로, 그리고 여러 제약 아래 확산되었지만, 의미심장하고 유용한 단어로 입증되었다.

교회가 자신의 영역 안팎에서 육체적으로, 물질적으로 어려움을 겪는 사람들 곁으로 다가가서 그들을 도우려는 형태의 활동을 특별히 "봉사" 또는 "디아코니아"라고 부르는 것은 좋은 의미를 담고 있다. 물론 다른 형태의 교회활동도 많이 있다. 예컨대 설교자 또는 전도자 또는 고상한 집례자 또는 성공적인 목회자 또는 박식한 신학자의 활동이 있다. 물론 이런 활동은 분명한 광채를 띠고는 있지만, 항상 모호한 광채로 둘러싸여 있다. 왜냐하면 이런 활동은 봉사적인 활동이라는 성격을 쉽게 상실할 수 있기 때문이다.

디아코니아와 관련되는 활동은 병들거나 연약하거나 정신적으로 쇠약하거나 위태로운 사람들을 돌보는 일이요, 보호자가 없는 아이들을 보살피는 일이요, 감옥에 갇힌 자들을 돌아보는 일이요, 피난민들에게 새로운 고향을 만들어주는 일이요, 넘어지고 실패한 모든 이웃들에게 도움의 손길을 베푸는 일이다. 이런 행동들은 분명히 뜨거운 바위 위에 떨어지는 몇 방울의 물에 불과하고, 대개는 드러나지 않는 활동이다. 이런 활동은 본질적으로 빛이 나지 않는 활동이지만, 바로 그렇기 때문에 순수하고 이타적이고 헌신적인 봉사가 될 수 있다. 이런 활동을 통해 교회는 증언의 봉사를 실천하고 가시화할 수 있는 유일한 기회를 가질 수 있다.

더욱이 디아코니아 속에서 교회는 "지극히 보잘것없는 사람들"(마 25:40, 45)과 분명히 연대하게 된다. 다시 말하면, 어둠 속에 있는 자들, 사회생활의 변두리와 벼랑으로 밀려난 사람들, 비록 성가시거나 거추장스럽지는 않지만 일시적으로, 아니 어쩌면 영원히 중요하지 않고 쓸모가 없게 된 사람들과 연대한다. 심판의 비유(마 25: 31 이하)가 들려주는 의미심장한 목소리에 따르면, 디아코니아를 통해 교회는 바로 이와 같은 자신의 형제들 안에서 예수 그리스도에 대한 신앙을 고백한다. 다시 말하면, 굶주리고 목마르고 고향을 잃고 헐벗고 병들고 감옥에 갇힌 왕과 같은 인간 예수 그리스도에 대한 신앙을 궁극적으로, 그리고 최종적으로 고백한다. 디아코니아를 통해 교회는 예수 그리스도에 대한 자신의 증언을 강도의 손에 쓰러진 자를 섬기는 사마리아인의 봉사에 관한 증언으로 분명히 드러낸다.

교회는 주님과의 사귐 속에서 이와 같은 봉사를 실천해야 한다. 왜냐하면 이것은 주님의 명령이기 때문이다. 그리고 주님은 바로 잃어버린 자들의 이웃이 되시기 때문이다.(눅 10:29 이하) 만약 교회가 이런 일을 하지 않는다면, 만약 교회의 증언이 이와 같은 원초적인 의미에서 봉사가 되지 않는다면, 교회는 화를 면하지 못할 것이다. 그리고 다른 영역에서는 그리스도에 대한 선포가 아무리 강력하게 이루어지더라도, 교회는 아무런 희망도 없이 왼쪽 편에, 염소 곁에 서게 될 것이다. 다른 분야에서는 교회의 열심이 아무리 뜨겁더라도, 교회는 영원한 형벌의 자리에 서게 될 것이다. 만약 비천한 자들과의 실천적인 연대성이 없다면, 만약 십자가에 달리신 분으로서 잃어버린 자들의 이웃이 되시는 예수 그리스도에 대한 이와 같은 구체적인 증언이 없다면, 교회의 모든 증언은 아무 소용이 없을 것이다. 비록 다른 측면에서는 그 증언이 아무리 순수하고 완전하더라도 말이다.

교회가 생활의 전반적인 영역에서 어려움을 겪고 있는 사람들에게 장기적인 도움을 주려면, 다음과 같은 사실을 인식해야만 한다. 개인의 고통은 오직 인간의 모든 공동생활의 특별한 혼란 때문에 생겨나는 것은 아니지만, 대개는 결정적으로 바로 그 때문에 생겨난다. 따라서 그들을 돕는 활동은 사회적 · 경제적 · 정치적 상황의 특별한 부분에서 한계에 부딪히고 실패하기 마련이다. 이와 같은 상황 앞에서 교회는 눈을 감아서는 안 되며, 이에 대한 연대책임도 회피해서는 안 된다. 교회도 이와 같은 혼란을 조장하는 인간 사회에 속해 있지 않은가? 교회는 최소한 침묵을 통해 이와 같은 혼란에 일조하지 않았는가?

만약 이런 사실을 인식한다면, 교회는 "상황"으로 인해 생겨난 한계성 때문에 자신의 임무를 실천하는 것을 멈추지는 않을 것이다. 교회는 이와 같은 인식을 드러내고 이를 교회에 알리는 일을 멈추어서는 안 될 것이다. 그렇게 함으로써 교회는 세상을 향해 목소리를 높이게 될 것이다. 그리고 복음의 선포를 통해 세상으로 하여금 사회적 불의와 그 결과를 생각하도록, 상황과 구조를 바꿀 수 있도록 촉구하게 될 것이다. 이런 상황에서 교회는 바로 그리스도인의 행동을 위해 사회비판적인 발언을 공개적으로 표명해야 한다. 그리함으로써 그리스도인의 행동이 새로운 발판을 마련하고, 새로운 의미를 획득할 수 있게 되어야 한다. 만약 교회가 구체적으로 당면하는 악(惡)의 사회적인 뿌리를 공격하는 것을 주저한다면, 교회는 짖지 못하는 개가 되고 말 것이며, 교회의 봉사는 지배 권력을 섬기는 일종의 하수인(下手人)이 되고 말 것이다.

하지만 다음과 같은 일이 일어날 수 있다. (최근에는 점점 더 광범위하게 일어났다.) 국가가 - 처음에는 아마도 기독교의 영향을 받았겠지만 - 중요한 일에서 전혀 멈추지 않고 발전하더니, 결국에는 거의 명백하게 모든 것을 관리하는 국가가 되었고, 또한 "복지국가"도 되었다. 그러면서 언젠가 디아코니아(로마 가톨릭 지역에서는 "카리타스"라고 일컬어진다.)가 맡았던 과제들을 하나씩 하나씩 국가가 떠맡게 되었다. 국가가 처음에는 학교를 자신의 일로 삼더니, 이후에는 광범위한 구호활동을 자신의 일로 삼았다. 다시 말하면, 국가가 구호활동에 풍부한 권력과 재력을 투자함으로써 가급적 모든 명백한 위기상황을 통제하고 대단히 효과적으로 활동하는 온갖 종류의 사회보장과 사회구호의 기구를 만들어 나갔다.

이로써 그리스도인의 디아코니아는 할 일이 없어진 셈인가? 이제 그리스도인의 디아코니아는 조만간 떠나야 할, 잃어버린 자리에 앉아 있는 셈인가? 결코 그렇지 않다. 그리스도인의 디아코니아는 예전과 마찬가지로 이후에도 자신만의 특별한 가능성을 기억해야 하며, 주변에서 새로운 가능성을 찾아야 한다. 국가의 구호활동은 다양한 악을 점점 더 외형적으로 파악한다. 국가의 구호활동은 주로 육체적 · 물질적 관점 아래서, 곧 오직 부분적으로만 악을 파악한다. 그러므로 국가는 반드시 행해야 할 일, 곧 전인(全人)을 위한 구호활동은 하지 못한다. 국가가 인간을 위해 아무리 많은 일을 하더라도, 이런 일에 관해 참으로 무슨 말을 할 수 있겠는가?

더 나아가서 국가의 구호활동은 사람과 사람 사이에서 진정한 봉사활동의 연결망을 이어주기보다는 자신의 임무를 끝내려는 공무원의 기능에 지나치게 기울어질 위험을 지니고 있다. 더욱이 국가적인 구호활동의 틀 안에서는 전혀 해결할 수 없는, 숨어 있는 위급상황도 수없이 많다. 이런 일을 찾아내기 위해 교회는 예리한 판단력과 필요한 상상력을 지녀야 할 것이며, 그에 적합한 새로운 수단과 방법을 찾아야 할 것이다. 마지막으로 국가적인 틀 안에서 그 특별한 의미에 맞게 활동할 수 있는 적합한 사람들을 길러줌으로써 국가적인 구호활동에 도움을 주는 것도 그리스도인의 디아코니아가 감당해야 할 일이 아니겠는가? 이 모든 사실을 종합해 본다면, 현대의 복지국가가 그리스도인의 디아코니아를 점점 더 불필요하게 만들 것이라는 생각은 분명히 불가능해질 것이다.

디아코니아는 선교와 꼭 마찬가지로 교회의 본질적인 사명이다. 봉사의 책임을 감당하지 않는 교회는 그리스도를 따르는 교회라고 할 수 없다. 그리고 교회는 이 책임을 구성원들 중의 몇몇 사람이나 어떤 특정한 단체, 모임, 기관에 떠넘겨서는 안 된다. 물론 이런 일에 대한 책임을 완수하는 과정에서 교회는 특별히 소명을 받고 적합하고 전문적인 교육을 받은 봉사자들을 필요로 할 것이다. 그리고 이런 일에 특별히 종사하는 자들이 - 다시금 교회 안에서, 그 책임을 수행하는 과정에서 - 특별히 봉사 단체를 만들 수 있고, 사업과 행사를 위한 특별한 모임을 만들 수도 있다. 그래서 이런 특별한 단체들이 자신들의 특별한 성격과 방향에 따라서 제각기 특별한 생활방식과 생활규범을 만들 수도 있다. 이런 일들은 가능한 일이다.

하지만 이런 단체의 규범이 교회 전체가 지향하는 규범과 다르다고 간주되어서는 안 되며, 그 특별한 생활방식이 취하는 의미가 교회 전체의 봉사의무를 특별히 구체적으로 드러내는 것과는 다른 것이라고 말해서는 안 된다. 그리고 나머지 그리스도인들은 이런 사람들 또는 이런 단체들이 존재하기 때문에 교회 전체에 위임된 봉사로부터 부분적이나마 면제되었다고 생각해서도 안 된다. 특별한 봉사활동을 위해서는 일종의 수도원적인 훈련을 받아야 한다고 사람들은 생각하지만, 이런 생각은 한계성을 가진다. 다시 말하면, 봉사활동이 이런 특별한 목적을 위해 특별히 실천되는 평범한 그리스도인의 활동이 아니라, 특별한 - 어떤 특별한 "신분"(수도회!)에 속한 - 활동인 것처럼 착각하는 불행이 생겨날 수 있다.

우리는 이와 같은 착각을 조심스럽게 피할 수 있고, 또 피해야 하지 않겠는가? 그리고 다른 측면에서 보면, 교회는 자신의 이름으로 이루어지는 봉사활동에 이론적으로, 실천적으로 더 강하게 참여할 수 있고, 또 참여해야 하지 않겠는가? 예컨대 실로 대개 사랑의 활동을 위해 사용되는 예배 헌금이 다시금 고대 교회의 헌금으로 되돌아가서는 안 되지 않겠는가? 고대 교회에서 예배 헌금은 특별한 직업(소명)을 통해 봉사활동을 하는 교인들 뒤에 의식적으로 숨어서, - 동전 몇 개를 던져 넣어서 자신을 대속하려는 행동은 결코 아니었다. - 저절로 구체적인 봉사활동을 하는 행동이 되었다. 그리스도인 사이에서, 그리고 그리스도인과 비그리스도인 또는 반쪽 그리스도인 사이에서도, 사람마다 집집마다 이런

식의 봉사활동이 조용히, 그리고 계속적으로 일어날 수 있다는 사실은 두말할 것도 없다!

끝으로 이런 맥락에서 오늘날 매우 취약한 점을 하나 들겠다. 특별히 "봉사를 위해 헌신하려는" (곧 봉사자 직분을 위해 헌신하려는) 자세가 교회 안에서 매우 희박하다. 바로 그렇기 때문에 사람들은 봉사활동이 좁은 영역으로 축소되고 있다고 다방면에서 불평하고 있다. 도대체 무엇이 잘못되었단 말인가? 단지 젊은 세대들을 강하게 유혹하는 세상의 향락이나 그들 사이에서 급속히 확산되어가는 소유욕 때문인가? 아니면 특별한 봉사단체들이 매우 자유롭고 즐겁게 복음을 위해 특별히 봉사하려는 동기를 복음 자체로부터 여전히 이끌어내지 못하였고, 그 결과로 사람들을 직접적인 봉사활동으로 강력하게 초대하지 못하였기 때문인가? 두 가지 측면에서 너무 성급하게 불평하지 않는 편이 더 낫겠다. 사정이 어떠하든, 이 질문은 교회 전체에게 주어진 - 실로 교회를 매우 흔들어놓는 - 질문일 것이다.[2)]

2) K. Barth, KD IV/3, 884 이하; 1020 이하, in: 리하르트 그루노브 엮음, 앞의 책, 333 이하.

3. 기도하는 공동체 / 바르트

믿는 자들이고 순종하는 자들인 우리 그리스도인들, 공동체를 이루는 우리 그리스도인들은 한 가지 문제에 직면해 있다. 그것은 바로 기도의 문제다. 우리는 다음과 같이 질문할 수 있다. 나는 한 명의 그리스도인으로서 참으로 복음과 율법의 말씀에 따라서 살아갈 수 있을까? 나는 순종 가운데서 믿음에 따라서 살아갈 수 있을까? 생활의 욕구 가운데서도 나는 그렇게 살아갈 수 있을까? 예, 그럴 수 있다. 우리는 거룩한 순종 속에서, 생명을 위해 주어진 복음에 따라 살 수 있으며, 또 그렇게 살아야 한다. 그렇게 하기 위해 우리는 기도에 관한 말씀에 귀를 기울여야 한다. 우리는 하나님에게 기도해야 한다. 하나님이 우리에게 오셔서 도우시기를, 하나님이 우리를 지도하시기를, 우리가 이 길을 걸어갈 수 있는 가능성을 열어주시기를 간구해야 한다. 우리가 살 수 있기 위해서는 이와 같은 "탐구"를 해야 한다. 이 탐구가 바로 기도다.

우리는 믿는 자들이다. 다시 말하면, 우리는 믿음으로 시작하는 사람들이다. 믿음은 우리가 지갑 안에 가지고 있는 것, 우리가 소유물로 가지고 있는 것이 아니다. 하나님은 나에게 말씀하신다. 나를 신뢰하라, 나를 믿어라! 그래서 나는 앞으로 나아간다. 나는 믿는다. 하지만 나는 앞으로 걸음을 내디디면서 말한다. 나의 불신앙을 도우소서! 우리의 인생에는 어려움도 많고, 요구사항도 많다. 우리가 연약함에도 불구하고, 우리 앞에 장애물이 놓여 있음에도 불구하고 율법은 우리에게 순종을 요구한다. 그래서 나는 믿음으로 전진한다. 비록 나의 믿음이 초라한 시작이지만 말이다. 그리고 율법은 내게 전진과 완전한 순종을 요구한다. 내가 이미 첫걸음을 떼었다면, 계속 믿음의 길을 나아갈 것을 요구한다.

한편으로 우리의 내적인 생활이 있다. 그것은 약하고도 악하다. 다른 한편으로 이 세상에는 수수께끼와 어려움으로 가득한 우리의 외적인 생활이 있다. 또한 우리에게 내려지는 하나님의 판결도 있다. 그 판결은 매 순간 우리에게 말한다. 이것으로 충분하지 않다. 그럴 때마다 나는 내 자신에 관해 질문하게 될 것이다. 너는 근본적으로 진정한 그리스도인인가? 너의 작은 믿음과 너의 초라한 순종 앞에서 "내가 믿는다. 내가 순종한다."라는 너의 말은 도대체 무슨 의미를 가지고 있는가?

우리 앞에 놓여 있는 심연은 대단히 크다. 비록 우리가 최선을 다해 믿고 순종하더라도, 이 모든 질문에 부딪히게 된다. 이런 상황(모든 그리스도인이 처하게 되는 상황)에서 기도한다는 것은 하나님 앞으로 나아가서 우리에게 부족한 것, 곧 가능성과 능력과 용기와 기쁨과 지혜를 주시기를 간구하는 것이다. 우리가 율법에 순종할 수 있도록, 계명을 실천할 수 있도록 도와주시기를 간구하는 것이다. 그리고 믿음 안에서 전진할 수 있기를, 다시금 믿을 수 있기를 간구하는 것이며, 하나님이 우리의 믿음을 새롭게 해주시기를 간구하는 것이다.

기도한다는 것은 복음과 율법 속에서 이미 우리에게 말씀하신 바로 그분을 의지하는 것이다. 그분과 달리 우리는 순종의 "불완전함", 믿음의 흔들림 때문에 늘 괴로워하고 있다. 바로 그렇기 때문에 우리는 고통에 빠져 있다. 여기서 오직 하나님만이 우리에게 도움을 주실 수 있다.

하나님이 우리에게 도움을 주시기를 간구하기 위해 우리는 기도한다. 우리는 인간이 기도할 때에 무엇을 하는가를 설명하는 것으로부터 시작하고 싶지는 않다. 물론 기도 속에서 인간은 그 어떤 것을 행한다. 기도 속에서 그는 행동한다. 하지만 우리가 이런 행동을 이해하려면, 끝으로부터 시작해야 한다. 다시 말하면, 하나님이 기도를 "들으신다"는 사실을 먼저 말해야 한다. 하나님은 들으신다. 하나님은 귀머거리가 아니니다. 하나님은 들으신다. 하나님은 행동하시기보다 더 많이 들으신다. 우리가 기도하든 말든, 하나님은 똑같은 방식으로 행동하지 않으신다. 기도는 하나님의 행동, 하나님의 존재에 영향을 끼친다. 이것이 바로 "들으신다"라는 단어가 뜻하는 것이다.

하나님이 우리의 기도를 어떻게 들으실까? 우리는 하나님이 들으신다는 사실을 다음과 같이 이해할 수 있다. 예수 그리스도는 "우리의 형제"이다. 우리는 그분에게 속해 있다. 그분은 우리를 지체로 삼고 있는 몸의 머리이다. 그와 동시에 그분은 하나님의 아들, 곧 하나님 자신이다. 그분은 우리에게 중재자로서, 하나님 앞에서 변호하시는 분으로서 주어진 분이다. 우리는 하나님과 떨어져 있지 않다. 그리고 이보다 더 중요한 것은 하나님이 우리와 떨어져 계시지 않는다는 사실이다. 아마 우리는 하나님이 없이 (무신론적으로) 살아갈지도 모른다. 하지만 하나님은 인간이 없이는 존재하지 아니하신다. 우리는 이 사실을 알아야 한다. 이것은 중요한 사실이다. 하나님이 없는 사람들 앞에서 하나님은 결코 인간이 없이 존재하지 아니하신다. 왜냐하면 모든 인간은 하나님 안에서 존재하기 때문이다.

만약 하나님이 인간을 아신다면, 만약 하나님이 인간을 보시며 심판하신다면, 이것은 항상 예수 그리스도라는 인물 안에서 일어난다. 예수 그리스도는 순종하신 하나님의 아들이다. 예수 그리스도는 하나님의 기쁨의 대상이다. 예수 그리스도로 말미암아 인간은 하나님 안에서 존재한다. 하나님은 그리스도를 보고 계시며, 그리스도 안에서 우리를 보고 계신다. 하나님 앞에서 우리를 변호하시는 분이 계신다. 따라서 우리는 "그분의 입을 통해" 기도한다. 예수 그리스도는 과거에 존재하셨던 모습을 통해, 과거에 아버지에 대한 순종과 신뢰 속에서 고난을 당하셨던 사건을 통해 말씀하신다. 그리고 우리는 마치 그분의 입으로 기도하듯이 기도한다. 왜냐하면 그분은 우리의 간구와 기도의 응답을 보장하시고, 우리를 변호하시기 때문이다.

하나님은 예수 그리스도의 아버지이다. 그리고 이 인간, 예수 그리스도는 기도하셨고, 지금도 기도하신다. 바로 그렇기 때문에 우리는 예수 그리스도 안에서 기도할 수 있다. 다시 말하면, 하나님 자신이 우리의 기도의 보증이 되셨다. 하나님 자신이 우리의 기도를 듣기를 원하셨다. 왜냐하면 우리의 모든 기도는 예수 그리스도 안에서 집약되기 때문이다. 하나님은 기도를 안 들으실 수가 없다. 왜냐하면 기도를 하시는 분은 바로 예수 그리스도이기 때문이다.

기도하지 않는다는 것은 우리가 하나님 앞에 서 있다는 사실을 전혀 고려하지 않는다는 것을 의미한다. 기도하지 않는다는 것은 하나님이 어떤 분이신지를 잘 알지 못한다는 것을 의미한다. 그런 태도로는 하나님이 예수 그리스도 안에서 우리를 만나신다는 사실을 전혀 파악하지 못할 것이다. 만약 이 비밀을 깨닫는다면, 우리는 기도해야 한다. 예수 그리스도가 계신다. 그분은 하나님의 아들이다. 그리고 우리는 그분에게 속해 있다. 우리는 그분을 따르고 그분의 입을 통해 말하지 않을 수 없다. 우리는 그분과 함께 있다. 만약 좋은 길을 찾았다면, 이제 그 길로 가야 한다. 이 길에서 복음과 율법, 하나님의 약속과 계명은 하나요, 동일한 것이다. 하나님은 우리에게 이 길을 열어 보이신다. 하나님은 우리에게 기도를 명하신다. 그리스도인이라는 것과 기도한다는 것은 하나요, 동일한 것이다. 그것은 우리의 기분에 좌우될 문제가 아니다. 그것은 삶의 필수조건이며, 살기 위해서는 반드시 필요한 일종의 "호흡"이다.

기도는 하나님을 바라보는 최초의 "인정" 행위다. "인정"이라는 단어는 "감사"라는 단어보다 더 명료하다. 왜냐하면 그것은 우리가 인식하는(재인식하는) 것에 따라서 행동한다는 것을 의미하기 때문이다. 하나님을 인식하는 모든 사람은 하나님을 다시 인식해야 한다. 그는 하나님이 어떤 분이시며, 예수 그리스도 안에서 자신을 위해 무엇을 행하셨는지를 다시 인식한다. 그는 그리스도 안에서 우리에게 주어진 자리로 들어간다. 그리고 그 자리에서 그는 기도한다.

하나님은 우리가 그분의 은혜로 말미암아 기도할 수 있도록 인도하신다. 왜냐하면 그분은 우리의 하나님이시기 때문이다. 하나님의 은혜가 있는 곳에서 인간은 기도한다. 우리가 어떻게 기도해야 할지를 알지 못할 때, 하나님은 우리를 돌아보신다. 우리가 기도할 수 있도록 인도하시는 분은 바로 하나님의 영이다. 우리가 기도할 자격이 있는지, 또는 우리가 기도할 능력이 있는지, 우리에게 기도의 열정이 충분한지를 판단할 만큼 우리는 그다지 지혜롭지 못하다. 이런 문제에 대한 유일한 대답은 은혜다. 하나님의 은혜로 말미암아 위로를 받게 될 때, 우리는 기도하기 시작한다. 말로 기도하든 말없이 기도하든, 아무 상관이 없다.

우리는 어떻게 기도해야 하는가? 예수님이 사람들에게 바르게 기도하는 법을 가르쳐 주시려고 주기도문을 통해 우리에게 본을 보여주신 것은 우연한 일이 아니다. 하나님은 우리가 어떻게 기도해야 할지를 친히 가르쳐 주신다. 왜냐하면 우리가 구해야 할 것이 너무나 많기 때문이다! 그리고 우리가 소원하는 것은 항상 매우 중요하다고 우리는 믿는다! (우리는 그렇게 믿을 필요가 있다.) 하지만 우리의 기도가 참된 기도가 되려면, 하나님이 우리에게 "제시하시는 것"을 수용해야 한다. 우리는 우리 자신의 힘으로 스스로 기도할 수 없다. 만약 우리가 기도하는 가운데 실망을 경험하게 된다면, 하나님이 우리에게 참된 기도의 방법을 보여주신다는 사실을 인정해야 한다. 하나님은 실로 우리의 모든 관심과 문제를 하나님 앞으로 가져갈 수 있는 특별한 길을 보여주신다. 우리는 이 길을 가야 한다. 이런 훈련은 우리에게 꼭 필요하다. 만약 이런 훈련이 없다면, 기도의 응답을 받지 못하고 허공을 향해 소리를 지르게 되어도 놀랄 필요가 없을 것이다.

하나님은 예수 그리스도 안에서 우리의 하나님이시기 때문에 얼핏 보기에는 대담하고 무모한 듯한 태도를 자신 앞에서 취하도록 촉구하신다. 하나님은 우리에게 자신을 대담하게 만나기를 요구하신다. 루터가 다음과 같이 말한 것은 옳다. "하나님은 우리에게 약속하셨다. 하나님은 우리에게 기도할 것을 명령하셨다. 그래서 내가 여기에 있다. 여기에 나왔다. 내가 경건한 마음을 가지고 있거나 기도하기를 좋아해서 기도하는 것은 아니다. (아마도 나는 기도하기를 좋아하지 않는 것 같다.) 내가 말하라고 당신이 명령하신 것에 따라서 이제 나는 말하려고 한다. 생활의 어려움 가운데 있는 나를 도와주소서! 하나님은 꼭 그러시리라 믿는다. 내가 여기에 있다." 루터의 말은 옳다. 기도하는 사람에게는 최대한의 겸손만이 아니라 대담하고 용감한 태도도 반드시 필요하다. 겸손은 좋은 것이다. 겸손의 본질은 예수님 안에서 하나님을 향해 가지는 이런 자리를 자유 속에서 받아들이는 것이다. 만약 우리가 우리의 문제를 확신한다면, 만약 우리가 우리의 좋은 의도에 근거하여 하나님 앞으로 나아가지 않는다면, 이 자유는 저절로 주어질 것이다.

은혜에 순종하고 감사하며 산다는 것은 기도가 인간의 행위이기도 하다는 사실을 의미한다. 기도는 자신을 죄인으로 알고 하나님의 은혜를 간청하는 인간의 행위다. 비록 알아차리지 못하지만, 인간은 복음과 율법과 자신의 믿음의 약함에 직면해 있다. 우리는 분명한 슬픔과 분명한 기쁨을 동시에 느낀다. 우리는 죄인이며 온전하게 순종할 수 없다는 사실을 여전히 이해하지 못한다. 우리는 일종의 "가리개" 아래 있다는 것을 여전히 알지 못한다. 우리는 이 가리개를 벗겨야 한다. 만약 우리가 기도한다면, 우리의 인간적인 속성들이 폭로될 것이다. 그리고 우리가 이와 같은 곤경과 이와 같은 희망 안에 있음을 알게 된다. 우리를 이런 상황으로 인도하신 분은 바로 하나님이다. 하지만 이와 동시에 하나님은 우리를 돕기 위해 다가오신다. 만약 인간이 자신의 곤경을 이해한다면, 만약 그에게 도움이 다가온다는 사실을 안다면, 그에게 기도는 곧 대답이 된다.

기도를 인간이 행하는 선한 공로로 보거나, 선하고 경건하고 품위가 있고 아름다운 일로 보려고 해서는 안 된다. 우리에게 기도는 그 무엇을 만들려는, 하나님과 우리 자신에게 하나의 선물을 만들려는 수단이 되어서는 안 된다. 우리 인간은 오로지 그 무엇을 받을 수 있을 따름이다. 우리는 이제 하나님에게 말해야 한다. 왜냐하면 우리가 의지할 수 있는 분은 오직 하나님뿐이기 때문이다. 루터는 이렇게 말했다. 우리는 완전히 "가난해져야" 한다. 왜냐하면 우리는 거대한 진공 앞에 서 있으며, 모든 것을 하나님으로부터 받고 배워야 하기 때문이다.

만약 기도가 인간의 행위라고 한다면, 기도는 수다스러운 말과 일련의 상투적인 말 또는 중얼거리는 말이어서는 안 된다. 기도는 일종의 "지향"의 행동이어야 한다. 기도는 단지 입술만의 일이 아니다. 왜냐하면 하나님은 우리의 신실한 마음을 원하시기 때문이다. 만약 우리의 마음이 다른 곳에 가 있다면, 만약 기도가 단지 많든 적든 정확하게 실행되는 형식적인 일이라면, 기도란 도대체 무엇인가? 아무것도 아니다! 단지 입술로만 드려지는 모든 기도는 쓸데가 없을 뿐만 아니라, 하나님이 싫어하시는 일이다. 그런 기도는 아무 소용이 없을 뿐만 아니라, 하나님을 모독하는 일이다.

무엇보다도 인간은 다음과 같이 착각해서는 안 된다. 마치 인간이 수동적인 것처럼, 그래서 응접실 안락의자에 앉아서 "성령이 나를 대신해서 기도하실 것이다."라고 말할 수 있는 것처럼 착각해서는 안 된다. 결코 그렇지 않다. 인간은 기도할 수밖에 없는 상황에 처하게 된다. 인간은 기도해야 한다. 기도, 그것은 주님을 향한 하나의 행위임과 동시에 주님을 향한 겸손한 간청이다. 주님이 원하시는 곳으로 우리를 인도해 주시기를 간청하는 것이다. 이것이야말로 바로 은혜와 자유라는 문제가 지니는 측면들 중의 하나이다. 인간은 활동한다. 하지만 그와 동시에 인간은 자신의 일을 성취하시는 분이 하나님이라는 사실을 잘 알고 있다.

우리는 하나님의 자유에 의해 침해되지 않는 자유를 지니고 있는 인간이다. 우리는 성령의 활동을 가능케 한다. 그럼에도 불구하고 이 시간에 우리의 영과 마음은 잠들어 있지 않다.

우리가 하나님의 활동에 참여하는 것은 하나님의 활동에 "동의"를 표하는 행동이다. 기도는 우리를 하나님과 묶어주며, 하나님과 함께 일하도록 허용한다. 하나님은 우리로 하여금 자신과 함께 살도록 초대하신다. 그래서 우리는 응답한다. "예, 아버지, 내가 아버지와 함께 살겠습니다." 그러면 하나님은 우리에게 말씀하신다. "기도하라! 나를 부르라! 내가 너의 소리를 들으리라. 내가 너와 함께 살 것이며, 너와 함께 다스릴 것이다."[3]

---

3) K. Barth, Das Vaterunser(Zürich, 1965), 19 이하, in: 리하르트 그루노브 엮음, 앞의 책, 343 이하.

4. 그리스도인 공동체와 시민 공동체 / 바르트

만약 우리가 그리스도인 공동체를 넘어서 시민 공동체를 바라본다면, 우선 여기서는 그리스도인들이 더는 자기들끼리 살지 않고 비그리스도인들(또는 의심을 품는 그리스도인들)과 함께 살아간다는 사실이 차이점으로 드러난다. 시민 공동체는 해당 영역의 모든 사람들을 포함한다. 그래서 시민 공동체는 하나님과의 관계에서 모두 공통된 의식(意識)을 갖고 있지 않다. 그래서 사람들은 자신들의 일 속에서 하나님의 말씀이나 하나님의 영(靈)에게 호소하지 않는다. 시민 공동체는 그 자체로서 영적으로 눈이 멀었고, 무지하다. 시민 공동체에는 믿음도, 사랑도, 희망도 없다. 신앙고백도, 복음도 없다. 거기에는 기도도 없으며, 형제와 자매도 없다. 시민 공동체는 빌라도처럼 "무엇이 진리냐?"라고 질문할 따름이다. 왜냐하면 이 질문에 대한 모든 대답은 자신의 전제 조건을 폐기해 버릴 것이기 때문이다.

"관용"이란 "종교적" 관점에서 - 여기서 "종교"란 저 다른 사실을 지칭하는 최종적인 단어이기도 하다. - 최종적인 자유를 의미한다. 바로 그래서 시민 공동체는 오직 외형적 · 상대적 · 잠정적인 임무와 목적만을 가진다. 그리고 시민 공동체는 그리스도인 공동체에는 본질적으로 필요하지 않은 것을 가지고 있는데, 바로 이로 말미암아 부담을 지고 있고, 망가지기도 한다. 그것은 바로 물리적 폭력, 곧 "세속적인 팔"이다. 시민 공동체가 이것을 가지는 이유는 자신의 영역에 존재하는 모든 사람들의 연합체로서 권력의 위협과 사용을 통해 자신의 뜻을 관철하기 위해서다.

따라서 시민 공동체에는 그리스도인 공동체의 본질에 속하는 것, 곧 보편적인 관용과 자유가 결여되어 있다. "국가는 장벽을 갖고 있다." 어하튼 서로 간에 적대적이고 지역적이고 민족적인, 그리고 서로 경쟁하며 충돌하고 있는 시민 공동체들(국가들)이 지금까지 항상 존재해 왔다. 바로 그렇기 때문에 시민 공동체는 자기 자신과 자신의 법질서를 절대화하고, 그래서 자기 자신을 파괴하고 폐기할 수 있는 위험을 방지하는 교정수단을 갖고 있지 못하다.

"바르멘 신학선언"(1934년) 제5항에 따르면 그리스도인 공동체도 "아직 구원을 받지 못한 세상 안에서" 살고 있다. 그리고 국가를 압박하는 문제들 중에는 어떤 식으로든 교회와 무관한 문제들이란 전혀 없다. 그리고 실로 그리스도인 공동체 안에서도 그리스도인과 비그리스도인, 진정한 그리스도인과 의심을 품는 그리스도인은 깨끗이 구분될 수 없다. 주님의 최후 만찬에도 배신자 유다가 함께 참여하지 않았는가? 하나님의 말씀과 하나님의 영은 시민 공동체와 마찬가지로 그리스도인 공동체에서도 임의로 처리할 수 없는 실체다. 그의 고백은 경직되고 공허해질 수 있다. 그의 사랑은 식을 수 있으며, 그의 예배와 감사는 단순한 형식이 될 수 있다. 그의 친교는 단조로워지고 망가질 수 있다. 심지어 죽은 교회도 있다. 이런 교회를 사람들은 유감스럽게도 그 어디서도 쳐다보려고 하지는 않을 것이다.

만약 교회가 일반적으로 물리적인 폭력의 사용을 포기했다면, 이것은 종종 교회가 그럴 수 있는 가능성을 전혀 갖고 있지 않다는 사실 때문일 뿐이다. 그렇지만 교회의 영역 안에서도 권력의 자리를 차지하려는 여타의 투쟁이 완전히 사라지지는 않았다. 그리고 교회의 지역적이고 민족적인 생활방식의 차이는 크지만, "그리스도인 공동체의 일치" 에 의문을 제기하고 그래서 특별한 "일치운동" 을 요구하는 통합의 능력은 참으로 미약하다. 따라서 그리스도인 공동체가 콧대가 매우 높은 사람처럼 시민 공동체를 깔보아야 할 이유는 전혀 없다.

그리스도인 공동체와 시민 공동체의 "긍정적인 관계" 는 시민 공동체의 본질적인 요소들이 그리스도인 공동체에게도 본질적이고 필수적이라는 사실로부터 유래한다. 에클레시아라고 하는 이름과 의미 자체가 정치적인 영역으로부터 빌려온 것이다. 그리스도인 공동체도 모든 구성원을 구속하는 법질서, 곧 "교회법" 의 틀 안에서 존재하고 행동한다. 물론 교회법 자체가 목적일 수는 없다. 하지만 그리스도인 공동체는 교회법을 "그리스도의 통치의 표징" 으로 만들어가는 것을 중단할 수 없다. 그리스도인 공동체도 언제 어디서나 분명한 권위와 직무, 친교의 형태와 업무 분담을 지니는 하나의 작은 국가로 존재한다. 국가생활 속에 입법부, 행정부, 사법부가 있듯이, 교회생활 안에도 이와 비슷한 것들이 있다. 교회법이 아무리 자유롭고 유연하게 만들어지더라도, 교회법이 아무리 "영적인" 근거와 의미를 가지고 있더라도, 교회 안에도 분명히 그런 것들이 있다.

그리고 비록 교회가 모든 인간들이 아니라 오직 그리스도인들만을 - 스스로 그리스도인임을 고백하고, 어느 정도 진지한 그리스도인이 되길 원하는 자들을 - 포함하지만, "세상의 빛" 으로 임명된 교회는 소수 또는 다수의 사람들로부터 시작하여 모든 사람들의 공동체가 되기를 바란다.

교회는 그들을 향해 신앙을 고백하며, 교회에 위탁된 복음은 그들을 위한 것이다. 장소와 지역과 지방의 좁고 넓은 영역에서 모든 백성을 섬기는 것은 시민 공동체의 의미 못지않게 교회의 존재 의미이기도 하다. 디모데전서 2장 1절부터 7절을 읽어보면, 그리스도인들이 경건하고 품위 있게, 조용하고 평화로운 생활을 하기를 옳게 여기시고 기뻐하시는 하나님은 모든 사람들이 구원을 받게 되고, 그들도 진리를 깨닫게 되기를 바라신다.

그러므로 하나님은 그리스도인들이 모든 사람들을 위해, 특히 "왕들", 곧 (모든 인간들을 포함하는) 국가적인 영역에서 특별한 책임을 지고 있는 사람들을 위해 기도할 것을 원하신다. 이러한 의미에서 그리스도인 공동체는 사도적으로 존재하는 것이 아니라 정치적으로 존재한다. 더욱이 신약성경의 명백한 설명에 따르면 그리스도인 공동체가 영원한 목표로 여기는 약속과 희망의 대상은 바로 영원한 교회 안에 있지 않고, 하나님이 세우시고 하늘로부터 이 땅으로 내려오는 "도성" 안에 있다. 민족들이 그 빛 가운데로 다닐 것이며, 땅의 왕들이 그들의 영광을 그 도성으로 들여올 것이다.(계 21:2, 24) 교회의 희망은 하늘의 시민권(빌 3:20)에 있고, 하나님의 나라에 있으며, 보좌에 앉으신 왕, 예수님의 심판에 있다.(마 25:31) 바로 이로부터 우리는 그리스도인 공동체가 궁극적으로 극도로 정치적인 의미를 지닌다고 말할 수 있고, 또 그렇게 말해야 한다.

그리스도인 공동체는 시민 공동체가 왜 특별히 존재할 필요가 있는지를 알고 있다. 곧 모든 사람들(비그리스도인들과 그리스도인들!)은 "왕"이 필요하다는 사실을 알고 있다. 다시 말하면, 뛰어난 권위와 권력에 의해 보호를 받는 외형적이고 상대적이고 잠정적인 법질서가 필요하다는 사실을 알고 있다. 그리고 독특하고 본래적으로, 그리고 궁극적으로 계시될 자신의 형태는 영원한 하나님의 나라와 하나님의 은총의 영원한 공의라는 사실도 알고 있다. 그리스도인 공동체는 일차적으로, 그리고 궁극적으로 이와 같이 영원한 나라와 공의를 선포한다. 하지만 그리스도인 공동체는 “아직 구원을 받지 못한 세상 안에서” 외형적이고 상대적이고 잠정적인 형태를 지니고 있다는 사실 때문에 하나님을 찬양한다.

비록 예수 그리스도를 매우 불완전하게, 매우 희미하게 인식하더라도, 실로 그분을 전혀 인식하지 못하더라도, 시민 공동체는 가치와 의미를 지니고 있다. 이처럼 비록 외형적이고 상대적이고 잠정적이지만, 바로 그렇기 때문에 무가치하지 않고 무의미하지 않은 법질서의 형태가 바로 시민 공동체다. 그리스도인 공동체는 - 오직 이것만이 참으로 진지하게! - 시민 공동체가 필요하다는 사실을 알고 있다. 곧 그리스도인 공동체는 - 하나님의 나라와 그분의 은총을 알고 있기 때문에 - 인간의 교만과 그 파괴적인 결과도 알고 있다. 또한 인간이 얼마나 위험한지, 그리고 그 자신으로 말미암아 얼마나 위태롭게 되는지도 알고 있다. 그리스도인 공동체는 인간이 얼마나 위험한 존재인지를, 그리고 인간이 자기 자신으로 말미암아 얼마나 망가지는지를 알고 있다.

그리스도인 공동체는 인간을 죄인으로 인식한다. 인간은 언제나 수문을 열어젖히려고 하는 존재다. 만약 그를 저지하지 않는다면, 수문을 통해 혼돈과 허무가 밀려들 것이고, 자신의 시대가 끝장나고야 말 것이다. 그리스도인 공동체는 인간에게 허용된 시간을 이중적인 의미에서 오직 은총의 시간으로만 이해할 따름이다. 먼저 시간은 하나님의 은총을 깨닫고 이해하도록 인간에게 주어진 시간이다. 그리고 시간은 바로 이러한 목적을 위해 하나님의 은총으로 말미암아 인간에게 주어진 시간이다. 그리스도인 공동체는 이처럼 인간에게 허용된 시간 속에서 존재하며, 인간의 유한한 삶을 혼란으로부터 - 혼란은 이미 오래전부터 돌입하였다. - 언제나 보호해 주는 공간 안에서 존재한다. 그리스도인 공동체는 시민 공동체 안에서, 국가 안에서 이와 같은 보호의 가시적인 수단을 인식한다. 국가는 인간의 삶을 외형적 · 상대적 · 잠정적으로 인간답게 함으로써 최악의 상황을 저지하려고 노력한다.

이러한 일이 가능하려면, 모든 사람들에게 (비그리스도인들과 그리스도인들에게) 하나의 정치적인 질서가 존재해야 한다. 이것은 모두에게 필요하다. 왜냐하면 인간의 위험한 교만이 두 종류의 사람들 안에서 활동하기 때문이다! 이와 같은 정치적 질서 아래서 - 각자가 자신이 처해 있는 자리에서! - 악한 사람들은 처벌을 받고, 착한 사람들은 보상을 받는다. 만약 이러한 질서가 존재하지 않는다면, 기독교적인 질서도 존재할 수 없다는 사실을 그리스도인 공동체는 알고 있다. 그리스도인 공동체는 - 더 큰 원(圓) 가운데 있는 작은 동심원(同心圓)으로서 - 시민 공동체의 보호 속에서 존재할 수 있다는 사실을 알고 있으며, 바로 이 사실 때문에 하나님에게 감사를 드린다.

그리스도인 공동체는 자신의 존재에 못지않게 시민 공동체 안에서도 - 그에 속한 사람들과 관리들이 그리스도인들이든 아니든, 그리고 그들의 특별한 형태와 활동이 무엇이든 - "하나님의 섭리" 의 활동을 인식한다. 시민 공동체는 하나님의 뜻과 무관하지 않고, 하나님의 뜻에 따라서 존재하고 활동한다.(롬 13:1) 비록 시민 공동체 안에서 인간적인 오류와 인간적인 변덕이 많이 일어나더라도, 우리는 시민 공동체와 국가를 실질적으로 죄의 산물로 보지는 않는다. 국가는 인간을 위해 인간의 죄에 저항하는 하나님의 섭리와 세계통치가 계속 일어나는 곳이다. 그러므로 시민 공동체는 하나님의 은총의 도구다.

시민 공동체와 그리스도인 공동체는 동일한 기원과 중심을 가진다. 하나님의 은총이 - 죄인 그 자체와 관계를 맺고, 아직 구원을 받지 못한 세상과 관계를 맺는 은총으로서 - 언제나 인내이기도 하다는 점에서 시민 공동체는 하나님의 인내의 질서다. 시민 공동체는 아직도 (또는 이미 거듭) 죄악과 진노에 빠지는 무지하고 몽매한 인류도 하나님에게 버림을 받지 않고 하나님의 보호와 인도를 받는다는 증거다. 시민 공동체는 혼란의 돌입으로부터 인간을 보호하는 데 기여하며, 인간에게 시간을 주는 데 기여하다. 시민 공동체는 인간에게 복음 선포를 위한 시간을 주고, 회개를 위한 시간을 주며, 신앙을 위한 시간을 준다. 시민 공동체는 "인간의 통찰과 인간의 능력에 따라서", 그리고 "권력의 위협과 권력의 행사를 통해" (바르멘 신학선언 제5항) 인권을 세우고, (그와 함께 주어진 외형적 · 상대적 · 잠정적인 의미 속에서) 자유와 평화와 인간성을 촉진한다.

그러므로 시민 공동체는 관련 당사자들의 평가와 의지와는 무관하게 실제로 하나님의 구원계획의 섭리를 위해 특별한 봉사를 수행한다. 신약성서의 통찰에 따르면 시민 공동체는 하나님 안에서 창조되었고 하나님으로 말미암아 서로 연결되어 있는 "권세들"에 속한다. 따라서 사도의 분명한 말에 따르면(롬 13:4, 6), 국가의 행동도 예배다. 하지만 실로 교회의 행동과 예배가 왜곡될 위험이 있듯이, 국가의 행동도 그 자체로서 왜곡될 수 있다. 국가는 빌라도의 얼굴과 성격을 지닐 수 있다. 그렇지만 국가도 하나님으로부터 받은 권세 안에서 행동한다.(요 19:11) 그러므로 그리스도인 공동체는 "하나님을 향한 감사와 경외 안에서" 이와 같은 하나님의 섭리의 은혜를 신뢰한다.(바르멘 신학선언 제5항)

그가 신뢰하는 은혜의 본질은 무엇인가? 그것은 거룩하지 못한 세상이 정치적인 권력과 질서로 말미암아 외형적 · 상대적 · 잠정적으로 거룩해진다는 사실이다. 따라서 정치에 대한 무관심, 비정치적인 교회는 분명히 배격되어야 한다. 교회는 자기 자신의 임무와 분명하게 관련되는 섭리의 현상에 대해 결코 무관심할 수 없으며, 결코 중립적인 태도를 취할 수 없다. 이러한 행동은 로마서 13장 2절의 말씀대로 율법을 범하는 일이 될 것이다. 다시 말하면, 이러한 행동은 하나님 자신에게 직접 반항하는 일이 될 것이며, 하나님의 심판을 자초하는 일이 될 것이다.

그리스도인 공동체는 자기 "자신의 고유한 임무"를 수행하는 가운데서 아울러 "시민 공동체의 임무"에도 참여한다. 예수 그리스도를 믿고 그분을 선포함으로써 그리스도인 공동체는 실로 교회의 주님이실 뿐만 아니라 세상의 주님이기도 하신 그분을 믿고 선포한다. 교회의 지체들은 작은 원에 속해 있기 때문에 자동적으로 더 큰 원에도 속하게 된다. 따라서 교회는 이 두 영역의 경계선에서 자신에게 명령된 믿음과 사랑과 소망의 활동을 멈출 수 없다. 물론 교회의 형태는 지역마다 다양한 임무에 따라 다양해질 것이다. 시민 공동체의 영역 안에서 그리스도인 공동체는 세상과 연대하고 있으며, 이 연대성을 단호히 실천해야 한다.

그리스도인 공동체는 시민 공동체를 위해 기도한다. 왜냐하면 바로 시민 공동체가 스스로 기도하지 않기 때문이다. 하지만 시민 공동체를 위해 기도함으로써 그리스도인 공동체는 하나님 앞에서 그를 위한 책임을 진다. 만약 그리스도인 공동체가 시민 공동체를 위해 기도하는 것으로 자신의 일을 끝냈다고 생각한다면, 만약 그가 시민 공동체를 위해 기도하면서 그를 위해 열심히 일하지도 않는다면, 기도를 진지하게 드리지 않았다고 할 수 있다. 하지만 그리스도인 공동체가 시민 공동체를 위해 매일 할 수 있는 일은 그의 권력을 하나님의 섭리의 결과로 인정하는 일이요, 자신도 그에 대한 의무와 책임을 진다는 사실을 인정하는 일이요, 시민 공동체의 질서를 자신에게도 의미가 있고 정당한 것으로 존중하는 일이다.

그리스도인 공동체가 시민 공동체를 위해 할 수 있는 일은 사도의 말씀(롬 13:1)에 따라서 어떠한 경우에도 (그리고 구체적으로 어떠한 정치적 형태와 현실과 관계를 맺든) 시민 사회에 "복종하는" 일이다. 루터가 번역한 성경은 "복종"에 관해 말하는데, 이 말은 원래의 의도와는 달리 위험하게 들린다. 곧 이 말은 원래 그리스도인 공동체와 그리스도인들이 시민 공동체 또는 그 관리들에게 가급적 맹목적으로 복종하고 무조건 굽실거리라는 말이 아니다. 로마서 13장 6절에 따르면 이 말은 그리스도인 공동체가 시민 공동체를 설립하고 유지하고 주장하는 일에서, 그리고 그의 임무를 수행하는 일에서 자신에게 요구되는 일을 해야 한다는 말이다. 왜냐하면 비록 그리스도인들은 다른 집에서 살고 있지만, 이 외부의 큰 원 안에서도 살고 있기 때문이요, 예수 그리스도가 바깥의 큰 원의 중심도 되시기 때문이요, 그리스도인들도 그의 존립에 대해 책임을 지고 있기 때문이다. "'복종한다는 것' 은 이처럼 공동책임을 수행한다는 것을 의미한다."

그리스도인들은 비그리스도인들과 함께 같은 임무를 수행하며, 같은 규칙에 복종한다. 좋은 일이든 나쁜 일이든, 그리스도인 공동체는 시민 공동체가 하는 일에 복종해야 한다. 왜냐하면 이 일도 역시 (단지 교회의 일만이 아니라!) 한 분 하나님의 일이기 때문이다. 바울은 로마서 13장 5절에서 분명하게 덧붙이기를, 이러한 "복종"은 선택적인 것이 아니라 필수적이라는 것이다. 그 이유는 다만 "진노 때문"만은 아니라는 말이다.

다시 말하면, 어떤 경우에는 하나님의 희미한 계명과 불가피하게 갈등할 것이 두렵기 때문에 율법적으로 복종해야 한다는 말이 아니다. 그보다는 "양심 때문에" 복종한다는 말이다. 다시 말하면, 하나님의 은총과 인내가 국가 안에서도 분명히 드러난다는 사실을 복음을 통해 알았기 때문에 복종한다는 말이다. 그리고 시민 공동체의 일 안에서도 그리스도인을 위해 계시되는 하나님의 뜻에 대해 전적인 책임을 느끼기 때문에 복종한다는 말이다. 복종은 자유로운 마음에서 우러나온다는 말이다. 그리스도인은 교회의 영역 안에서만이 아니라 시민 공동체 안에서도 - 비록 그리스도인 공동체의 목적이 시민 공동체의 목적과는 다르더라도 (황제의 것은 황제에게, 그리고 하나님의 것은 하나님에게. 마 22:21) - 복종해야 한다는 말이다.

시민 공동체를 위해 공동책임을 지려고 할 때, 그리스도인 공동체는 다양한 정치적 형태와 현실을 향해 자신의 독특한 이론을 대변할 필요가 없다. 그리스도인 공동체는 "올바른 국가에 대한 기독교적인 가르침"을 주장할 "수 없고", 완전한 국가가 이미 실현된 곳을 보여줄 수 없으며, 그러한 국가를 세울 수 있는 전망을 제시할 수도 없다. 우리에게는 오직 그리스도의 한 몸이 있을 뿐이다. 이 몸은 하나님의 말씀으로부터 태어났으며, 이 말씀을 우리는 믿음으로 받아들였다. 따라서 교회와 일치하는 기독교적인 국가는 없으며, 정치적인 영역에서 교회와 꼭 닮은 것도 없다. 물론 국가는 하나님의 섭리의 결과로서, 하나님 섭리의 지속적인 현상으로서, 그리고 섭리의 통치를 받는 세계사의 현상으로서 그리스도의 나라 안에 존재한다. 그렇다고 하나님이 하나의 국가 공동체 안에서 계시되고 신앙되고 인식된다는 말은 아니다.

국가 안에서 하나님의 섭리는 어떤 모습으로 나타나는가? 국가 공동체 안에서 하나님이 계시되는지, 그리고 국가 공동체가 하나님을 믿는지는 전혀 중요하지 않다. 국가 공동체의 임무는 "인간의 통찰과 능력에 따라서" 일시적인 법과 일시적인 평화를 위해, 외형적이고 상대적이고 잠정적이나마 사람을 더욱 사람답게 하기 위해 애쓰는 것이다. 따라서 다양한 정치 형태들과 조직들은 인간이 고안한 것들이다. 이것들은 그 자체로서 계시의 특징을 지니지 않으며, 그런 존재로서 증언되지도 않는다. 따라서 국가가 그런 특징을 지닌다는 사실을 믿으라고 요구할 수도 없다.

그리스도인 공동체가 시민 공동체에 대해 공동책임을 진다는 것은 - 하나님의 계시와 그에 대한 믿음으로부터 - 최상의 국가 형태가 무엇인지, 가장 합리적인 국가 조직이 무엇인지를 인간적으로 묻는다는 것을 말한다. 하지만 그리스도인 공동체는 인간이 고안할 수 있는 (물론 자신의 협력 아래서도 고안할 수 있는) 모든 정치 형태들과 조직들의 한계성도 알고 있다. 그리고 다른 모든 정치적 이념들과 대항하면서 그 어떤 정치적 이념을 - 비록 "민주적인" 이념이라고 하더라도 - 기독교적인 이념이라고 주장하는 일도 삼갈 것이다. 하나님의 나라를 선포함으로써 그리스도인 공동체는 모든 정치적 이념들에 맞서 자신의 희망과 자신의 물음을 관철해 나가야 한다. 정치적으로 실현된 모든 것들에도 맞서, 아니 바로 이러한 것들에 맞서 그렇게 해야 한다.

물론 그리스도인 공동체는 이 일에 참여하고 있는 비그리스도인들보다 더 관대하거나 더 엄격할 수도 있으며, 더 참을성이 있거나 더 조급할 수도 있다. 하지만 그리스도인 공동체는 정치적으로 실현된 그 어떤 것도 - 실로 오직 인간의 통찰과 능력 때문에 성취될 수 있었던 것도 - 완전한 것으로 여길 수 없으며, 그래서 이를 하나님의 나라와 혼동할 수 없다. 비록 모든 정치적 이념들이 이미 실현되었더라도, 그리고 비록 여전히 실현해야 할 정치적 이념이 많더라도, 그리스도인 공동체는 "하나님께서 설계하시고 세우실 튼튼한 기초를 가진 도시"(히 11:10)를 바라본다. 그는 - 그 어떤 정치 형태와 정치적 현실이 아니라 - 말씀의 능력을 신뢰하고 순종한다. 하나님은 말씀을 통해 만물을 유지하시며(히 1:3, 바르멘 신학선언 제5항), 정치적인 일도 바로 그렇게 하신다.

실로 정치적 영역 안에서 그리스도인이 내려야 할 결단에 관한 이념과 체계와 강령은 전혀 존재하지 않지만, 모든 상황에서 그가 알아야 하고 지켜야 하는 "방향과 노선"은 존재한다. 그리스도인 공동체가 정치적인 공동책임을 느끼면서 참여해야 하는 것은 기독교적인 임무와 문제가 아니라, "자연적이고" 세상적이며 "세속적인 임무"와 문제다. 하지만 그리스도인 공동체가 관심을 기울여야 할 것은 자연적인 규범과 자신에게 낯선 일의 모호한 자율성이 아니라, 믿을 만하고 척도가 될 만한 영적인 규범과 자신의 일의 분명한 자율성이다. 바로 이에 대한 인식으로부터 그리스도인 공동체는 정치적인 영역 안에서 자신의 결단도 내리게 될 것이다.

바로 이로부터 그리스도인 공동체는 "자신에게 낯선 일"을 정직하고 조용하게 대변할 수 있는 자유를 가지게 된다. 그는 정치적인 영역 안에서 자기 자신을 대변하지 않을 것이며, 자신의 "관심"과 "소원"을 대변하지 않을 것이다. 국가 안에서 교회의 주장, 교회의 영향력, 교회의 능력은 바로 정치적 결단의 방향과 노선을 결정하는 목표가 아니다. "내 나라는 이 세상에 속한 것이 아니다. 나의 나라가 세상에 속한 것이라면, 나의 부하들이 싸워서 나를 유대 사람들의 손에 넘어가지 않게 하였을 것이다. 하지만 실로 내 나라는 이 세상에 속한 것이 아니다."(요 18:36)

교회는 종종 정치적인 수단들을 가지고 자기 자신을 위해 투쟁함으로써 일정한 성공을 거두곤 하였지만, 이로 인해 은밀한 경멸을 자초하였다. 그리고 이와 같은 투쟁은 결국 온갖 수치로 얼룩진 패배로 끝나고 말았다. 교회는 자기 자신을 목적으로 삼지 않는다. 교회는 하나님을 섬긴다. 바로 그러므로, 그리고 바로 그렇게 함으로써 교회는 사람들을 섬긴다. 참으로 하나님이 시민 공동체를 세우신 가장 깊고 궁극적인 뜻은 말씀을 선포하고 말씀을 들을 수 있는 영역을 만드는 것이고, 바로 그래서 교회를 위한 영역도 만드는 것이다. 하지만 시민 공동체가 하나님의 섭리와 명령에 따라서 이를 실행해야 하는 방법은 인간의 통찰과 능력에 따라 법을 세우고 자유와 평화를 보호하는 자연적 · 세상적 · 세속적인 방법이다.

하나님이 시민 공동체를 세우신 뜻은 결코 자신이 점차로 교회처럼 되는 것이 아니다. 그리고 교회의 정치적 목적도 국가를 점차로 교회처럼 만드는 것이어서는 안 된다. 다시 말하면, 교회는 국가로 하여금 자기 자신의 임무를 위해 최대한 봉사하도록 만들어서는 안 된다. 설령 국가가 자기 나름의 방식대로 교회에게 자유와 존경과 특별한 권리(여러 종류의 국가교회법 상의 보장, 학교와 방송국 참여, 일요일 보장, 재정적인 완화 또는 지원 등)를 제공하더라도, 바로 그렇기 때문에 교회는 교회국가의 꿈을 꾸기 시작하지는 않을 것이다. 교회는 이를 "선물"로 여겨 감사하게 될 것이다. 바로 이 선물 안에서 교회는 하나님의 섭리와 명령이 활동하는 것을 본다.

하지만 교회는 이 선물을 시민 공동체와 대립하여 자신의 "권리"를 주장하는 수단으로 삼지는 않을 것이다. 만약 시민 공동체가 이 선물을 교회에게 주기를 거절한다면, 교회는 그 허물을 시민 공동체에게서 먼저 찾기보다는 자기 자신에게서 찾을 것이다. 자신의 문제와 씨름하던 투사로서 "공공의 뜻"과 "공공의 요구"라는 이름으로 정치의 마당 안으로 뛰어든 교회는 언제나 국가의 특별한 의미를 잘못 판단한 교회였고, 언제나 회개하기를 거부한 교회였으며, 언제나 영적으로 자유롭지 못한 교회였다.

하지만 이 말은 교회가 국가에게 점차로 하나님의 나라로 변해갈 것을 요구한다는 뜻이 아니다. 하나님의 나라는 하나님이 아무런 그림자가 없이, 아무런 문제와 갈등도 없이 만물 안에서 만물이 되시는 나라이며, 구원을 받은 세상 안에서 실현될 하나님의 통치다. 하나님의 나라에서는 내적인 것 안에 있는 외적인 것, 절대적인 것 안에 있는 상대적인 것, 절대적인 것 안에 있는 잠정적인 것이 극복된다. 하나님의 나라에는 입법부와 행정부와 사법부가 없다. 왜냐하면 하나님의 나라에는 바로잡아야 할 죄가 없고, 두려워하거나 저지해야 할 혼란도 없기 때문이다. 하나님의 나라는 예수 그리스도가 하나님 아버지의 영광을 위해 세상을 통치하시는 곳이다. 그 나라는 예수 그리스도의 통치를 통해 어두움을 깨고 밝히 드러났다.

중립적이고 이교적이고 여전히 무지한 시민 공동체는 하나님의 나라에 관해 전혀 알지 못한다. 시민 공동체는 기껏해야 자연법의 다양한 이상(理想)들만을 알 뿐이다. 하지만 시민 공동체 한복판에 있는 그리스도인 공동체는 하나님의 나라를 알고 있고, 하나님의 나라를 환기시킨다. 교회는 이미 오셨고 다시 오시는 예수 그리스도를 환기시킨다. 하지만 교회는 하나님의 나라와 같은 국가의 형태와 현실을 기획하거나 제안할 수 없으며, 이를 시민 공동체 안에서 관철하려고 노력할 수 없다. 만약 국가가 근본적으로 그와 같은 것을 강요하는 교회의 모든 요구를 거절하였다면, 국가가 옳은 일을 한 셈이다. 국가는 본질적으로 하나님의 나라가 아니며, 하나님의 나라가 될 수도 없다.

국가는 "아직 구원을 받지 못한 세상"을 감안하신 하나님의 섭리에 근거해 있다. 세상 안에서 살고 있는 우리는 죄와 그로 인한 혼란의 위험을 진지하게 여겨야 한다. 물론 예수 그리스도의 나라는 세상 안에서 실제로 세워졌다. 하지만 그것은 여전히 숨겨져 있다. 만약 국가가 스스로 하나님의 나라를 확장할 사명을 지닌 것처럼 행동한다면, 자신의 의미를 부인하는 꼴이 될 것이다. 하지만 국가에게 그런 빌미를 제공하려는 교회도 매우 경솔한 오만에 빠져 있다는 비난을 받게 될 것이다. 국가를 향해 하나님의 나라를 확장할 것을 바라는 교회의 요구가 의미를 가지려면, 교회가 먼저 스스로 하나님의 나라를 확장해야 하고 또 확장할 수 있다고 생각해야만 할 것이다. 하지만 교회는 국가와 함께 "아직 구원을 받지 못한 세상" 안에 있다. 하나님의 나라는 - 최상의 경우에라도 - 교회 안에서도 역시 실현되지 못하였다.

만약 교회가 국가 안에서 하나님의 나라가 실현될 것을 요구한다면, 다시 말하면, 만약 교회가 "하나님 나라의 정치"를 추구해야 하고 또 추구할 수 있다고 생각한다면, 교회가 나름대로 하나님의 나라를 자연법적인 이상과 혼동한 셈이 아니겠는가? 만약 그렇다면, 교회가 자신과 국가를 향해 다가오는 실제적인 하나님의 나라를 스스로 거듭 환기시킬 필요가 없지 않겠는가? 아니다. 자유로운 교회는 이런 길을 가지 않으려고 할 것이다.

그리스도인들의 정치적 구분, 판단, 선택, 소원과 개입의 방향과 노선은 정치적인 존재의 "비유의 능력"과 "비유의 필요"와 관련되어 있다. 정치적인 존재는 교회의 성장이나 하나님 나라의 선취를 설명할 수 없다. 정치적인 존재는 교회와의 관계 안에서 하나의 고유한 존재이며, 하나님 나라와의 관계 안에서 (교회 자신과 같이!) 인간적인 존재요, 덧없는 세상의 양식을 지니는 존재다. 그리스도교적인 관점에서 국가의 정의(正義)는 교회 안에서 신앙되고 교회가 선포하는 "하나님의 나라"에 대한 하나의 "비유"요, 하나의 "상응"이요, 하나의 "유비"다.

시민 공동체는 바깥의 원(圓)을 이룬다. 고백과 복음의 비밀을 지닌 그리스도인 공동체는 그 안쪽 원이다. 그러므로 시민 공동체와 그리스도인 공동체는 동일한 중심을 가지고 있다. 그러므로 비록 시민 공동체의 전제와 임무가 고유하고 다른 것이더라도, 그리고 바로 그렇기 때문에 시민 공동체는 그리스도인 공동체를 구성하는 진리와 현실(하나님의 나라)과의 관계 안에서 비유의 능력을 지닐 수밖에 없다. 시민 공동체는 간접적으로 하나님의 나라를 반영할 수 있는 능력을 지니고 있다. 하지만 시민 공동체는 자신의 고유한 임무만을 수행해야 한다.

하지만 시민 공동체의 변질과 붕괴를 막기 위해 그리스도인 공동체는 하나님의 나라를 환기시켜야 한다. 시민 공동체는 비유의 능력을 지니고 있을 뿐만 아니라, 비유를 필요로 한다. 시민 공동체는 정의를 실현해야 한다. 시민 공동체는 실로 하나님 나라의 비밀, 그 자신의 중심의 비밀을 알지 못하며, 그리스도인 공동체의 신앙고백과 복음에 대해서도 태연하다. 시민 공동체는 그리스도인 공동체의 건전한 불안감을 필요로 한다. 다시 말하면, 시민 공동체는 교회의 정치적인 공동책임을 필요로 한다.

물론 교회도 하나님의 나라는 아니다. 하지만 교회는 스스로 하나님의 나라를 알고 있고, 하나님의 나라를 희망하고 있으며, 하나님의 나라를 신앙하고 있다. 교회는 실로 예수님의 이름으로 기도하며, 그분의 이름을 모든 이름들 위에 뛰어난 이름으로 선포한다. 바로 그렇기 때문에 교회는 중립적이지 않으며, 바로 그래서 무력하지도 않다. 교회가 정치적인 공동책임을 진다는 말은 시민 공동체에게 없는 인간적인 주도권을 이제 갖는다는 말이다. 교회는 시민 공동체가 스스로 갖지 못하는 충격을 주며, 시민 공동체가 스스로 알 수 없는 내용을 환기시켜 준다.

교회는 때때로 자신에게 주어지는 정치적인 가능성들 가운데서 항상 신앙과 복음의 비유, 상응, 유비, 거울이 되는 것들을 구분하고 선택한다. 그리고 그와 다른 것들은 제외하고 거부한다. 교회는 국가의 형태와 국가의 현실이 덧없는 이 세상 가운데서 하나님의 나라를 방해하기보다는 하나님의 나라를 지시하기를 바란다. 교회는 하늘로부터 계시되고 활동하는 하나님의 은총이 정치적인 공동체의 외형적 · 상대적 · 잠정적인 행동과 행동 방식 안에서 반영되기를 바란다. 그리고 교회는 정치적인 구분과 판단과 선택과 소원을 통하여 함축적이고 간접적이나마 실질적으로 복음을 증언한다. 그러므로 교회의 정치적인 행동도 신앙고백의 행위다. 이처럼 정치적으로 행동함으로써 교회는 자신의 고유한 임무를 신실하게 수행하게 되는 것이다. 바로 이러한 교회의 정치적인 행동을 통하여 시민 공동체의 형성을 하나님 나라의 비유로 삼고 하나님의 공의 실현을 목적과 내용으로 삼는 역사(歷史)가 진행되는 것이다.

그리스도인 공동체는 인간에게 자비를 베풀기 위해 스스로 "인간"이 되시고 그래서 "인간의 이웃"이 되신 영원하신 하나님에 대한 인식 위에 세워졌다.(눅 10:36 이하) 바로 그렇기 때문에 그리스도인 공동체는 정치적인 영역에서 항상, 그리고 어떤 경우에라도 그 어떤 사물보다도 먼저 인간을 존중한다. 그 사물이 이름이 없는 자본이든, 또는 국가(사무적 기능!) 그 자체이든, 또는 민족의 영광이든, 또는 문명적이고 문화적인 진보이든, 또는 인류의 역사적인 진보에 관한 다양한 이념이든, 아무런 상관이 없다. 설령 인류의 역사적인 진보의 목적이 미래 세대의 도약과 복리라고 할지라도, 역시 그러하다. 설령 이와 같은 목적을 달성하기 위해서라면 현재의 인류와 인간의 가치와 생존을 희생시켜도 좋다고 할지라도, 역시 그러하다.

만약 법이 인간의 법으로서 인간을 보호하는 일에 기여하기보다는 추상적인 형식으로서 지배하려고 한다면, 심지어 법마저도 불법이 될 것이다. 그리스도인 공동체는 언제나 우상의 적대자다. 하나님이 친히 인간이 되신 후로부터 인간은 모든 사물의 척도가 되었다. 인간은 오직 인간의 편만을 들 수 있으며, 때로는 오직 인간만을 위해서만 희생할 수 있다. 설령 가장 비천한 인간이라고 할지라도, 인간은 - 인간의 이기주의가 아니라 인간성은 - 모든 사물의 횡포로부터 단호히 보호를 받아야 한다. 인간이 사물을 섬길 것이 아니라, 사물이 인간을 섬겨야 한다.

그리스도인 공동체는 하나님의 칭의의 증인이다. 하나님은 예수 그리스도 안에서 죄와 죽음에 대항하여 자신의 원래적인 "인간에 대한 권리"를 세우시고 확정하셨으며, 바로 그리하심으로써 "인간 자신의 권리"도 세우시고 확정하셨다. 그리스도인 공동체가 기다리는 미래는 바로 이와 같은 칭의의 결정적인 계시다. 그렇기 때문에 그리스도인 공동체는 시민 공동체 안에서 정의가 제대로 실현되는지를 항상 지켜볼 것이다. 모든 사람들이 법으로 깨닫고 승인한 내용을 지키는 일에서, 그리고 또한 이 법을 보호하는 일에서 그 누구도 제외될 수 없다. 그리고 모든 정치적인 행위는 항상 이 법을 통해 규정되어야 한다. 시민 공동체의 질서는 바로 이와 같은 토대 위에 서 있다.

그리스도인 공동체는 항상 법치국가를 옹호하며, 앞에서 거론한 두 가지 규칙을 최대한 지키고 적용하도록 항상 지원한다. 바로 그렇게 함으로써 그리스도인 공동체는 법치국가의 모든 일탈을 항상 저지한다. 다시 말하면, 그리스도인 공동체는 결코 무정부의 편에 서지 않을 것이며, 결코 폭정을 지지하지 않을 것이다. 그리스도인 공동체의 정치가 추구하는 목적은 언제나 다음과 같다. 곧 그리스도인 공동체는 시민 공동체로 하여금 자신의 존재의 근본적인 의미를 진지하게 여기도록 강요할 것이다. 시민 공동체의 존재 의미는 바로 법의 제정과 시행을 통해 인간을 제한하고 보호하는 것이다.

그리스도인 공동체는 사람의 아들이 "잃어버린" 자들을 찾아서 그들을 구원하기 위해 오셨다는 사실에 관한 증인이다. 이것은 그리스도인 공동체가 - 모든 잘못된 편견으로부터 벗어나서 - 정치적인 영역에서도 특별히 밑바닥의 사람들을 바라본다는 것을 의미한다. 그들은 사회적 · 경제적인 입장에서 약한 자들과 그로 인해 위험에 노출된 자들이다. 그들은 가난한 자들이다. 그리스도인 공동체는 항상 우선적으로, 그리고 특별히 그들을 대변할 것이며, 시민 공동체로 하여금 그들을 위해 특별한 책임을 감당하도록 만들 것이다.

그리스도인 공동체는 우선적으로 자신의 임무의 테두리 안에서 ("봉사"의 형태로) 그들에게 사랑을 베풀어야 하지만, - 이제 정치적인 책임의 테두리 안에서 - 다른 일, 곧 법제정에 참여하는 일도 소홀히 여길 수는 없다. 그리스도인 공동체는 법이 만인을 위한 평등이라는 구실 아래 강자와 약자, 자영업자와 비자영업자, 부자와 가난한 자, 사용자와 노동자를 실제로 불평등하게 제한하고 불평등하게 보호하는 일이 없도록 노력해야 한다. 그리스도인 공동체는 정치적인 영역 안에서 존재하며, 바로 그렇기 때문에 필연적으로 사회정의를 옹호하고 사회정의를 위해 투쟁해야 한다. 그리고 그리스도인 공동체는 다양한 사회주의적 가능성들(사회-자유주의? 협동조합? 급진적 노동조합? 자유경제? 중도주의? - 급진적 마르크스주의) 가운데서 언제나 (다른 모든 관점들을 골라내면서) 최상의 사회정의를 기대할 수 있는 것들을 선택할 것이다.

그리스도인 공동체는 하나님의 은총의 말씀을 통해, 그리고 하나님의 사랑의 영을 통해 "하나님의 자녀들의 자유"가 되라는 부르심을 받은 자들의 공동체다. 전혀 다른 정치적인 형태와 현실로 바꾸어 설명하자면, 이 말은 다음과 같은 것을 의미한다. 그리스도인 공동체는 시민사회를 통하여 모든 시민들에게 보장되어야 할 기본적인 권리로서 자유를 긍정한다. 여기서 자유란 정치적 · 법적인 영역 안에서 자신의 통찰과 선택에 따라서, 그리고 독자적으로 결단할 수 있는 자유를 의미한다. 그리고 자유란 정치적 · 법적으로 보장된 영역 안에서 살아가는 자유를 의미하며, 정치적 · 법적으로 규정되고 정돈되지 않은 영역(가정, 교육, 예술, 학문, 신앙)에서 살아갈 수도 있는 자유를 의미한다. 그리스도인 공동체는 어떤 경우에라도 부분적으로나 과도기적으로 이와 같은 자유를 제한하는 실천적인 독재자로부터 벗어나거나 그에 대항하지는 않을 것이다. 하지만 원칙적인 독재자, 곧 전체주의 국가로부터는 벗어나거나 그에 대항할 것이다. 성숙한 그리스도인은 오직 성숙한 시민이 되기만을 바랄 수 있으며, 동료시민들에게도 오직 성숙한 인간으로 살아가기만을 요구할 수 있다.

그리스도인 공동체는 머리가 되신 주님의 한 몸에 속한 지체로서 주님에게, 그리고 그분을 통해 서로 간에 "연결되어" 있고 "책임을 지는" 공동체다. 그러므로 그리스도인 공동체는 정치적 자유와 시민 개개인에게 보장되어야 할 기본법을 - 이것은 이른바 프랑스와 미국의 "인권"에 대한 고전적인 선언에도 분명히 드러나지 않았다. - 오직 시민 개개인에게 요구되는 기본적인 책임의 의무라는 의미로 이해하고 해석할 것이다. 시민은 정치적인 영역만이 아니라 비정치적인 영역에서도 자신의 자유의 모든 영역 안에서 자신의 결정과 행동에 대해 책임을 져야 한다. 시민 공동체도 당연히 자신의 자유를 인식하는 것에 대해 책임을 져야 한다. 실로 기독교적인 입장은 개인주의만이 아니라 집단주의도 넘어선다. 물론 우리는 개인과 전체의 "이해관계"를 알고 있고, 또 인식하고 있다. 하지만 개인과 전체가 자신의 이해관계를 끝까지 밀어붙이려고 한다면, 그리스도인은 그들과 대항하여 싸울 것이다. 시민의 존재보다, 시민 공동체의 존재보다 그들의 이해관계가 더 우월할 수 없다. 개인과 마찬가지로 전체도 법 위에 군림할 수 없다. 오히려 개인과 전체는 법을 질문해야 하고, 법을 찾아야 하며, - 언제나 인간을 제한하고 보호하기 위하여 - 법을 위해 봉사해야 한다.

그리스도인 공동체는 한 분 주님 아래서 세례를 근거로 성령과 믿음 안에 살아가는 공동체로서 정치적인 영역 안에서 시민의 욕구와 능력과 임무가 다양하다는 것을 냉정하게 인식하고 있지만, 성숙한 모든 시민의 자유와 책임이 "평등하다"는 사실을 대변해야 한다. 다시 말하면, 모든 시민은 그들 모두를 구속하는 법 앞에서 평등하고, 법의 제정과 실행을 위해 협력하는 일에서 평등하며, 법을 통해 제한하고 보호하는 일에서도 평등하다는 사실을 대변해야 한다는 말이다. 이러한 평등은 신앙적인 고백이나 불신앙적인 고백이 다양하다는 이유로 결코 제한될 수 없다. 기독교적인 인식에 따르면 이것은 시민 공동체의 본질에 속하는 것이다. 그렇다면 특정한 계급과 인종만이 아니라 특히 여성들의 정치적 자유와 책임을 제한하는 것도 실로 계속 유지해야 할 가치가 없는 하나의 임의적인 관습이라는 사실도 다시금 기독교적인 통찰에 따라 더 분명히 지적되어야 한다. 기독교적인 진리에 따르면, 이 문제에서도 오직 “하나의” 결단만이 가능하다.

그리스도인 공동체는 성서 안에서 언제나 새롭게 자신의 자유를 실증하는 자유로운 “하나님의 말씀”으로 말미암아 세워졌고 양육되고 있다고 믿는다. 그리고 자신의 영역 안에서 인간의 말이 하나님의 말씀을 자유롭게 전달하고 선포하는 도구가 될 수 있다고 믿는다. 바로 그처럼 자유로운 인간의 말이 시민 공동체의 영역 안에서도 자유로운 약속이 되고 긍정적이고 교육적인 의미를 갖도록 노력해야 한다. 그리스도인 공동체는 원칙적으로 시민 공동체를 불신해서는 안 된다. 왜냐하면 그리스도인 공동체는 그 자체 안에서 (매우 당연히) 신뢰로 가득하기 때문이다.

말이란 항상 공허하거나 무익하거나 매우 위험한 것만은 아니다. 올바른 말은 중요한 내용을 설명하고 정리할 수 있다. 비록 말이 공허하고 무익하고 위험하게 들릴 수도 있지만, 올바른 말은 청취력과 설득력을 지닐 수 있다. 시민들은 서로 함께 일하기 위하여 서로 대화를 나눈다. 그리고 대화는 솔직하게 이루어질 수 있다. 그리스도인 공동체는 이와 같은 사실들을 옹호할 것이다. 그리고 공개적인 입장표명을 감시하고 감독하고 평가하는 일을 반대하는 사람들을 적극적으로 지지할 것이다. 그리스도인 공동체는 이런 일이 좋을 수도 있다는 그 어떤 핑계도 알지 못하며, 이런 일을 강요하는 그 어떤 “상황”도 알지 못한다.

그리스도를 뒤따르는 공동체는 지배하지 않고, 섬긴다. 그러므로 시민 공동체 안에서도 “섬김”이 아닌 모든 지배를 하나의 병적인 상태로 볼 따름이지, 결코 정상적인 상태로 볼 수 없다. 공권력이 없는 국가란 없다. 하지만 올바른 국가의 권력은 올바르지 못한 국가의 권력과 구별

된다. 법에 순종하고 봉사하는 권력이 있는가 하면, 법을 왜곡하고 깨뜨리는 권력도 있다. "권력을 위한 권력"은 다만 사악할 따름이다. "검을 가지는 자는 다 검으로 망하느니라."(마 26:52)라는 말씀은 바로 이를 지적한 말씀이다. 기독교적인 국시(國是)는 정확하게 반대 방향을 가리킨다.

복음으로부터 생겨나는 그리스도인의 정치적 방향과 노선은 사람들이 일반적으로 "민주주의 국가"라 부르는 쪽으로 분명히 기우는 경향성을 지닌다. 여기서도 우리는 명백한 사실을 거부하지 않도록 유의할 것이다. 개념의 기능적 의미(스위스적 · 미국적 · 프랑스적 의미 등)에서 "민주주의"는 분명히 기독교적인 의미에서 올바른 국가의 형태일 필요는 없다. 기독교적인 관점(비교와 결단)에서 올바른 국가는 군주제나 귀족제의 형태도 띨 수 있으며, 경우에 따라서는 심지어 독재의 형태도 띨 수 있다. 거꾸로 말하면, 민주제 그 자체도 무정부적인 경향만이 아니라 전제적인 경향으로도 변질되고, 그래서 불의한 국가가 되는 것을 막을 수 없다. "민주주의"(국민의 지배)라는 단어와 개념이 기독교적인 인식에 따라 하나님의 섭리에 부응하여 설립되고 존재하는 시민공동체를 적절히 표현하기에는 턱없이 부족하다는 사실을 우리는 시인해야 한다.

그렇지만 그리스도인의 정치적인 구별, 판단, 선택, 소원, 합의는 전반적으로 이른바 "민주주의" 안에서 - 비록 실현되지는 못하였지만 - 어느 정도 정직하게, 그리고 분명하게 표명되고 추구되어온 국가의 형태로 기우는 경향성을 지닌다는 사실을 우리는 간과하고 부인해서는 안 된다. 만약 우리가 모든 측면을 살펴보았다면, 다음과 같이 말해야 한다. 민주주의는 여하튼 다른 그 어떤 측면보다는 바로 이런 측면으로 기우는 경향성을 지니고 있다. 그리스도인 공동체와 자유로운 시민 공동체 간에는 이미 일종의 친화성이 존재한다!

그리스도인 공동체에게 맡겨진 가장 고유한 임무는 바로 하나님의 은총에 관한 복음을 선포하는 일이다. 복음이란 그 자체로서 - 정치적인 인간들을 포함하여 - 모든 사람들을 의롭게 한다는 것이다. 하나님의 왕권과 지금은 감추어져 있으나 언젠가는 드러날 그분의 나라를 내용으로 삼고 있는 이 복음은 "처음부터 정치적이다." 만약 복음이 올바른 방식으로 실제의 사람들(그리스도인과 비그리스도인들)에게 선포된다면, 복음은 "예언자적 · 정치적" 일 수밖에 없다. 그리스도인 공동체가 이 복음을 섬기도록 부름을 받은 곳에서는 - 정치적인 일상 문제에 관한 직접적이거나 간접적인 설명을 통해 - 복음에 관한 해명과 적용은 반드시 일어나기 마련이다.

만약 그리스도인 공동체가 마치 스스로 비정치적일 수도 있는 것처럼 설교를 부끄러워하고 두려워한다면, 이것은 좋은 징조가 아니다. 자신의 정치적인 책임을 의식하고 있는 그리스도인 공동체는 설교가 정치적이 되기를 바라고 기대할 것이다. 비록 "정치적"이라는 말을 전혀 쓰고 싶지 않다고 하더라도, 그리스도인 공동체는 설교를 정치적으로 이해할 것이다! 다만 그리스도인 공동체가 염려해야 할 것은 복음이 자신의 영역 안에서만 실제로 선포되는 것이다. 그리스도인 공동체는 시민 공동체의 더 넓은 영역에 대해 정치적으로 건전한 비판을 풍부하게 제기하도록 노력을 기울여야 할 것이다.

하지만 복권이나 알코올중독이나 주일근무나 더 좁은 의미에서 이와 유사한 "종교적 · 윤리적" 인 문제들이 논의될 때, 그리스도인 공동체가 마치 비정치적인 생활의 잠에서 이제야 비로소 깨어난 것 같은 잘못된 인상을 심어주어서는 안 될 것이다. 마치 이런 문제들이 진정한 정치생활의 가장 큰 테두리가 아닌 것처럼 말이다. 그리고 그리스도인 공동체는 언제나 너무 늦게, 다시 말하면, 자신의 입장이 특별한 위험을 초래하지 않고 특별한 효과도 낳을 수 없을 때에 비로소 행동해서는 안 된다. 그리고 그리스도인 공동체는 특히 자신의 모습이 언제나 그 어떤 고전적인 "세계관과 도덕" 을 옹호하는 자로 굳어지지 않도록 조심해야 한다. 그리고 이와 같은 법칙을 충실히 따르는 자들의 마음을 더욱 완고하게 만들지 않도록, 그리고 이와 같은 법칙 안에서 영원한 법칙을 전혀 인식할 수 없는 자들의 거부감을 일으키지 않도록 조심해야 한다.

그리스도인 공동체는 바깥 원(圓) 안에 있는 안쪽 원으로서 동일한 중심을 인식하고 있다. 그러므로 그리스도인 공동체는 바로 이와 같은 사실에 따라서 자신의 실존, 자신의 헌법과 질서를 형성한다. 그리스도인 공동체의 결정적인 공헌은 아마도 바로 여기에 있을 것이다. 올바른 국가는 올바른 교회를 자신의 원형과 모범으로 삼아야 한다. 곧 교회는 "모범적으로 존재한다." 다시 말하면, 교회는 자신의 분명한 모습과 형태를 통해 국가를 개혁하는 원천과 국가를 보존하는 힘이 되어야 한다. 교회는 자신의 내적인 정치 안에서 하나님 나라의 복음을 실현하려고 노력해야 한다.

그럼에도 불구하고 만약 교회가 자신의 행동과 태도를 통해 전혀 그렇게 하려고 마음을 먹지 않는다면, 세상이 하나님 나라의 복음을 어찌 믿을 수 있겠는가? 만약 교회가 오직 복고주의에만 사로잡혀 있다는 소문이 널리 퍼진다면, 백성의 개혁은 어찌 이루어질 수 있겠는가? 복고주의적인 신학과 정치의 관점 아래서 볼 때, 교회 생활 안에서 존경을 받았던 사람들은 많다. 하지만 오늘날 권리, 자유, 책임, 평등과 같은 민주주의 요소들을 철저히 터득한 백성 속에서 유독 교회만이 여전히 계급주의적이고 관료주의적인 태도를 보일 필요가 있다고 생각한다면, 이것이야말로 행패가 아닐 수 없다. 나치즘이 대두하였을 때, 교회는 거룩하고 보편적인 모습을 보여야 했으며, 그와 더불어 독일 백성을 오랜 편견에서 해방시켜야 했다. 그렇지만 교회는 나치즘의 은신처가 되었다. 그리스도인 공동체는 시민 공동체 안에서 바로 자신의 모습을 통해 가장 분명하게 말한다는 사실을 잊지 말아야 한다.[4)]

4) K. Barth, Christengemeinde und Bürgergemeinde(Zürich/München, 1947), 7 이하, in: 리하르트 그루노브 엮음, 앞의 책, 509 이하.

5. 새 노래로 찬양하라! / 본회퍼

로마의 베드로 성당에서 교황 합창단의 노래를 한번 들어본 사람은 이런 천상의 음성 때문에 진솔한 성서 언어로 기록된 하나님의 진정한 음성을 가볍게 여기고 덜 사랑할 위험을 느끼게 된다. 인간의 풍부하고 찬란한 예술을 통해 예수 그리스도를 너무 높이 찬양함으로써 그분의 가난하고 겸손한 삶과 그분의 말씀의 명료함과 단순함을 망각하는 것은 하나님을 모독하는 것과 별반 다르지 않다. 성서를 통해, 그리고 복음의 선포를 통해 우리에게 다가오는 하나님의 말씀은 아무런 장식도 필요하지 않다. 하나님의 말씀은 그 자체로서 장식이고, 그 자체로서 영광이며, 그 자체로서 아름답다.

그럼에도 불구하고 하나님의 말씀은 이를 사랑하는 자의 장식을 거부하지 않는다. 하나님의 말씀을 참으로 아름다운 모든 장식으로 꾸밀 수 있다. 하지만 모든 장식은 단지 하나님의 말씀의 아름다움을 더 찬란하게 드러내기 위한 도구일 따름이다. 하나님의 말씀의 장식은 진정한 아름다움을 은폐하는 낯선 것, 그릇된 것, 불순한 것, 반짝이, 겉치레가 되어서는 안 된다. 그것은 오직 진정한 아름다움을 드러내고 보이는 것이어야 한다.

하나님의 말씀을 사랑하는 사람은 그 아름다움으로 자신을 장식하려고 결코 노력하지 않았다. 하나님의 말씀을 사랑한다는 것은 하나님의 말씀을 마음으로 순종한다는 것과 전혀 다르지 않았다. 하지만 마음의 순종은 하나님과 예수 그리스도의 영광을 드러내려는 행위로 나타났다. 그것은 곧 보이는 작품과 들리는 노래였다.

불순하고 망가진 소리가 있는가 하면, 비교할 수 없이 고상한 소리도 있다. 그렇다면 순수하고 선한 소리를 불순하고 망가진 소리와 구분하는 열쇠를 우리가 어떻게 얻을 수 있겠는가? 하나의 비유를 통해 설명해 보겠다.

인간의 영혼은 하나의 하프다. 그리고 영혼을 울리는 하나님의 말씀은 하프를 연주하는 사람이다. 하프의 줄이 순수하고 정확하게 조율될수록 소리도 순수하고 분명하게 울려 나온다. 마치 모든 줄이 갈라진 듯이, 마치 우리 입술이 투박하고 괴롭고 잘못된 소리를 지르는 듯이, 얼마나 자주 줄이 잘못된 소리를 내는가? 어떤 폭풍, 예컨대 운명에 저항하는 열정과 분노와 반항의 폭풍, 나지막한 탄식과 울음의 폭풍이 줄을 타고 소리를 낼 수도 있다. 이런 소리가 우리 자신을, 우리의 열정을, 우리의 사랑을, 우리의 미움을, 우리의 절망을, 우리의 슬픔을, 그리고 우리의 자신감을 높이 드러내는 노래가 될 것이다.

하지만 하나님이 친히 하프를 연주하시는 것과 우리의 고통과 열정이 하프를 연주하는 것은 매우 다르다. 우리의 노래와 음악이 오직 하나님과 예수 그리스도의 영광만을 드러내는가? 인간은 그 영광의 그릇과 도구일 따름인가? 바흐(Bach)는 자신의 모든 작품 위에 "오직 하나님께 영광을"(Soli Deo Gloria)이라는 글을 새겨 넣었다. 마치 자신의 음악이 지칠 줄을 모르고 하나님을 찬양하는 음악인 것처럼 말이다. 그러나 베토벤(Beethoven)의 음악은 인간의 고난과 열정의 영원한 표현과 다르지 않은 듯이 보인다. 예배 중에 우리는 바흐의 음악은 들을 수 있어도, 베토벤의 음악은 들을 수 없다.

톨스토이(Tolstoi)는 황제가 선한 사람들 앞에서 베토벤의 음악이 연주되는 것을 금지해야 한다고 말한 적이 있다. 베토벤의 음악이 인간의 열정을 너무 강하게 자극하고, 인간을 위태롭게 할지도 모른다는 우려 때문이다. 다른 한편으로 루터(Luther)는 종종 음악은 하나님의 말씀 다음으로 인간이 가지고 있는 가장 선한 것이라고 말했다. 두 사람은 서로 다른 점에 주목했다. 톨스토이가 인간을 찬양하는 음악에 관해 말했다면, 루터는 하나님을 찬양하는 음악에 관해 말했다.

하나님을 찬양하는 음악은 슬픈 자를 위로하고, 절망에 빠진 자를 기쁘게 하고, 욕망을 억누르고, 넘어진 자를 일으켜 세우며, 시련에 처한 자를 강하게 한다는 사실을 루터는 알았다. 하나님을 찬양하는 음악은 완고한 사람의 눈에서 눈물이 나오게 만들고, 죄인이 하나님의 은혜 앞에서 회개하게 만든다는 사실을 루터는 알았다.

새 노래란 인간을 새롭게 하는 노래를 말한다. 새 노래는 어둠과 염려와 불안에 빠진 자에게 새로운 희망과 새로운 믿음과 새로운 신뢰로 인도한다. 새 노래란 - 비록 매우 오래된 노래일지라도 - 하나님이 우리 안에서 친히 새롭게 일으키시는 노래를 말한다.

하나님은 "사람으로 밤중에 노래하게"(욥 35:10) 하신다. 우리 인생의 밤중에, 우리의 고난과 공포의 밤중에, 우리의 죽음의 밤중에 부르는 노래가 바로 새 노래다. 경솔한 자를 회개로 부르는 노래, 집을 떠난 자를 고향으로 부르는 노래, 완고한 자를 울리고 우는 자를 기쁘게 하는 노래, 세례를 통해 젖먹이를 하나님에게 초대하는 노래, 견진성사를 통해 젊은 남자와 여자를 고백으로 초대하는 노래, 혼인하는 사람을 순종과 정절로 초대하는 노래, 임종석과 열린 무덤 너머로 희망과 부활을 선포하는 노래, 바로 이것이야말로 그리스도, 주님, 구주를 찬양하는 새 노래다.

하지만 우리의 모든 노래는 단지 예수 그리스도의 보좌 앞에서 부르는 영원한 노래의 작은 반사일 따름이다. 모든 시대의 그리스도인들은 노래와 찬양으로 충만한 하나님의 영원한 영광을 희망 중에 바라보았다. 왜 우리도 이미 여기서 희망 중에 새로운 노래를 기쁘게 부르지 못하겠는가? 모든 노래 중에서 가장 순수하고 가장 달콤하고 가장 견고하고 가장 힘찬 노래를 말이다.

주님, 우리가 입술로 찬양하며 주님 앞으로 나아갑니다. 우리의 입술이 굳어져 있을 때, 주님의 노래를 강하게 부르게 하소서! 우리가 죽음을 맞이할 때, 아무도 부를 수 없었던 노래를 크게 부르게 하소서! 주님, 우리를 도와주소서![5]

---

5) Dietrich Bonhoeffer, Predigt über Psalmen 98, London, 22 April 1934, in: 이신건 엮음, 『디트리히 본회퍼 묵상 52』(서울: 신앙과지성사, 2010), 186 이하.

6. 너희는 세상의 소금이다! / 본회퍼

"너희는 세상의 소금이니 소금이 만일 그 맛을 잃으면 무엇으로 짜게 하리요? 후에는 아무 쓸데없어 다만 밖에 버려져 사람에게 밟힐 뿐이니라." (마 5:13)

이 말씀은 축복선언에서 십자가에 달리신 분을 따르는 은혜로 부름을 받은 자들에 대한 말씀이다. 축복을 받은 자들은 지금까지 하늘나라의 상을 받을 수는 있지만, 세상에서는 분명히 생존할 가치가 없는 자들, 쓸모가 없는 자들로 보였다. 하지만 이제 그들은 세상에서 없어서는 안 될 보물이라고 표현된다. 그들은 세상의 소금이다. 그들은 세상에서 가장 고귀하고 값비싼 보물이다. 그들이 없이는 세상도 계속 생존할 수 없다. 세상은 이 소금 때문에 보존된다. 세상은 자신이 배척하는 가난한 자들, 비천한 자들, 약한 자들 때문에 살아간다.

세상이 제자들을 배척하는 것은 자신의 생존을 망가뜨리는 행위이다. 배척을 당한 바로 그들 때문에 - 오, 놀라운 기적이다! - 세상은 계속 생존할 수 있게 되었다. 이 '신의 소금' (호머)은 짠 맛을 냄으로써 가치를 발휘한다. 이 소금은 온 세상에 널리 작용한다. 이 소금은 세상을 떠받치는 토대다.

따라서 제자들은 단지 하늘나라만을 바라볼 뿐만 아니라, 세상에서 감당해야 할 사명도 기억하고 있다. 그들은 오직 예수에게만 매인 자들로서, 세상의 소금으로서 세상으로 나아간다. 예수님이 자기 자신이 아니라 자신의 제자들을 소금이라고 부르신 것은 세상에 대한 영향력을 그들에게 넘겨주신 것이다. 예수님은 제자들을 자신의 일에 참여시키셨다. 예수님은 이스라엘 백성 가운데 머물러 계시지만, 제자들에게는 온 세상을 넘겨준다.

소금이 부패를 방지하고 맛을 내는 힘을 보존하는 소금으로 남아 있을 때, 비로소 세상은 소금 때문에 보존될 수 있을 것이다. 소금은 자신만이 아니라 세상을 위해서도 소금으로 남아 있어야 한다. 제자들의 공동체는 그리스도의 부름에 합당한 존재로 남아 있어야 한다. 바로 그렇게 함으로써 교회는 세상에 진정한 영향력을 발휘할 수 있을 것이며, 세상을 보존하는 힘을 가지게 될 것이다. 소금은 변질되지 말아야 하며, 그래서 부패를 방지하는 힘을 계속 지녀야 한다. 따라서 구약성서는 제사에 소금이 필요했고, 따라서 가톨릭교회의 세례의식은 어린이의 입에 소금을 넣는다.(출 30:35; 겔 16:4) 소금이 변질되지 않을 때, 비로소 교회는 계속 보존될 수 있다.

예수님은 "너희는 소금이다"라고 말씀하셨지, "너희는 세상의 소금이 되어야 한다!"고 말씀하지 아니하셨다. 제자들은 제멋대로 소금이 되기를 원하거나 소금이 되기를 거부할 수 없다. 예수님은 제자들에게 세상의 소금이 되라고 호소하지도 아니하신다. 원하든 원하지 아니하든, 제자들은 자신들을 사로잡은 부름의 능력 안에서 소금이다. 예수님은 "너희는 소금이다."라고 말씀하셨지, "너희는 소금을 가지고 있다."라고 말씀하지 아니하셨다. 만약 우리가 종교개혁자들처럼 제자들이 전하는 복음을 소금과 동일시한다면, 이것은 복음을 축소하는 행위가 될 것이다. 제자들의 실존이 "나를 따르라."는 예수님의 부름으로 말미암아 새롭게 시작되는 한, 소금이란 바로 그들의 모든 실존, 곧 축복선언을 들은 제자들의 실존을 말한다. 예수님의 부르심에 사로잡혀 예수님을 따르는 자는 이 부르심으로 말미암아 자신의 모든 실존에서 세상의 소금이다.

물론 소금이 소금이기를 그치고 맛을 잃을 다른 가능성도 존재한다. 만약 소금이 더는 짠맛을 내지 못한다면, 실제로 바깥에 내버리는 길밖에는 달리 쓸모가 없다. 이것은 소금의 특징이다. 소금은 모든 것을 짜게 해야 한다. 하지만 짠맛을 잃은 소금은 스스로 짠맛을 되찾을 수 없다. 모든 것, 심지어 매우 썩은 물건도 소금으로 구제할 수는 있지만, 오직 짠맛을 잃은 소금만은 절망적으로 썩어 버린다. 이것은 소금의 다른 측면이다. 이것은 제자들의 공동체를 위협하는 심판이다.

세상은 교회를 통해 구원되어야 한다. 하지만 오직 본질을 잃어버린 교회 자체만은 구원의 가망이 없다. 예수 그리스도의 부르심은 결단을 요구한다. 세상의 소금이 되느냐 아니면 버림을 받느냐, 예수님을 따르느냐 아니면 부르심 자체로 말미암아 버림을 받느냐! 구원을 받을 수 있는 다른 가능성은 존재하지 않는다. 그런 가능성은 없다.[6)]

---

6) Dietrich Bonhoeffer, Nachfolge, 7 Auflage, 1971, in: 이신건 엮음, 앞의 책, 264 이하.

7. 너희는 세상의 빛이다! / 본회퍼

> "너희는 세상의 빛이라. 산 위에 있는 동네가 숨겨지지 못할 것이요, 사람이 등불을 켜서 말 아래에 두지 아니하고 등경 위에 두나니, 이러므로 집 안 모든 사람에게 비치느니라. 이같이 너희 빛이 사람 앞에 비치게 하여, 그들로 너희 착한 행실을 보고 하늘에 계신 너희 아버지께 영광을 돌리게 하라." (마 5:14~16)

제자들의 공동체에게 예수님의 부르심은 단지 소금의 은밀한 작용만이 아니라 빛의 명백한 활동도 요구한다. "너희는 빛이다." - 다시금 "너희는 빛이 되어야 한다!"라는 말씀이 아니다. 부름 그 자체가 그들을 빛으로 만들었다. 다른 방도는 이제 전혀 없다. 그들은 보이는 빛이다. 만약 그렇지 않다면, 그들은 부름을 받지 않았을 것이다. 예수님의 제자들에게, 바로 이 제자들에게 세상의 빛이 되기를 원하는 것은 얼마나 불가능하고 어리석은 목표가 되겠는가! 아니다. 그들은 부르심으로 말미암아, 예수님을 따르기 때문에 이미 빛이 되었다.

"나는 빛이다."라고 친히 말씀하시는 분이 제자들에게도 친히 말씀하신다. "너희가 부름에 머물러 있는 한, 너희는 모든 생활 속에서 빛이다. 너희는 빛이기 때문에, 원하든 원하지 아니하든, 이제는 숨어 지낼 수 없다. 빛은 광채를 발한다. 그리고 산 위의 마을은 숨겨질 수 없다." 마을은 숨겨질 수 없다. 성벽을 쌓은 마을이든, 사람이 지키는 성이든,

무너진 폐허든, 마을은 숨겨질 수 없다. 산 위의 이 마을은 제자들의 공동체를 말한다.

예수님을 따르는 자들은 더는 결단 앞에 세워지지 않는다. 그들을 위해 존재하는 유일한 결단은 이미 내려졌다. 이제 그들은 반드시 빛으로 존재해야 한다. 만약 그렇지 않다면, 그들은 예수님을 따르는 자들이 아니다. 예수님을 따르는 자들은 보이는 공동체다. 그들의 따름은 세상과 결별하는 가시적 행위다. 만약 그렇지 않다면, 이것은 예수님을 따르는 것이 아니다. 실로 예수를 따르는 것은 밤중의 빛처럼, 평지 위의 산처럼 매우 잘 보이는 것이다.

보이지 않는 곳으로 도피하는 것은 부름을 부인하는 것이다. 보이지 않는 공동체가 되기를 원하는 예수님의 공동체는 더는 예수님을 따르는 공동체가 아니다. "사람이 불을 켜서 말 아래 두지 않고 등경 위에 둔다." 이것은 다시금 빛이 마음대로 가려지고 빛이 말 아래서 꺼지며 부름이 부인되는 다른 가능성이다. 보이는 교회가 자신의 빛을 가리기 위해 사용하는 말이란 인간에 대한 두려움일 수도 있고, - 선교적인 목적이든, 인간에 대한 빗나간 사랑 때문이든 - 어떤 목적을 위해 세상에 의식적으로 동화되는 것일 수도 있다!

이것은 또한 - 더 위험한 것으로서 - 심지어 "십자가의 신학"이라고 일컬어지는 종교개혁자들의 신학일 수도 있다. 이 신학의 특징은 바리새인들처럼 남에게 보이기보다는 세상에 완전히 동화되는 모습 가운데서 겸손하게 남에게 보이지 않는 것을 선호한다는 사실에 있다. 빛이 나오지 않는다는 사실은 여기서 그리스도교의 기준이 된다. 하지만 예수님은 말씀하신다. "너희 빛을 사람들 앞에서 비춰라." 여기서 빛을 내는 것은 실로 어떤 경우라도 예수님의 부르심의 빛이다.

예수님의 제자들, 축복선언을 받은 제자들이 비춰야 할 빛이란 어떤 것인가? 오직 제자들만이 설 수 있는 자리에서 흘러나오는 빛이란 어떤 것인가? 제자들을 덮고 있는 십자가의 불가시성과 은폐성은 그들이 비춰야 할 빛과 무슨 공통점이 있는가? 십자가의 은폐성 때문에 제자들도 은폐되어야 하고 훤히 드러나서는 안 된다는 바로 그런 뜻이 아니겠는가? 예수님의 십자가로부터 교회의 세상 동화의 근거를 이끌어 내는 것은 사악한 괴변이다. 성서의 말씀을 진솔하게 듣는 사람은 바로 이 십자가에서 비범한 그 무엇이 드러났다는 사실을 분명히 인식하지 않는가? 십자가가 세상 동화를 뜻한다는 말인가? 십자가는 바로 짙은 어둠 속에서 갑자기 나타나 다른 사람들을 놀라게 하지 않았는가? 예수 그리스도가 버림을 받으시고 고난을 당하셔야 했다는 사실과 예수님의 생애가 성문 밖의 수치스런 언덕에서 끝났다는 사실은 너무나 분명하지 않는가?

이 빛 속에서 제자들의 선한 행실은 보여야 한다. 예수님은 말씀하신다. "너희가 아니라 너희의 선한 행실이 드러나야 한다." 이 빛 속에서 볼 수 있는 선한 행실이란 어떤 것인가? 예수님이 그들을 부르실 때, 예수님이 자신의 십자가 - 빈곤, 나그네 신세, 온유, 평화, 박해와 추방 - 아래서 그들을 세상의 빛으로 만드실 때, 그들 가운데서 친히 창조한 행실이 아닐 수 없다. 한마디로 말하면, 예수 그리스도의 십자가를 지는 것이다.

십자가는 바로 여기서 빛을 내는 진기한 빛이다. 이 빛 속에서 제자들의 모든 선한 행실은 보일 수밖에 없다. 제자들의 모든 행실 속에서 하나님이 보인다는 뜻이 아니라 그들의 '선한 행실'이 보인다는 뜻이며, 사람들이 이러한 행실 때문에 하나님을 찬양한다는 뜻이다. 십자가는 보이게 된다. 십자가의 공로는 보이게 된다. 축복선언을 받은 자들의 결핍과 포기는 보이게 된다.

하지만 십자가와 이러한 사귐 때문에 인간은 찬양을 받을 수 없다. 오직 하나님만이 찬양을 받으실 수 있다. 만약 선한 행실들이 인간들의 온갖 덕목들이라면, 바로 그 때문에 찬양을 받을 자는 아버지가 아니라 제자들일 것이다. 하지만 십자가를 지는 제자들, 빛을 내고 보이는 산 위의 공동체는 전혀 찬양할 것이 없다. 오직 하늘에 계신 아버지만이 그들의 선한 행실 때문에 찬양을 받으실 수 있다. 이렇게 사람들은 십자가와 십자가의 공동체를 보게 되며, 하나님을 믿게 된다. 이것은 부활의 빛이다.[7)]

---

7) Dietrich Bonhoeffer, Nachfolge, 7 Auflage, 1971, in: 이신건 엮음, 앞의 책, 268 이하.

8. 사회에 대한 그리스도교의 소명 / 몰트만

부활한 그리스도의 오고 있는 통치는 단지 희망과 기대의 대상만은 아니다. 이 희망과 기대는 사회의 역사 가운데서 생활과 행동, 고난의 흔적을 새긴다. 그러므로 선교란 단지 신앙과 희망을 확장하는 것만이 아니라 생활을 역사적으로 변혁하는 것이기도 하다. 육체적 생활만이 아니라 사회적 · 공적인 생활도 일상적인 순종 가운데서 예배(롬 12:1 이하)가 되어야 한다. 이 세상을 본받지 않는다는 것은 단지 자신을 변혁하는 것만이 아니라, 저항과 창조적인 희망 가운데서 세상을 변혁하는 것도 의미한다. 바로 이 세상 속에서 우리는 믿고, 바라고, 사랑한다. 복음의 희망은 인간의 종교와 이데올로기만이 아니라 더 나아가 인간의 실제적 · 실천적 생활과 또 이와 같은 생활이 영위되는 상황과도 논쟁하고 해방하는 관계를 맺는다.

하나님의 나라는 오직 인간의 관심사일 뿐이라고 말하는 것은 너무 미흡한 주장이다. 왜냐하면 한편으로 약속된 하나님 나라의 공의와 평화는 관계의 개념으로서 인간들 상호 간의 관계와 사물과의 관계도 포함하기 때문이며, 다른 한편으로 비(非)사회적인 인격성의 개념은 추상적인 것이기 때문이다. 그러므로 그리스도교의 희망은 제도화된 생활 가운데서 "의미에 대한 질문"을 던진다. 왜냐하면 그리스도교의 희망은 실로 이러한 상황에 만족할 수 없기 때문이며, 이러한 상황 속에서 "생활에 대해 아무런 질문도 없는 느긋한 생활"은 오직 허무와 죽음의 새로운 형태로 인식되기 때문이다. 그리스도교의 희망은 실로 "다른 제도들"을 추구한다. 왜냐하면 그것은 오고 있는 하나님의 나라로부터 참되고 영원한 생활, 참되고 영원한 인간의 존엄성, 참되고 의로운 상황을 기대하기 때문이다.

그러므로 그리스도교의 희망은 현대의 제도를 그 속에 내재한 고착화의 경향으로부터 떼어놓으려고 하며, 그것을 불안하게 만든다. 그리스도교의 희망은 현대의 제도를 역사적인 것으로 만든다. 그리스도교의 희망은 현대의 제도로 하여금 미래의 개방성에 적합한 탄력성을 갖도록 열어 놓는다. 실천적 저항과 창조적 변혁 운동 속에서 그리스도교의 희망은 기존 현실을 향해 질문을 던지며, 그리함으로써 오고 있는 미래를 위해 봉사한다. 그리스도교의 희망은 기대되는 새로움을 바라보면서 현재의 상황을 넘어가며, 역사 속에서 약속된 미래에 더 잘 부응할 수 있는 기회를 찾는다.

종교개혁자들이 "신자의 만인 사제직"을 재발견함으로써 모든 사람들이 복음의 부름을 받고 있다는 사실이 밝혀졌다. 신앙하고 희망하는 모든 사람들은 부름을 받는 자들(vocatus)이다. 그들은 일평생 하나님을 예배하고 하나님 나라를 위해 동역하고 신앙의 자유를 얻기를 힘써야 한다. 종교개혁자들에게서 이와 같은 소명(Berufung)은 세상의 삶 속에서 구체적으로 직업(Beruf)으로 바뀌었다. 세상과 인간 사회를 위한 봉사와 임무, 은사 속에서 그리스도인의 사명과 소명은 세상의 직업을 통해 세상 속으로 힘차게 밀고 들어간다. 세상의 직업을 통해 그리스도의 통치와 신앙의 자유는 세상 속으로 침투한다. 세상은 이 세상 앞에서 자신의 통치를 실현하는 그리스도의 나라다. 이 속에서 그는 우리의 마음을 거룩하게 하며, 악을 물리친다. 그리고 사람들 가운데서 복음을 보존하기 위해 그는 성도의 신앙을 통해 악마의 나라와 대결하며, 우리의 약함 속에서 자신의 능력을 드러낸다.

세상의 활동은 종교개혁 이후로 "소명"(vocatio)이라고 일컬어짐으로써 새로운 신학적 의미를 얻게 되었다. 그리스도인의 생활은 세상 도피와 영적인 은둔이 아니라 세상에 대한 공격과 세상에 대한 소명 속에서 이루어진다. 다만 종교개혁이 진행되는 과정 속에서 도대체 누가 세상의 직업을 지정해 주는지가 희미해졌을 따름이다. 열광주의자들의 사회혁명 운동 때문에 질서와 그 보존을 염려한 종교개혁자들은 신앙의 자유로부터 나오는 순종의 부름을 점차로 퇴색시켰다. 새로운 직업 사상은 하나님이 세우신 제도들(교회와 국가, 경제와 가정) 간의 권한 관계를 점차로 더 많이 고려하는 두 왕국론 속으로 옮겨졌다.

그래서 아욱스부르크 신앙고백 제16항은 다음과 같이 말한다. "복음은 세상에 새로운 법과 질서를 가져오지 않았으며, 정치적 · 경제적 질서를 해체하지 않는다. 오히려 복음은 하나님의 질서를 보존할 것과 모든 질서 속에서 사랑을 실천할 것을 최대한 요구한다." 직업은 세상에서 하나님을 위해 사랑을 실천하도록 그때마다 주어지는 자리다. 다만 이 자리가 "그때마다" 어디로부터 나오는지는 알 수 없다. 여기서 개신교의 직업윤리는 제2의 계시 원천의 요청에 철저히 의존하고 있다.

칼 홀(K. Holl)은 특정한 직업으로 인도하는 "소명"을 두 가지 소리의 조화로부터 이끌어 왔다. 하나는 복음 속에서 들려오는 "내적인 소명"이고, 다른 하나는 사물 자체와 그 필연성으로부터 우리에게 들려오는 소리다. 그는 비스마르크(Bismarck)처럼 그때마다의 상황 자체로부터 "역사를 걸어가시는 하나님의 발자취"를 듣기를 원했다. 직업을 위한 소명은 두 가지 소리로부터 나온다. 하나는 그리스도의 복음 속에서 들려오는 하나님의 소명이고, 다른 하나는 역사의 하나님의 소명이다.

에밀 브루너(Emil Brunner)는 이 자리에 "섭리"를 제안하였다. "행동의 '자리', 지금 여기는 … 하나님이 주신 자리다." 다른 사람들은 다양한 사회적 · 역사적 가능성 속에서 혼인과 결혼, 교회와 국가와 같이 확고하고 영원한 근본 질서를 추구하였다. 다양한 변화의 가능성은 바로 이로부터 설명된다. 그들은 이와 같은 근본 질서를 하나님의 "창조 질서", "보존 질서", "위임", "기초 제도" 또는 인간의 본성에 근거한 제도라고 일컬었다. 하지만 이로써 소명의 자리는 항상 주어진 것 또는 예정된 것으로 간주되기 때문에 소명과 신앙의 순종은 사랑의 실천 속에서, 그리고 미리 짜인 소명의 역할 속에서 다만 내면적인 수정만을 가져올 수 있을 따름이다. 다음과 같은 요한 헤어만(Johann Heermann)의 문장은 바로 이를 보여주는 전형적인 문장이다. "내게 합당한 일, 당신께서 나의 신분 속에서 명하신 바로 그 일을 내가 열심히 행하게 하소서." 하지만 이로써 "신분" 또는 사회적 직업의 역할은 창조신학적으로 또는 역사신학적으로 숙명(宿命)으로 수용되고, 하나님이 주신 것으로 생각된다.

아욱스부르크 신앙고백 제16항의 "보존"(conservare)이라는 말은 개신교의 직업윤리에서 언제나 매우 보수적인 영향을 끼쳤다. 이제 자유를 얻은 전혀 다른 세력들이 "직업"의 자리와 역할을 결정할 수 있는 권한을 물려받았기 때문에 신앙인의 소명과 사명은 기껏해야 직업의 내면적인 실현 속에서만 힘을 발휘하게 되었다. 위에서 말한 "질서들"

을 역사적으로 구체화하는 임무는 우연한 지배 세력들에게 넘겨지고 말았다.

하지만 실로 그리스도의 제자직을 위한 소명은 - 그 어떤 하나님이나 그 어떤 세력들에 의해 주어진 것이든 - 이미 주어진 것 안에서 충실하게, 그리고 사랑스럽게 직업을 수행하는 것을 목표하지 않는다. 오히려 이러한 소명은 그 자신의 목표를 갖는다. 그것은 오고 있는 하나님 나라의 동역자로 부르는 소명이다. 종교개혁자들이 소명과 "직업"을 동일시한 것은 결코 소명을 직업 속으로 해소한 것이 아니라, 오히려 정반대로 "직업"을 소명 안으로 통합하고 변형한다. 신약성서에 따르면 소명은 일회적이고, 취소할 수 없으며, 움직일 수 없다. 그리고 소명은 종말론적으로 하나님이 지시하시는 희망을 목표한다.

하지만 직업은 역사적이고, 바꿀 수 있고, 변할 수 있으며, 시간적으로 제한되어 있다. 그러므로 직업은 소명과 희망과 사랑의 뜻으로 수용하는 과정 속에서 형성되어야 한다. 소명은 언제나 오직 하나일 뿐이다. 인간이 사회적으로 요구하는 직업과 역할과 기능과 관계는 언제나 다양하게 열려 있다. 인간은 언제나 사회적 의존과 요구의 그물 속에 겹겹이 얽혀 있다. 현대 사회는 더는 신분 사회가 아니라 오히려 유동적인 직업(mobile jobs) 사회라고 일컬어야 마땅하다. 현대 사회는 인간에게 다양한 기회를 제공하며, 탄력성과 적응력과 환상을 요구한다.

그리스도인들의 생활 조건과 그 가능성이 이처럼 다양해진 점을 고려할 때, 매우 유동적이고 다양한 사회적 요구를 받거나 언제나 부분적인 역할만을 번갈아 수행하는 인간이 과연 "진정한 인간"일 수가 있으며, 자기 자신 속에서 동일성과 연속성을 보존할 수 있는지, 또 어떻게 그럴 수 있는지는 결정적인 질문이 아니다. 인간의 자기실현과 자기 비움, 그의 활동과 고난의 자리는 - 산만한 생활에서 벗어나 항상 다시금 생각할 수 있고, 또 생각해야 하는 - 초월적 주체가 아니라, 그의 소명이다. 그의 생활의 목표는 소명이지, 자기 자신이 아니다. 비록 그가 자신을 비워 자신과 전혀 다른 존재가 될지라도, 아니 바로 그렇게 하는 곳에서 소명은 그에게 동일성과 연속성을 가져다준다. 그는 자기 자신과 늘 하나가 됨으로써 자기 자신 속에서 자신을 보존할 필요가 없다. 오히려 그는 사명의 실천을 위해 자신을 비우는 가운데서 희망에 의해 보존된다.

그러므로 사회가 인간에게 요구하는 직업과 역할, 자격과 책임은 인간의 자아실현 또는 인간의 자기 소외 여부와 방법을 가늠하는 준거(準據)가 아니다. 오히려 그것들은 신앙의 육화(肉化)와 희망의 실천, 그리고 기대되고 약속된 하나님의 나라, 자유의 나라를 세상적 · 역사적으로 실현할 수 있는 가능성을 과연 제공하는지, 또 제공한다면 얼마나 제공하는지를 가늠하는 준거가 된다. 직업 선택과 직업 교체, 부업 활동과 사회화 과정의 수용과 실행의 척도는 오직 그리스도교적 희망의 사명에 있을 따름이다.

그리스도교적 행동 이론이 전개되어야 할 기대의 지평은 하나님의 나라와 하나님의 공의, 하나님과 새로운 피조물의 평화, 하나님의 자유, 모든 사람들을 위한 하나님의 인간성을 기다리는 종말론적인 기대의 지평이다. 오직 현재를 향해 압도해 오는 이러한 기대의 지평만이 희망과 사명 속에 있는 자로 하여금 불만족스러운 현재에 저항하게 하고, 이로 말미암아 고난을 받게 하고, 사회의 현 상태와 갈등을 빚게 하며, "현재의 십자가" (Hegel)를 발견하게 한다. 복음의 희망이 부르는 자리와 상황은 실로 소명의 구체적인 출발역이지, 소명의 종착역이 아니다. 오직 자신의 종말론적 사명을 세상과 인간의 미래를 위한 사명으로 이해하지 않는 그리스도인들만이 자신의 소명을 사회적 직업 역할의 기존 상황과 동일시할 수 있으며, 이에 쉽사리 적응할 수 있다. 하지만 자신의 기대의 지평 안에서 소명을 발견하는 그리스도인들은 신앙의 순종과 제자직, 사랑을 "창조적 제자직"과 "창조적 사랑"으로 이해하여야 한다.

"창조적 제자직"의 본질은 기존하는 사회 질서와 법질서에 적응하고 이를 보존하는 데 있지 않으며, 더욱이 주어진 것과 만들어진 것을 종교적으로 뒷받침해 주는 데 있지도 않다. 그것은 만들어야 할 질서와 그 가능성과 미래성의 역사적 구조(사건의 구조와 진행의 구조)를 이론적으로, 실천적으로 인식하는 데 있다. 루터(Luther)도 이와 같은 창조적 자유가 그리스도교 신앙의 본질이 되어야 한다는 것을 강조하였다. "왜냐하면 바울이 그의 모든 편지에서 말했고, 베드로도 말하였듯이, 더욱이 그리스도가 복음서에서 말씀하셨듯이, 만약 우리가 그리스도를 소유한다면, 우리가 법을 쉽게 제정할 수 있고, 모든 것을 올바르게 판단할 수 있으며, 심지어는 새로운 십계명도 만들 수 있기 때문이다."

공동체를 창조하고 법을 제정하며 사랑의 질서를 만들어 가는 이러한 "창조적 제자직"은 종말론적으로 하나님의 나라와 인간의 미래를 위한 그리스도교의 희망을 바라봄으로써 가능해진다. 오직 이것만이 열려진 이 역사 속에서 약속된 것과 오고 있는 것에 부응하는 방식이다. "현재적 종말론"이란 바로 "창조적 기대"와 조금도 다른 것이 아니다. 그것은 현재를 비판하고 변혁하는 희망이다. 왜냐하면 그것은 하나님 나라의 보편적인 미래를 향해 자신을 열어놓기 때문이다.

그러므로 오늘날 점점 더 어려워지는 문제, 즉 "인간과 사회" 또는 "자유와 소외" 또는 인간과 직업과 같은 문제는 여기서 초월적 주체성의 휴머니즘의 바탕에서 가능한 답변과는 다르게 답변되어야 한다. 독일의 관념주의와 이를 뒤따른 유럽의 낭만주의는 산업 혁명에 의해 생겨난 새로운 상황에 대한 첫 반응이었다. 인간은 처음부터, 그리고 본래 그 자신이었고 지금도 그러하기 때문에 자기 자신과 동일한 존재가 되어야 한다는 이념은 바로 이러한 시기와 이러한 사상에서 유래한 것이다. 하지만 자신과 동일한 존재가 되기 위해, 그리고 "자기 자신과의 계속적인 동일성"(Fichte) 속에서 살아가기 위해 인간은 언제나 다시금 자기 비움의 상태로부터 자신을 되찾아야 하고, 희생의 손실을 만회해야 하며, 산만함을 벗어나 자신과 자신의 진정하고 영원한 자아(自我)를 성찰해야 한다.

인간이 자신으로부터 발산한 모든 행위는 독자적인 의미와 자율성을 획득함으로써 인간의 자유를 박탈한다. 인간의 생산품이 인간보다 더 커지게 됨으로써 창조자가 자신의 피조물에게 고개를 숙여야 하는 결과를 초래한다. 인간의 인격적 관계는 독자적인 논리를 계발하고 자율성을 획득하는 상품적 관계로 변한다. 이로 말미암아 인간은 자신의 참된 본질로부터 소외되며, 그 속에서 더 이상 자신을 재발견하지 못한다. 따라서 개인은 상품적인 것으로 변하고 자율성을 획득한, 그리고 강제적 복합성을 지닌 세력들을 다시금 제압하고 점령하고 탈환해야 하며, 그것들을 꿰뚫어보고 깨달아야 한다. 소외를 회복하는 길은 분명히 두 가지가 있다. 하나는 유토피아의 길이고, 다른 하나는 풍자의 길이다.

젊은 시절의 마르크스는 초기 산업사회의 상황에 대한 사회병리학적 진단을 근거로 하여 "다방면적이고 깊이 생각하는 인간"이라고 하는 독일 고전주의(古典主義)의 교육 이념을 실현할 수 있다고 생각하였다. 그 방법은 미래에 "자유로운 개인의 연합"을 통해 자본주의의 착취와 계급 사회, 노동 분배를 혁명적으로 제거하는 데 있다. 그에 반해 오늘날 서구의 사회철학에서는 소외의 이념을 유지한 채 초월적 반성을 통해 인간의 본질을 재획득하려는 시도가 항상 거듭 나타난다. "설령 내가 모든 순간마다 나의 사회적 자아와 함께 있더라도, 나는 나의 사회적 자아와 완전히 일치하는 것은 아니다. 사회생활 속에서 나는 내가 받아들이거나 감수하는 역할을 의식할 수 있다. 나와 나의 역할은 전혀 다른 것이라고 생각한다." 이처럼 반성을 통해 인간의 자의식은 타협적이고 옹졸한 사회적 현실로부터 물러난다. 부패한 상황에 대한 계속적인 반성과 풍자, 비판 속에서 인간의 자의식은 거리를 획득하며, 이 속에서 자의식은 자신의 무한한 가능성과 자유, 탁월성을 발견할 수 있을 것이라고 믿는다.

주체성은 그 어떤 사회적 임무 속에서도 자신을 완전히 드러내지 않는다. 오히려 주체성은 "역할 수행"으로 격하된 현실 위에서 자유로이 떠다닌다. 신앙은 그 어떤 현실에도 매이지 않으며, 심지어는 자기 자신의 현실에도 매이지 않는다. 하지만 주체성과 신앙은 "사람이 없는 속성 사회"(R. Musil) 속에서 "속성이 없는 인간"을 만들어낸다. 주체성과 신앙은 내면적 이주(移住)를 통해 인간성을 구원한다. 인간은 자신의 외면적 생활에 겨우 "참여할" 따름이다. 이리하여 사회적 상황은 완전히 부패할 때까지 방치되어 버린다.

반성 속에서 사회적 현실로부터 물러남으로써 주체성은 사회적 실재와의 접촉점을 상실하게 되며, 인간적인 상황을 만들어 가고 미래에 대한 책임을 감당하는 데 필요한 그런 능력들을 빼앗아 버린다. "타율(他律)을 끝장내려는 노력 속에서 조직화된 노동 세계를 오류의 열매로 여겨서 이를 배척하는, 그리고 이 오류의 결과로부터 벗어나는 유일한 가능성으로서 내면적 후퇴를 권장하는 사람은 인위적으로 추방당한 정신세계를 조만간 붙잡게 될 그 세계를 방치해 버린다. 오직 자신 속에 모순을 지니고 있는 자, 실로 자신 속의 모순을 파악하고 견딜 수 있는 능력을 지닌 자만이 살아 있는 자다. 사회적 현실로부터 자신의 주체성을 거두어들이는 반성은 인간에게 그의 가능성과 자유를 되돌려 주지 못한다. 오직 인간으로 하여금 자신을 비우게 하고 기대된 미래로부터 항상 새로운 가능성을 포착하게 하는 희망만이 그렇게 할 수 있다. 무릇 생명을 얻고자 하는 자는 생명을 바쳐야 한다. 무릇 생명을 계속 누리고 미래를 얻으려는 자는 생명을 버려야 한다.

하지만 생명을 버리기 위해서는 비움을 의미 있게 만드는 기대의 지평이 필요하다. 실로 이 기대의 지평은 생명을 비우는 활동이 일어나는 분야와 영역을 포함한다. 하나님의 나라는 공의를 가져오고 생명을 창조하면서 세상과 인간에게 오고 있다. 약속된 이 나라의 미래를 기다리는 자는 아무런 망설임과 조건도 없이 사랑을 위해, 그리고 하나님과 세계의 화해와 하나님의 미래를 위해 기꺼이 헌신한다. 사회적 기구들과 역할들, 기능들은 이와 같은 헌신을 가능케 하는 매체들이다. 그러므로 이것들은 사랑에 의해 창조적으로 형성되어야 한다. 그리하여 그 속에 더불어 살아가는 인간의 생활은 더 정의롭고, 더 인간적이고, 더 평화스러운 것이 되어야 한다.

그리고 인간의 존엄성과 자유가 인정되어야 한다. 그러므로 그것들은 "사회적 책임을 덜어주는 것들"(A. Gehlen)로 이해되어서는 안 되며, 생명의 소외 또는 생명의 경직화를 초래하는 타락 요소들로 생각되어서도 안 된다. 오히려 그것들은 헌신의 길과 그 역사적 형태로 생각되어야 한다. 그러므로 그것들은 또한 하나님의 미래를 향해 열려 있는 사건들과 과정들로 생각되어야 한다. 창조적 희망은 이와 같은 상황을 역사적인 것으로 만들며, 그래서 이 상황을 고착화하려는 내재적 경향에 저항한다. 무엇보다도 "아무런 질문도 없는 느긋한 생활"에 저항한다.

신앙은 사랑의 고통 속으로 들어갈 수 있다. 신앙은 자신을 "사물"로 만들 수 있고, 종의 형태를 취할 수 있다. 왜냐하면 신앙은 부활 희망의 확신에 의해 지탱되기 때문이다.사랑을 하기 위해서는 희망과 미래에 대한 확신이 항상 필요하다. 왜냐하면 사랑은 다른 사람의 아직 포착되지 못한 가능성을 바라보기 때문이며, 그래서 그에게 자유를 허락하기 때문이다. 그리고 그의 미래를 인정하는 가운데서 그에게 미래를 보장하기 때문이다. 부활 속에서 인간에게 주어진 그의 존엄성을 인정함으로써 창조적 사랑은 포괄적인 미래를 발견한다. 사랑은 바로 이 미래를 바라본다.

이처럼 신앙 속에서 하나님의 미래를 희망함으로써 이 세계는 여기서 노동을 통한 자기 구원 또는 자기 생산의 모든 시도로부터 해방된다. 그리고 이 세계는 오고 있는 하나님의 공의의 빛 안에서 상황의 인간화를 위해, 공의의 실현을 위해 사랑과 섬김 속에서 헌신한다. 이것은 부활의 희망이 필연적으로 새로운 세계 이해를 초래한다는 사실을 의미한다. 이 세계는 관념주의의 주장처럼 자기실현의 천국이 아니다. 이 세계는 낭만주의적 · 실존주의적 문학의 주장처럼 자기 소외의 지옥이 아니다. 이 세계는 아직 끝난 것이 아니라, 역사 속에 있는 것으로 이해된다.

그러므로 이 세계는 우리가 미래의 약속된 진리와 정의, 평화를 위해 봉사할 수 있는 가능성의 세계다. 지금은 온 세계로 흩어질 시대요, 희망의 밭에 씨를 뿌릴 시대요, 헌신과 희생의 시대다. 왜냐하면 이 시대는 새로운 미래의 지평 안에 있기 때문이다. 그러므로 이 세계를 위해 헌신할 수 있으며, 매일 희망 중에 사랑할 수 있다. 그리고 이 세계를 초월하는 기대의 지평 안에서 인간답게 살 수 있다. 자기실현의 자랑과 자기 소외의 탄식은 다 같이 지평을 상실한 세계 속에서 희망을 상실한 결과로 생겨난 것이다. 십자가에 달린 그리스도의 미래의 지평을 이 세계에 열어주는 것이야말로 교회의 임무다.[8]

8) 위르겐 몰트만 지음, 이신건 옮김, 『희망의 신학』(서울: 대한기독교서회, 2002), 354 이하.

밀알 아카데미 13
이신건 교수의 조직신학 강의 3
교회에 대한 오해와 이해

초판1쇄 2012년 9월 1일

지은이_이신건
발행인_최병천

편집위원_조선혜 김정숙 이현주 홍이표 홍승표 홍민기
디자인_강면실 윤진선
교정_김영옥
영업_김만선

발행처_신앙과지성사
출판등록 제9-136(88. 1. 13)
주소 | 서울시 서대문구 연희2동 78-43 옥산빌딩 2층
전화 | 335-6579 · 323-9867 · 323-9866(F)
E-mail | miral87@hanmail.net
홈페이지 | http://www.miral.biz

ISBN 978-89-85602-92-1 94230
ISBN 978-89-85602-50-1 (세트)

값 10,000원